KB048275

강방천&존리와 함께하는

나의 첫 주식 교과서

강방천&존리와 함께하는

나의 첫 주식 교과서

강방천, 존리 지음

기본부터 제대로 배우는 평생 투자의 원칙

page2

———— 평소 존경하는 두 분의 글에 감히 토를 다는 것은 어불성설이다. '아, 드디어 기다렸던 책이 나왔구나!' 초고를 읽고 나서 저절로 나온 감탄사였다. 왜 좋은 기업과 오래 같이 가야 하는지, 그리고 그 실천 방안은 무엇인지, 위대한 기업의 동반자가 되기 위한 솔루션은 무엇인지 머리에 쏙쏙 들어왔다. 잘 보이는 곳에 꽂아두고 두고두고 펼쳐 볼 만한 가치가 있는 책이다.

김한진『주식의 시대, 투자의 자세』 저자,
KTB투자증권 수석연구위원

———— 부자란 경제적 자유자를 의미하고 그 자유를 얻는 길은 험하고 고통스럽다. 하지만 가난의 불편한 굴레를 벗는 길이기에 우리는 너끈히 그 고통을 감내할 수 있다. 여기 강방천, 존리 두 거장의 따뜻하고도 선명한 부자를 향한 지침서를 읽기를 권한다. 그리고 이 책을 펴는 모든 사람이 꼭 부자가 되기를 간절히 바란다.

김동환(김프로)「삼프로TV」 진행자

———— 두 분은 내가 감히 범접할 수 없는 대한민국 주식시장의 거장들이다. 이 책은 우리가 살고 있는 자본주의에 대한 본질을 깨닫게 해주고, 성공 투자를 위한 올바른 관점과 원칙이 무엇인지 쉽고 친절하게 설명하고 있다. 주식투자를 통해 경제적 자유를 얻고 싶다면 이 책이 훌륭한 지침서가 될 것이다.

박세익 체슬리투자자문 CEO

———— 거인의 어깨에 올라타면 더 멀리 볼 수 있다는 말이 있다. 이 책은 30년 이상을 주식시장에서 보낸 투자의 두 거인이 자신의 오랜 경험에서 얻은 투자의 핵심과 지혜를 모든 이들이 쉽게 이해할 수 있도록 친절하게 풀어주고 있다. 투자에 관심이 있는 모든 이들에게 일독을 권한다.

박종훈 『부의 골든타임』 저자, KBS 기자

———— 2020년 동학개미운동 이후 한국 주식시장의 주인공은 이제 개인투자자가 되었다. 2021년에도 개인투자자들의 주식 참여는 지속되고 있고 새로운 역사를 매일 만들어내고 있다. 한국 주식시장의 전설인 강방천 회장과 존리 대표, 이름만으로도 묵직한 두 사람의 새 책이 나왔다. 그들이 새롭게 시장에 뛰어든 개인투자자들에게 전달하는 메시지는 간결하지만 강렬하다. '위대한 기업에 투자해서 오랫동안 함께하라' 이 책에는 두 전설의 주식투자에 대한 관점과 철학이 고스란히 담겨 있다. 이 책과 함께라면 그들은 평생 여러분의 투자 멘토가 되어줄 것이다. 주식투자를 시작할 때 첫 교과서로서 모든 투자자의 곁에 두어야 할 책이다.

염승환(염블리) 『주린이가 가장 알고 싶은 최다질문 TOP 77』 저자,
이베스트투자증권 이사

———— 투자의 대가라 할 수 있는 강방천&존리 선생님들의 철학이 담긴 교과서 같은 책이다. 이 책을 통해 미시적이고 단기적인 수익률에서 벗어나 시야를 넓혀보자. 주식시장이라는 커다란 바다에 뛰어들어 헤엄치려는 이들에게 추천한다. 오랫동안 건강하게 성장할 수 있도록 길을 알려주는 기본서와 같은 책이다.

슈카 유튜브 「슈카월드」 진행자

———— 추천사를 제안받고 이렇게 쓰게 된 것도 영광이라고 생각한다. '강방천과 존리' 감히 무슨 수식어를 붙일 수 있겠는가? 두 거인의 어깨를 빌려 주식시장을 바라볼 수 있다는 것은 그저 축복이다!

사경인 『재무제표 모르면 주식투자 절대로 하지 마라』 저자, 회계사

———— 주식투자를 이렇게 하면 된다고 가르쳐주는 책들은 시중에 이미 많이 나와 있지만 그걸 따라 해서 투자에 성공하는 사람들이 많지 않은 이유가 뭘까. 그건 사람마다 각자에게 어울리는 투자 스타일이 모두 다르기 때문일 것이다. 그래서 투자를 잘하려면 투자에 성공한 많은 사람의 조언과 경험담에 귀를 기울이되 그중에 나에게 맞는 방식을 스스로 찾아내야 한다. 이 책의 저자들이 권하는 방식도 모든 이들에게 다 통하는 요령은 아니겠지만 내가 지금까지 들어본 투자법 중에 제일 설득력 있는 방식이다. 꼭 읽어보기를 권한다.

이진우(이프로) 「삼프로TV」 진행자

• 강방천의 말

인기 있는 것이 아니라 좋은 것과 함께하라!

저는 인생의 30여 년을 주식시장에서 보냈습니다. 1992년 자본시장 자유화, 1997년 IMF 외환 위기, 2000년 닷컴 버블, 2008년 금융 위기, 2020년 코로나19까지 시장을 뒤흔든 위기에 언제나 저는 그 현장의 한가운데 있었죠. 수차례 천국과 지옥을 오가며 산전수전을 겪었고, 그 과정에서 말과 글에 오롯이 다 담을 수 없는 깊고 값진 배움도 얻었습니다.

많은 경험을 통해 다지고 또 다진 깨달음을 한마디로 말해야 한다면, 저는 이렇게 말할 것 같습니다.

'위대한 기업과 오래 함께하라!'

이것이 제가 생각하는 주식투자의 가장 본질적인 명제입니다.

2020년 코로나19로 주식시장이 폭락할 때 아이러니하게도 주식투자를 시작한 사람들은 폭발적으로 증가했습니다. 그리고 그때 주식을 시작한 사람들은 제법 괜찮은 수익을 봤을 것입니다. 이런 사례를 보면 공포를 견디는 사람이 열매를 가져가는 곳이 주식시장이라는 것을 알 수 있습니다.

거침없이 오르는 주가를 보면서 어떤 사람들은 '주식, 쉬운데?'라고 생각했을지도 모릅니다. 그러나 그 수익은 실력으로 얻은 게 아니라 폭락장에서 투자를 시작한 용기의 대가일 수도 있습니다. 이후 시장에 영향을 받지 않는 꾸준한 수익이 지속되기 위해서는 투자자로서의 관점과 원칙이 반드시 있어야 합니다.

많은 사람이 주가만 바라보고 주가를 올릴 정보와 비법만 찾습니다. 그러나 우리는 가치를 바라보고 상식과 생각으로 투자해야 합니다. 세상의 좋은 기업들을 우리는 이미 다 알고 있습니다. 그 종목을 사지 않을 뿐이죠. 결국 나중에 주가가 오르고 나서야 '그때 살껄' 하고 후회하곤 합니다.

우리는 먼저 관점을 바꿔야 합니다. 그 출발점은 멀리 있지 않습니다. 좋은 기업은 우리 삶 속에 있고, 우리가 주목해야 할 것은 지갑이 열리는 곳에 있기 때문입니다.

저는 저만의 관점과 원칙을 만들고 지켜서 치열한 주식시장에서 살아남을 수 있었습니다. 이 책에 제가 지금까지 고수한 투자 원칙을 8개의 수업으로 압축해 정리했습니다. 여기에는 제가 지금까지 해왔던 투자의 경험과 방법들이 모두 들어 있습니다. 제가 가장 중요하게 생각하고 또 강조하고 싶은 내용을 독자들에게 알기 쉽고, 이해하기 쉽게 전하고자 노력했습니다. 강방천이 하는 투자, 에셋플러스가 하는 투자의 정수와 통찰이 일목요연하게 요약 정리된 지침서로 생각해주면 좋을 것 같습니다.

제가 에셋플러스라는 배를 바다에 띄우고 항해를 시작한 지도 어느덧 22년이 지났습니다. 긴 시간을 항해하는 동안 저는 끊임없는 선택의 순간들과 마주쳤고, 그때마다 운명을 가르는 결단을 해왔습니다. 다행히 올바른 선택이 이어진 덕분에 배는 항로를 잃지 않고 나아갈 수 있었고, 지금 이 순간도 무사히 순항하고 있다고 생각합니다.

저는 선택의 순간들을 만날 때마다 항상 상식의 문답 위에서 답을 찾았습니다. '함께 할 기업이 세상의 변화를 이겨낼 강한 기업인가? 그리고 새로운 미래를 혁신적으로 만들어갈 위대한 기업인가?'라고 끊임없이 묻고 답했죠. 비록 그 답이 당장은 즐겁지 않고 고통을 주더라도 인내했습니다. 그게 맞는 답이라는 확신이 있었기 때문입니다.

그렇게 저와 에셋플러스가 선택한 길은 본질과 의심, 그를 통한 확신의 과정이었습니다. 저희는 인기 있는 펀드가 되려고 욕심내기보다는 손자에게 물려줄 100년 펀드를 꿈꿉니다. 인기 있는 기업에 투자하기보다는 세상의 위대한 기업과 동반자가 되기를 고집하며 올바른 길을 가고 싶습니다. 이것이 바로 저와 에셋플러스의 투자 원칙입니다.

인기 있는 것이 아니라 좋은 것과 함께하세요. 인기는 시간이 가면 사그라들지만 좋은 것은 시간이 갈수록 가치를 더합니다. 가치를 더하는 좋은 비즈니스 모델을 찾으세요. 그게 우리가 가야 할 목적지입니다.

원하는 목적지에 제대로 도착하려면 올바른 길로 가야 합니다. 이정표가 있다면 그 길이 올바른 길인지 확인할 수 있죠. 저는 이 책이 여러분의 눈을 밝혀줄 이정표가 될 수 있기를 진심으로 바랍니다.

요컨대, 저는 다음의 네 가지 질서 속에서 투자한다면 성공이 담보되는 투자가 될 수 있다고 생각합니다.

첫째, 인기 있는 것이 아니라 좋은 것을 사라.

둘째, 이왕이면 쌀 때 사라.

셋째, 한 곳에 '몰빵'하지 말고 분산하라.

넷째, 좋은 것이라면 오래 함께하라.

이중 네 번째가 제일 중요한데, 많은 사람이 거꾸로 합니다. 좋은 것은 조금 이익 났다고 팔아버리고 나쁜 것은 손해 봤다고 오래 가지고 있죠. 왜 나쁜 것과 오래 함께하고 좋은 주식과 빨리 이별하는 걸까요? 잘못된 길에 들어섰다면 바로 돌아 나와 다시 제대로 된 길에 들어서면 됩니다. 이제 이 책을 통해 좋은 것과 오래 함께하는 길로 나아가봅시다.

• 존리의 말

주식을 사는 것은 미래를 사는 것이다!

메리츠자산운용 대표로 취임하면서 한국에 온 지 어느덧 7년이 넘었습니다. 그동안 참 많은 일들이 있었죠. 저는 성실하게 살아가는 우리나라 사람들이 미래를 불안해하며 살아가는 현실이 슬펐고, 돈과 자본주의에 대한 잘못된 편견에 갇혀 부자가 되는 길과는 점점 더 멀어져 가는 모습이 늘 안타까웠습니다.

그래서 이런 모습을 바꾸고 싶었습니다. 더 많은 사람이 노후준비에 대한 장기적인 계획을 가질 수 있도록, 자본주의 사회에서 올바른 투자 철학을 가지고 현명한 투자를 실천할 수 있도록 도움이 되고 싶었죠. 한국 사회에 퍼져 있는 고질적인 전염병인 '금융문맹'에서 많은 사람이 하루라도 빨리 벗어나기를 바라는 마음이 간절했습니다.

그래서 저는 대한민국에 주식투자를 전파하는 '주식 전도사'를 자임하면서 여러 활동들을 했습니다. '경제독립'이라는 문구가 적힌 버스를 타고 전국 방방곡곡을 돌아다녔고, 여러 권의 책을 냈고, 많은 언론과 인터뷰도 했고, 최근에는 예능과 유튜브 방송에도 자주 출연했습니다. 저를 부르는 곳은 거의 마다하지 않고 찾아갔습니다. 학교도 갔고, 경찰서도 갔고, 탈북자들도 만났고, 산후조리원도 찾아가 주식투자 이야기를 했죠. 그동안 해온 강연이 1000회를 훨씬 넘었고, 만나온 사람도 5만 명은 족히 넘을 것 같습니다.

"마음이 흔들릴 때마다 대표님의 강의 동영상을 보면서 마음을 다잡습니다." 저는 제가 출연한 어느 유튜브 동영상에 달린 이 댓글을 보고 '아, 사람들이 달라지고 있구나!' 하는 것을 온몸으로 느끼며 감동했습니다. 매일 수많은 편지가 제게 옵니다. 감옥에 있는 무기징역수에게 연락이 온 적도 있었죠. 모두 '희망이 있다는 것을 알려줘서 고맙다'는 진심 어린 내용들이었습니다. 그렇습니다. 주식투자는 삶을 바꿀 수 있는 희망이 될 수 있습니다.

이 책에는 제가 지금껏 수많은 사람들을 만나고, 말하고 강조해온 모든 이야기들의 핵심이 담겨 있습니다. 주식투자를 위해 무엇을 알아야 하는지, 무엇이 가장 중요한지, 무엇을 해야 하고 무엇을 하지 말아야 하는지를 알기 쉽게 8개의 수업으로 다시금 정리했습니다. 사람들이 반드시 알았으면 하는 주식의 본질에 대한 이야기이며, 반드시 지켰으면 하는 투자의 원칙과 방법에 관한 이야기입니다.

사실 저도 평범한 투자가 중 한 명일 뿐입니다. 의사는 암을 진단하면 '위암입니다'라고 말할 수 있는 전문가입니다. 그러나 주식은 그런 게 아닙니다. 아무도 정답을 모르죠. 펀드매니저를 전문가라고 하지만, 같은 주식을 어떤 펀드매니저는 팔고 어떤 펀드매니저는 삽니다. 각각 판단의 기준이 다른 것입니다. 우리는 모두 각자의 판단으로 현명한 투자를 해나가야 합니다.

그럼, 어떤 사람이 현명한 투자자일까요? 기다릴 줄 아는 사람, 경험을 이용할 줄 아는 사람, 기업을 정말로 이해할 줄 아는 사람입니다.

그 사람들이 결국은 투자에서 승자가 되는 모습을 저는 많이 봐왔습니다. 이 책에서 제가 말하는 것들이 여러분들을 승자의 길로 이끄는 데 조금이나마 도움이 되길 바랍니다.

갈수록 세상은 더 급격하게 변화합니다. 날로 새로워지는 기술로 과거에는 가능하지 않았던 일들이 실현되고 있죠. 우리는 한 번도 경험해보지 않았던 일들과 앞으로 숱하게 마주하게 될 것입니다.

이제는 과감하게 달라져야 합니다. 과거에 머물러 있는 그릇된 관념과 사고방식을 파괴하고, 미래로 나아가야 합니다. 생각을 가두는 고정된 박스에서 나와야 합니다. 다음 세대는 이전 세대보다 진화해야 하고 저는 충분히 그럴 수 있다고 믿습니다. 제가 보는 한국의 미래는 낙관적입니다.

저는 최근 아래와 같은 '경제독립운동 선언문'이라는 것을 만들었습니다.

경제독립운동 선언문

하나, 선한 부자가 되기 위해 온 가족이 같이 한다.

둘, 한 살이라도 어렸을 때부터 시작한다.

셋, 자녀들을 시험으로부터 해방시켜라.

넷, 노동자로만 머물지 말고 자본가가 돼라.

다섯, 금융문맹에서 벗어나라.

여섯, 돈이 나를 위해 일하는 것을 깨닫고 주식투자에 대한 편견을 없애라.

일곱, 주식이나 펀드는 모으려고 하는 것이지 단기 수익률에 집착해서 자주 사고파는 것이 아니다.

여덟, 라이프스타일을 바꾸고 소비 대신 투자를 통해 행복을 찾아라.

아홉, 긍정적인 생각을 항상 유지하고 부정적인 사람들과 멀리한다.

열, 대한민국의 미래는 매우 밝다는 것을 널리 알려라.

이는 이 책의 8개의 수업과 궤를 같이 하는 내용이기도 합니다. 저는 지금까지 해왔던 것처럼 더 적극적으로, 더 많은 사람들에게 이를 알릴 생각입니다. 지치지 않고 미래로 계속해서 나아가기 위해서 말입니다. 이제부터 저와 함께 주식투자를 하면서 미래를 사러 가봅시다.

목차

제1부 강방천의 주식 수업

: 삶과 소비에 투자 아이디어가 있다

1교시. 위대한 기업의 동반자가 되어라

2교시. 기업의 가치에 투자하라

3교시. '상식'에서 출발하고 '해석'으로 발전시켜라

4교시. 모든 투자는 결국 '관점'이 무기다

5교시. 삶과 소비를 파고들어라

6교시. 기업의 가치는 움직이는 것이다

제2부 존리의 주식 수업

: 모두가 경제로부터 독립하는 그날까지

1교시. 자본가의 사고를 하라

2교시. 절대 가격이 아니라 가치를 보라

3교시. 투자는 '시간'과 '확신'의 문제다

4교시. 생각의 파괴가 여전히 필요하다

5교시. 소비를 투자로 바꿔라

6교시. 단계를 따르고, 분산 투자하라

7교시. '내가 갖고 싶은 기업'을 사라

8교시. 주식은 '안 파는 것'이 기술이다

권말부록 강방천&존리가 말하는 주식시장의 미래

제1부

강방천의 주식 수업

삶과 소비에 투자 아이디어가 있다

1교시

위대한 기업의 동반자가 되어라

주식은 기업의 주인이 되는 '동반자 티켓'이며, 주식투자는 그 기업의 동업자로서 사업을 함께하는 것입니다. 이것이 주식의 본질입니다.

돈을 잘 버는 데에는 3가지 방법이 있다

저는 뭔가 하고 싶은 게 생기면 해야 하는 성격입니다. 뭐든 시작하기 전에는 이리저리 따져보지만, 일단 마음을 먹으면 바로 실행에 옮기지요. 그래서 지금까지 몇 번이나 직접 사업을 벌이기도 했습니다.

1999년에는 중국의 통신장비 회사인 중흥통신(ZTE)과 합작해 CDMA 휴대전화 제조회사를 공동으로 경영한 적이 있고, 2010년부터 2014년까지는 제주도에서 휴양 리조트를 운영하기도 했습니다. 나무를 좋아해서 조경회사를 만들어 고향인 전남 신안에 수천 그루의 백일홍 나무를 심기도 했고요.

일등 기업과 함께하는 것이 투자의 영원한 상식이자 진리입니다. 그게 내가 좋아하는 투자이고, 여러분이 했으면 하는 투자입니다.

이런 여러 사업들을 직접 해보면서 어려움과도 마주했고 여러 시행착오도 겪었지만, 결과적으로는 배운 점이 더 많았다고 생각합니다. 무엇보다 사업 경험은 투자자로서의 저를 더욱 깊고 단단하게 다져주었습니다.

한편으로는 이런 생각도 듭니다. '내가 하고 싶은 여러 사업을 내가

직접 할 게 아니라 주식투자를 통해 간접적으로 했다면 어땠을까?'

내 꿈을 대신 실현해줄 회사가 증권거래소에 상장해 있다면, 그 회사에 투자를 하면 됩니다. 그러면 내가 큰돈을 들여 직접 사업을 벌이지 않아도 되고, 회사 경영의 모든 것을 속속들이 챙기고 신경 쓰지 않아도 되죠. 더욱이 저보다 그 사업의 생리를 더 잘 알고, 또 더 능력 있는 사람이 대신 경영을 해줍니다.

돈 버는 법을 아는 영리한 중국의 부자들은 이런 말을 한다고 합니다. "돈을 잘 버는 데에는 세 가지 방법이 있다. 자면서도 돈을 버는 것(睡後收入, 수후수입), 남들이 대신 벌어주는 것(被動收入, 피동수입), 시스템이 돈을 벌어주는 것(系統收入, 계통수입)이다."

너무 맞는 말이지 않나요? 내가 잘 때도 놀 때도 나에게 돈을 벌어

다주고, 나를 부자로 만들어줄 방법이 있다면 마다할 이유가 없습니다. 나의 꿈을 나 대신 이뤄주고, 내 자산을 키워주는 수단, 그것이 바로 주식입니다.

투자는 우리의 당연한 권리다

저는 자본주의 사회에 태어난 것만 해도 운이라고 생각합니다. 다른 데에서 태어났으면 우리 삶은 우리의 생각과 다르게 펼쳐졌겠죠. 그럼, 이 좋은 운을 우리는 어떻게 누리면서 살아야 할까요?

세상을 살아가려면 우리는 늘 소비를 해야 합니다. 소비를 하지 않고는 존재할 수 없습니다. 그런데 소비를 하려면 소득이 필요하고, 소득에는 여러 종류가 있습니다. 노동을 기초로 한 근로소득, 돈을 투자해서 불리는 금융소득, 사업을 해서 얻는 사업소득 등이 있죠. 자본주의는 이런 여러 소득의 이점을 우리가 이용할 수 있다는 것을 의미합니다.

소득의 다변화
소득에는 근로소득, 사업소득, 금융소득(이자소득, 배당소득, 투자수익 등), 부동산소득 등이 있습니다. 불확실성이 심화되는 시대에는 소득의 종류를 다변화하는 것이 필요합니다.

자본주의 사회에 태어난 우리는 이러한 소득의 원천을 다변화해야 합니다. 아직도 많은 사람이 노동을 기초로 한 근로소득에만 의존해 살고 있습니다. 하지만 부자가 되고 싶다면 내가 노동하지 않아도 부를 창출할 방법을 고민하고 만들어야 합니다. 바로 금융소득입니다. 내가 가지고 있는 자본을 어디에 투자해서 돈을 불릴지 고민하는 것은 우리의 당연한 권리이며 저는 이런 관점에서 세상을 바라봐야 한다고 생각합니다.

제가 늘 마음속에 담아두는 글이 있습니다. 언젠가 경제 유튜브 「삼프로TV」에서 '멘토의 한마디'를 요청할 때 써준 글이기도 한데, 여기에도 한번 옮겨 적어봅니다.

"우리는 자본주의 시스템이 승자의 시스템임을 알고 있습니다. 이러한 자본주의 시스템을 이끌고 진보를 일궈내는 건 그 시대의 위대한 기업입니다. 위대한 기업은 늘 바뀌지만, 위대한 기업은 늘 존재합니다. 그 위대한 기업의 주인이 되어 부자가 되는 건 우리의 권리이자 의무이기도 합니다. 그 기업의 주식을 소유함으로써, 그리고 오래 함께함으로써 그 꿈은 현실이 됩니다."

이 짧은 글에 담긴 다섯 문장은 결코 단번에 쉽게 정리된 게 아닙니다. 제가 30여 년간 투자를 해오면서 무수히 던졌던 질문과 답을 통해 다져진 개념이고, 여기에는 제가 말하고 싶은 투자의 본질과 원칙이 응축돼 있습니다.

또 저는 이런 문답을 해왔습니다.

'첫째, 자본주의 시스템은 다른 시스템에 비해 우월한가?' 그렇습니다. 역사가 입증했습니다. 당신은 여기에 동의하나요? 만일 그렇지 않다면 다시 의심해서 답을 찾아야 합니다.

'둘째, 자본주의 시스템을 승자로 만든 근저에는 뭐가 있을까?' 혁신과 진보를 해온 위대한 기업의 존재성이 있습니다. 위대한 기업이 자본주의 시스템을 이끌어왔습니다.

'셋째, 위대한 기업은 언제나 존재하는가?' 이것이 가장 중요한 질문입니다. 위대한 기업은 늘 존재합니다. 그러나 위대한 기업은 늘 바뀝니다. 그래서 우리는 늘 깨어 있어야 합니다.

'넷째, 위대한 기업이 우리에게 어떤 의미인가?' 우리 삶 속에 위대한 기업이 있습니다. 그래서 우리는 위대한 기업과 함께할 권리와 의무가 있습니다. 그 권리와 의무가 없다면, 첫째 둘째 셋째 질문을 할 필요도 없는 것입니다.

'다섯째, 위대한 기업과 어떻게 함께할 수 있는가?' 이 방법을 우리

위대한 기업은 늘 존재합니다. 그러나 위대한 기업은 늘 바뀝니다. 그래서 우리는 늘 깨어 있어야 합니다!

는 이미 알고 있습니다. 바로, 주주가 되는 것입니다. 주식을 사는 것으로, 그리고 오래 함께하는 것으로 우리는 부자가 될 수 있습니다.

저는 이런 믿음으로 지금껏 투자를 해왔고, 이런 믿음이야말로 투자의 근본이 된다고 생각합니다. 또한 이것이 제가 자신감 있게 펀드를 운영할 수 있는 이유이기도 합니다.

위대한 기업의 주인이 되는 '동반자 티켓'

세상에는 항상 '평균값'이 존재합니다. 평균값이 있다는 것은 '평균 이상'과 '평균 이하'가 있다는 것인데, 저는 항상 '평균 이상'과 함께하는 것을 선택합니다. 사회주의 시스템(평균 이하)보다는 자본주의 시스템

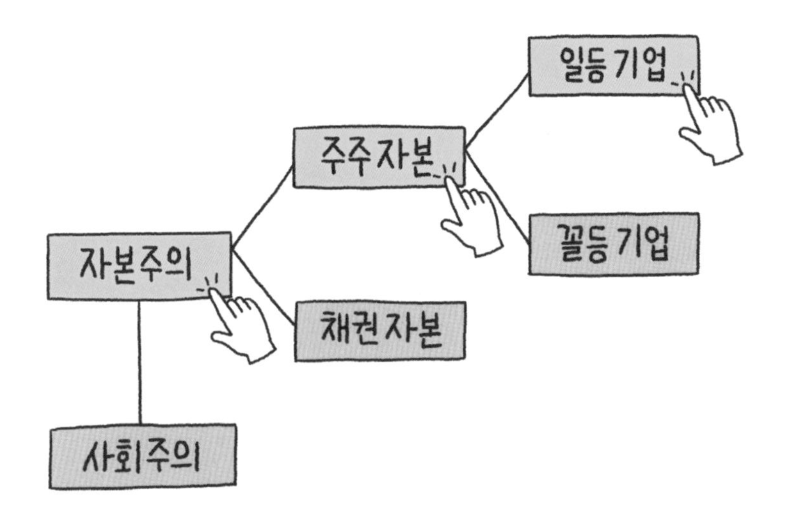

(평균 이상)을, 자본주의 시스템에서는 채권 자본(평균 이하)보다 주주 자본(평균 이상)을, 주주 자본 중에서는 꼴등 기업(평균 이하)이 아니라 위대한 일등 기업(평균 이상)을 선택하는 것입니다.

채권 자본은 위험도 낮고 수익률도 낮습니다(Low risk, Low return). 주주 자본은 위험을 감수해야 하는 대신 수익률이 높습니다(High risk, High return). 그래서 저는 늘 "주주 자본 합시다!"라고 제안합니다.

주주 자본에는 시간이 갈수록 위험이 줄어드는 게 있고, 시간이 갈수록 위험이 더 커지는 게 있습니다. 전자가 일등 기업이고, 후자가 꼴등 기업입니다. 아무리 극심한 불황에서도 일등 기업은 살아남지만 꼴등 기업은 사라집니다. 그래서 장기적으로 볼 때 최고의 평균 이상은 바로 일등 기업입니다.

저는 일등 기업과 함께하는 것이 투자의 영원한 상식이자 진리라고 생각합니다. 그게 내가 좋아하는 투자이고, 여러분이 했으면 하는 투자입니다.

주식투자는 시간이 지날수록 더 부자가 되는 일등 기업에 주주로 참여해 그 결실을 함께 나누는 '동반자 티켓'을 사는 것입니다. 위대

주식과 채권의 관계

채권은 정부(국채), 공공단채(공채), 기업(회사채)이 투자자로부터 자금을 조달하기 위해 발행하는 일종의 차용증서로 상환 기한(만기)이 정해져 있고, 이자가 정해져 있습니다. 채권 이자가 인플레이션과 주식 배당금보다 높으면 주식보다 채권을 선택하는 투자자들이 많아집니다. 즉, 채권시장의 이자가 높을수록 주식시장에 유입되는 돈이 줄어들고, 반대로 채권시장의 이자가 낮을수록 주식시장에 유입되는 돈은 많아집니다.

한 기업의 동업자가 되어 사업을 함께하는 것, 이것이 주식의 본질입니다.

주식의 본질을 제대로 이해한다면 우리는 시간과 장소에 관계없이 우리의 꿈을 이룰 수 있습니다. 예를 들어 조선업을 하고 싶은 몽골인이 주식의 본질을 잘 이해하고 있다면, 바다가 없어 배를 만들지 못하는 몽골에 살더라도 조선업을 하는 다른 나라 기업의 주주가 되어 그 꿈을 이룰 수 있는 것입니다.

내 꿈을 실현시켜준 위대한 세 동업자

저는 평생 동안 아주 중요한 세 동업자를 만났습니다. 첫 번째 동업자는 쌍용투자증권 펀드매니저 시절에 만난 한국이동통신(현 SK텔레콤)입니다. 1989년 상장을 한 한국이동통신이 제 눈길을 사로잡은 것은 이동하면서 전화를 할 수 있는 꿈 같은 사업을 하는 회사였기 때문입니다.

당시 휴대전화는 큰 회사의 사장 정도는 돼야 가질 수 있을 만큼 비쌌습니다. 일반인은 엄두도 못 내는 가격이었지만 다들 갖고 싶어 하는 선망의 물건이었던 셈이죠. 저는 대한민국 성인이 모두 휴대전화를 갖고 다닐 세상을 상상하면서 한국이동통신의 주식을 샀습니다.

국내 최초의 단말기, 모토로라 '다이나텍(Dynatec) 700'. 한국이동통신은 1988년 국내에서 처음으로 이동전화 서비스를 선보이면서 휴대전화의 대중화를 앞당겼습니다.

그리고 1995년, 제가 휴대전화를 구입하게 되면서 이 주식을 팔았고(내가 살 정도면 웬만한 사람들은 다 휴대전화를 구입했다고 생각했기 때문입니다), 큰 수익을 만들었습니다. 1989년 상장되자마자 1주당 2만 1000원에 6만 주를 샀는데, 1995년 주식을 팔았을 때의 주가는 1주당 76만 원이었습니다.

저의 두 번째 위대한 동업자는 투자자문사를 설립한 이후 1999년부터 2014년까지 15년 동안 함께했던 삼성전자입니다. 제가 당시 삼성전자를 선택한 이유는 미래의 기업 환경에 알맞은 기업이었고(저는 고 이병철 회장이 반도체를 '산업의 쌀'이라고 한 말에 전적으로 동의했습니다), 미세공정이라는 기술적 우위를 갖고 있었으며, 원가경쟁력을 가진 일등 기업이었기 때문입니다.

저는 자동차에 반도체가 들어가면 팔겠다는 생각(이는 산업의 침투율 문제로, 이와 관련한 내용은 뒤에서 자세히 설명하도록 하겠습니다)으로 투자를 했고, 세 번째 위대한 동업자인 카카오를 만나면서 삼성전자 주식은 처분했습니다.

2014년 즈음이었던 것 같습니다. 당시 저는 카카오톡을 알고는 있었지만 사용하지는 않았는데 중국 상해에서도 한국의 카카오톡을 쓴다는 얘기를 듣고 호기심이 생겼습니다. 직접 써보면서 서비스의 본질을 파고들어보니 카카오가 꽤 오랫동안 우리 삶을 지탱할 것이라는 생각이 들었습니다.

앞으로 카카오가 만들어갈 미래가 그려졌기 때문에 투자를 결심했고, 2015년부터 지금까지 에셋플러스는 카카오와 함께하고 있습니다. 10만 원대(액면분할하기 전 주가. 2021년 4월 15일 5:1 액면분할 진행 후 현재 기준으로 보면 2만 원대 수준)에 샀던 주가는 매입 이후 7만 원 때까지 내려간 적도 있었지만, 2021년 4월(액면분할 전) 55만 원대까지 올랐습니다. 액면분할을 한 이후로도 주가는 계속 올라서 7월 기준 16만 원(액면분할 전 기준으로 환산해보면 80만 원 수준) 정도가 되었습니다.

'이런 사업을 하면 얼마나 좋을까?'라는 생각이 드는 기업, 내 꿈을 대신 실현시켜주는 기업, 내게 없던 꿈을 꾸게 해주는 기업, 그런 위대한 기업과 함께하길 바랍니다.

제가 한국이동통신, 삼성전자, 카카오의 주식을 산 이유는 결국 하나로 통합니다. '이런 사업을 하면 얼마나 좋을까?'라는 생각이 절로 드는 기업, 내 꿈을 대신 실현시켜주는 기업, 나에게 없던 꿈을 새롭게 꾸게 해주는 기업이라는 점입니다.

시대의 질서를 꿰차고 있는 이런 위대한 기업들과 동업할 수 있다는 건 굉장히 행복한 일입니다. 아마 앞으로도 저는 또 다른 위대한 동업자들을 계속 만나게 될 것입니다. 앞서 말했듯이, 위대한 기업은 늘 존재하고 늘 바뀌기 때문입니다. 그래서 투자가 더 재미있는 것입니다. 끊임없이 세상과 기업의 변화를 마주하는 것, 이것이 투자의 묘미이지 않을까요?

세상의 변화를 '두려움'이 아닌 '기회'로 마주하게 하는 힘

'다른 것을 생각하라'라는 신념으로 새로운 세상을 만든 스티브 잡스의 통찰력과 함께하는 방법은 애플 주식을 사는 것입니다!

'다른 것을 생각하라'라는 신념으로 새로운 세상을 만든 스티브 잡스를 저는 제 투자의 지평선을 넓혀준 스승 중 한 명으로 꼽습니다. 그런 스티브 잡스와 어떻게 함께할 수 있을까요? 애플 주식을 사면 됩니다.

앞으로 수소에너지가 엄청난 변화를 이끌 것 같다면 어떻게 해야 할까요? 제가 수소에너지로 무엇을 하겠습니까? 제가 할 수 있는 방법은 그것과 관련된 일등 기업의 주주가 되는 것입니다.

주식은 이런 '요술 지팡이' 같은 것입니다. 내가 가지고 있지 않은 생산 요소를 공유할 수 있고, 위대한 리더십과 함께할 수 있으니 얼마나 대단한 일인가요? 그래서 주식을 해야 합니다. 주식으로 당대 최고로 위대한 기업의 동반자가 되어봅시다.

모든 변화는 두려움과 불안을 잉태하기 마련입니다. 그러나 투자는 변화를 두려움으로 바라보는 게 아니라 주도적으로 맞이할 수 있게 해줍니다. 주식은 위험이라는 악몽을 축제로 돌릴 수 있는 통로입니다. 큰 변화의 흐름을 읽어낼 수만 있다면 이는 곧 엄청난 기회를 의미합니다.

그러나 이처럼 훌륭한 본질을 지닌 주식을 두고 많은 투자자가 고통스러워합니다. 왜 그럴까요? 투자에 원칙이 없기 때문입니다. 어떻게 기업의 가치를 찾아야 하는지 자신의 중심이 없기 때문입니다. 이제부터 어떻게 중심을 잡고 가치를 찾는 투자의 길을 갈 수 있는지 하나씩 짚어보기로 합시다.

2교시

기업의 가치에 투자하라

오직 기업의 가치로만 투자를 결정해야 합니다. 이것이 바로 투자의 힘이 나오는 원천입니다.

이해하지 못하는 기업에는 투자하지 않는다

워런 버핏은 1987년 블랙먼데이 직후 코카콜라 주식을 본격적으로 매입했으며 현재까지 약 4억 주를 보유하고 있는 것으로 알려져 있습니다. 주식 가치는 212억 1600만 달러로, 원화로 환산 시 약 23조 8150억 원에 달합니다(2021년 5월 기준).

1990년대 말 미국에서 IT 주식이 많이 오를 때, 워런 버핏은 IT주에는 단 1달러도 투자하지 않았습니다. 당시 그는 남들은 거들떠보지 않는 코카콜라 같은 제조업 주식들만 갖고 있었죠.

그때 많은 사람들이 '이제 워런 버핏의 시대도 끝났다'며 비아냥댔지만 워런 버핏은 그런 입방아에 아랑곳하지 않았습니다. 다만 자신이 이해하지 못하는 기업에는 투자하지 않는다는 철학, 본인이 생각하는 가치보다 가격이 높으면 투자하지 않는다는 원칙을 철저히 지켰습니다.

만일 그때 워런 버핏이 자신의 투자 철학과 원칙을 바꾸고 IT주에 투자했다면 어땠을까요? 반짝 수익을 거두었을지는 몰라도 '가치투자의 살아 있는 전설'이 된 오늘의 워런 버핏은 없었을 것입니다.

일반적으로 가치투자란 기업의 가치에 믿음을 둔 투자 전략으로, 주가가 기업의 가치보다 싼 주식에 투자하여 수익을 내는 것을 말합

니다. 주가는 시장에서 정해지는 값으로 누구나 실시간으로 확인할 수 있습니다. 그러나 기업의 가치는 쉽게 보이지 않습니다. 그래서 대다수 투자자의 마음은 갈대처럼 흔들립니다. 그래서 자신이 선택한 주식이 오르지 않고, 남들이 사는 주식이 오르면 쉽게 그걸로 갈아타는 것입니다.

가치투자는 가치가 투자를 결정한다는 철학을 갖고, 그 철학에 따라 선택한 자신의 방법론을 밀고 나아가는 일관성입니다. 투자의 힘은 바로 여기에서 발휘됩니다.

가치가 가격을 결정하고
가격은 가치에 종속된다

'가격은 무엇 때문에 결정이 되는 것인가?' 저는 이 본질적 물음을 수십 번 수백 번 던졌고, 그 물음 끝에 찾은 답이 '가치'였습니다. '가치가 가격을 결정하고, 가격은 가치에 종속된다', 이게 제 믿음입니다.

저는 펀드매니저 경험도 있고, 개인 투자자로도 살아봤습니다. 여러 사업도 벌여봤고, 나무도 심어봤고, 농사도 해봤죠. 이러한 다양한 경험을 통해 결국 모든 것은 '가치'로 통한다는 교훈을 얻을 수 있었습니다.

주가도 마찬가집니다. 기업의 가치가 높아지면 주가도 오르고, 기업의 가치가 떨어지면 주가도 떨어집니다. 결국 주가를 결정하고 지탱해주는 것이 가치이며, 가치만이 가격을 바꿀 힘이 있습니다. 그래서 우리는 가치를 봐야 합니다.

'주가는 작전 세력이 만든다'고 생각하는 사람도 있습니다. 하지만 '세력이 있어야 주가가 오를 수 있다'는 생각 구조로는 절대 제가 말하는 가치투자를 이해할 수 없을 것입니다.

물론 모든 기업이 가치 있는 기업은 아닙니다. 가치 있는 기업을 찾기 위해서는 기업이 속해 있는 산업의 지속성 유무를 판단하는 것이 필요합니다.

산업은 제품과 서비스를 만들 수 있는 기업들의 총합을 의미합니다. 그리고 이 기업들은 기술의 발전과 산업 환경의 변화에 따라 얼마든지 사라지고 등장할 수 있습니다. 한때 포스코, 현대중공업 등 대형 조선 업체가 코스피 시가총액 10위 안에 들었던 시기가 있습니다. 지금은 어떤가요? 물론 여전히 큰 기업이지만 포스코, 현대중공업 등의 기업은 10위 안에서 사라졌고 빈자리를 카카오, 네이버 등 IT 서비스 기업들이 차지하고 있습니다. 또 10년 후에는 어떻게 재편될지 그것은 아무도 모르는 일입니다.

지금 잘나간다고 계속 잘되리라 단정하는 것은 위험한 생각입니다.

늘 산업의 확장 가능성 유무를 찾고, 지속할 수 있을지를 고민해봅시다. 확장 가능성이 높고, 지속할 수 있는 사업이라면 그 안에 당연히 가치 있는 주식도 존재합니다. 우리는 이런 주식에 주목해야 합니다. 이러한 주식을 찾는 방법은 뒤에서 좀더 자세히 설명하겠습니다.

가치 있는 주식을 찾는 방법은 그 주식을 담고 있는 산업에 있습니다. '이 산업이 계속될 수 있을까?'라는 질문을 스스로 끊임없이 던지고 대답하는 자세가 필요합니다. 진보적인 의심을 통해 답을 구한다면 우리는 가치 있는 주식을 찾을 수 있습니다.

가치를 찾는 길은 다양하다.
본질은 자신만의 원칙을 세우는 것

나만의 투자 가치를 찾는 일은 어떻게 시작해야 할까요? 먼저 모든 현상에 대해서 묻고 답하는 일을 반복해봐야 합니다. '나는 어떤 가치를 믿을까? 나는 어떤 가치를 좋아할까? 나는 어떤 가치를 원할까? 나는 어떤 가치와 함께할까?' 이렇게 가치를 찾고 해석하는 방법은 투자자마다 달라질 수 있습니다.

이를테면 어떤 사람은 기업의 자산가치를 봅니다. '내가 알 수 없는 것에는 관심이 없다'고 생각하기 때문에 확인할 수 있는 자산가치 혹은 청산가치로 기업을 판단하고, PBR(Price Book value Ratio, 주가순자산비율)을 지표로 삼습니다.

이와 달리 어떤 사람은 '나는 자산가치나 청산가치는 중요하지 않다. 나는 기업의 주주로서 계속 투자할 것이기 때문에 지금의 자산보다 미래의 수익에 초점을 맞춰야겠다'고 생각하며 기업의 미래가치나 수익가치를 중요하게 보고 PER(Price Earning Ratio, 주가수익비율)를 판단의 지표로 삼습니다(가치를 평가하는 더 구체적인 방법은 뒤에서 더 자세하게 다루겠습니다).

가치투자에 이르는 길은 여러 가지입니다. 하지만 어떤 방법을 택하든 본질은 다 같습니다. 주식과 투자의 본질을 이해하고 자신만의 원칙을 세워 꾸준히 지켜나가는 것, 그게 중요합니다.

PBR(주가순자산비율)
주가를 1주당 순자산으로 나눈 수치로, 주가가 순자산에 비해 1주당 몇 배로 거래되고 있는지를 측정하는 지표입니다. 이 수치가 낮을수록 해당 기업의 가치가 시장에서 저평가되고 있다고 판단할 수 있습니다.

PER(주가수익비율)
주가를 주당순이익으로 나눈 수치로 주가가 1주당 수익의 몇 배가 되는지를 나타냅니다. 숫자가 낮을수록 주당순이익에 비해 주가가 낮다는 것을 의미하며 이후 상승할 가능성이 크다고 판단할 수 있습니다.

순자산
총자산에서 부채를 차감한 후의 금액입니다. 자본금, 자본준비금, 이익준비금, 잉여금을 합친 것으로 자기자본이라고도 합니다. 회사를 청산할 때 주주가 배당받을 수 있는 자산의 가치를 의미합니다.

내게 온 준비된 기회, 자본시장 자유화

저는 쌍용투자증권에서 증권사 생활을 처음 시작했습니다. 당시 고객 자산을 관리하는 지점에서 약 5년 동안 일했는데, 그 기간에 상장 기업 자료가 떨어져나갈 정도로 기업 공부에 몰두했습니다. 그때의 5년이 지금의 저를 만들었다고 해도 과언이 아닙니다.

그러다 1991년 10월, 지점에서 본사의 주식부로 자리를 옮겼고 주식 180억어치를 운용하는 일이 주어졌습니다. 이미 가격이 많이 떨어진 주식들이었고, 어떤 종목은 70%까지 하락한 것도 있었죠. 저는 가치가 없다고 판단되는 종목은 바로 처분하고, 그간 개별 기업을 연구하며 갈고닦은 관점을 바탕으로 PER가 낮은 주식들을 사 모았습니다. 이때 샀던 주식이 한국이동통신(현 SK텔레콤), 안국화재(현 삼성화재), 대한화섬, 태광산업 등이었습니다.

이때 저에게 운이 찾아왔습니다. 준비된 사람에게 온 절호의 기회였죠. 1992년 1월, 주식부로 자리를 옮긴 지 2개월쯤 되었을 때였는데 이때 외국인들에게 최초로 국내 주식시장의 문이 열렸습니다. 한국 자본시장의 자유화가 시작된 것입니다.

그전까지만 해도 국내 주식시장에는 가치에 대한 개념이 없었습니다. 업종에 따라 주식이 오르내릴 때라서 그냥 오른 업종의 주식을 따라 사는 것이 모두에게 익숙하던 때였죠. 그래서 개별 기업의 가치를 분석해 주식을 사는 제 방식을 다른 사람들은 이해하지 못했습니다.

그러나 한국 자본시장이 자유화되면서 들어온 외국인 투자자들은 개별 기업을 분석해서 저평가된 주식을 고르는 데 익숙했고, 주식시장에 새로운 바람을 일으켰습니다. 업종별로 편하게 주식을 사고팔면 됐던 주식시장에서 개별 종목의 가치가 폭발한 것입니다. 외국인 투자자들이 몰리며 제가 사둔 주식들이 5배, 20배로 마구 오르기 시작했고

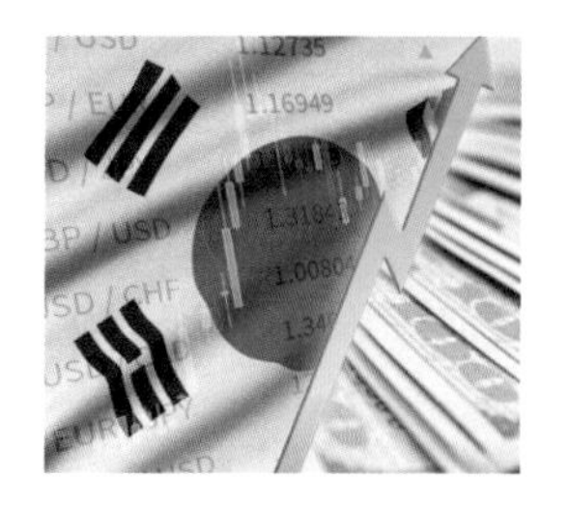

한국 자본시장의 자유화로 외국인의 국내 주식투자와 더불어 내국인의 해외 주식투자가 시작되었습니다. 더불어 국내 증권기업의 해외 주식발행 및 해외 주식시장 진출이 이루어졌습니다.

저는 정신을 차릴 수 없는 지경이었습니다.

가끔씩 그런 생각을 해봅니다. 만약 1992년에 자본시장 자유화가 안됐으면 어땠을까? 그랬다면 제가 하고 있던 가치지향적 투자가 언제 빛을 발했을지 모를 일입니다. 2020년에 자본시장 자유화가 이뤄졌다면, 저는 28년 동안 한국에서 비주류 투자자로 살았을지도 모릅니다. 반대로 자본시장 자유화가 시작되었을 때 제가 아무런 준비가 되어 있지 않았다면 어땠을까요? 그보다 10년 늦게 투자의 길로 접어들었다면? 저는 그때와 같은 운을 마주할 수 없었을지도 모릅니다.

기회는 항상 준비된 사람에게 옵니다. 아무리 큰 행운이 와도 준비되어 있지 않다면 아무런 일도 일어나지 않습니다. 결국 운도 기회도 준비하며 갈고닦은 실력이 부르는 게 아닐까요?

나는 영원한 가치투자자다

저의 실력을 입증할 또 한번의 기회가 찾아왔습니다. 1998년 초, IMF 외환 위기가 닥치면서 주가가 급락했습니다. 이때 많은 사람이 이제 주식시장은 끝났다며 손해를 무릅쓰고 보유하고 있던 주식을 손절해 증권 시장을 빠져나가기 바빴죠.

모두가 빠져나갈 때 반대로 저는 당시 보유하고 있던 3억 원 정도의 자금으로 증권주를 매입하기 시작했습니다. 당시 증권주는 고점 대비 70~80% 정도 하락한 상황이었습니다.

제가 증권주를 산 데에는 이유가 있었습니다. 저는 우리 경제가 위기를 통해 무엇을 얻을 것인가를 생각했습니다. IMF가 제시한 처방들은 한국 경제의 체질을 개선하여 주주 관점에서, 특히 소액 주주 관점에서 커다란 이득을 줄 것이라는 판단이 들었습니다.

또 1997년 말부터 상승한 환율의 영향으로 기업 이익이 증가할 것이라고 생각했습니다. 수출 위주의 산업을 가진 우리나라의 기업 이익은 단기적으로 원달러 환율에 영향을 받을 수밖에 없습니다. 환율이 내리면 수출 감소 때문에 실적이 악화되고, 반대로 환율이 오르면 수출 증가로 기업 이익이 증가하는 경향이 있습니다. 그래서 저는 '기업이 좋아지면 주식 거래량이 늘어나면서 증권 회사 수익이 늘어날 것'이라고 판단했습니다.

IMF 외환위기 발발 직전인 1997년 10월 원달러 환율은 919원, 직후인 12월에는 1964원을 기록했습니다. 어마어마한 변동성이었죠.

대신증권, 동양증권, 부국증권을 1주당 650원, 930원, 1200원에 매입했습니다. 주식을 매입한 이후에도 주가는 더 하락했는데, 저는 그때마다 계속 더 사들였습니다.

당시 저는 스스로에게 이렇게 질문했습니다. '어떤 기업이 좋은 기업인가? 그리고 나는 왜 투자를 하는가?' 저의 답은 명확했습니다. '좋은 기업을 찾아 동행하는 게 나의 일'이라고 말이죠.

언제 위기가 끝날지는 아무도 확신할 수 없습니다. 다만 좋은 기업을 찾아서 동행하세요. 예측할 수 없는 것은 버리고 묵묵히 따라가는 것이 가치투자의 핵심입니다.

주가의 저점은 알 수 없지만 기업의 가치는 확신했습니다. 주가가 언제 다시 오를지, 언제 위기가 끝날지는 누구도 알 수 없습니다. 그럴 때는 다른 생각 말고 좋은 기업을 찾는 일에만 몰두하면 됩니다. 예측할 수 없는 주가지수나 저점, 회복 시기, 경기 걱정은 우리의 몫이 아닙니다. 우리는 좋은 기업만 찾으면 됩니다. 걱정할 시간에 어떤 기업과 함께할지를 고민하는 게 이득이죠. 이것이 제가 하는 가치투자의 핵심입니다.

주가가 하락하는 위기에는 좋은 기업을 싸게 살 수 있는 기회가 열리고, 좋은 기업과 나쁜 기업의 차이도 더 뚜렷하게 보입니다. 반대로 주가가 고점을 찍을 때 모두가 흥분해도 가치투자자는 냉정을 지켜야 합니다. 흥분 국면에선 나쁜 기업도 좋은 기업으로 보일 수 있기 때문입니다.

확신이 있는 가치투자자는 공포를 즐기고, 흥분을 싫어합니다. 위기가 찾아와서 모두가 당황해도 가치투자자는 그 위기를 제대로 바라보고, 즐길 수 있습니다.

저는 '좋은 기업은 반드시 상승한다'는 확신이 있었기 때문에 불황과 공포 속에서도 계속 증권주를 샀습니다. 우리나라의 자본시장을 믿었고, 기업 가치를 믿었기 때문에 안 살 이유가 없었습니다. 주가가 떨어져도 아랑곳하지 않았습니다. 오히려 좋은 기업을 쌀 때 사자는 생각으로 계속 매입했습니다.

결국 제가 샀던 증권주들은 500원 밑까지 하락한 뒤 급반등하기 시작했고, 불과 몇 달 만에 1만 2000원까지 상승했습니다. 1998년 12월, 보유하고 있던 증권주를 팔아 정산을 해보니 모두 67억 원이 되었습니다. 원금 3억 원을 빼면 약 64억 원의 이익이 난 것이죠.

결국 제가 준비하고 믿었던 가치에 시장이 응답해주었습니다. '이런 주식을 사놓으면 몇 년 후에는 그 가치를 보여줄 것'이라는 믿음. 저는 이런 믿음을 가진 가치투자자로 영원히 살고 싶습니다.

자녀도 가치지향적인 관점으로 키워라

제게는 세 자녀가 있습니다. 가치투자자로 언론에 오르내리다 보니 종종 "아이들한테 경제교육은 어떻게 시켰어요?"라는 질문을 받기도 합니다. 많은 분들의 예상과 달리 저는 아이들에게 일부러 시간을 내서 경제교육을 시키지는 못했습니다. 하지만 평상시에 대화를 통해 자연스럽게 경제관념을 심어주려고 노력했습니다.

예를 들어, 아이들에게 자동차에 관해 이런 질문을 던지곤 합니다. "외관상 디자인이 똑같은데 A차는 1000만 원, B차는 3000만 원이야. 너라면 어떤 자동차를 사겠니?" 그러면 아이는 "디자인이 똑같다면 1000만 원짜리 A차를 사겠어요"라고 말합니다. 그럼 제가 다시 묻습니다. "B차가 A차보다 다섯 배는 오래 쓸 수 있고, A차는 휘발유가 더 많이 든다면 어떤 걸 살래?"라고 말이죠.

이런 전제들을 하나씩 제시하면 아이들은 이모저모 따져봅니다. 아이들이 스스로 고민할 수 있는 질문을 던져 가치지향적으로 생각할 수 있도록 한 것입니다.

저는 아이들과 주식에 대한 이야기도 굉장히 자주 했고, 아이가 초등학교에 들어갈 때는 직접 주식을 사주기도 했습니다. 주식 이야기를 하면 처음에는 이해를 잘 못하는 것 같아도 계속 얘기하다보면 흥미를 느끼는 게 보입니다.

저는 마트에 가서 요구르트 하나를 고를 때도 아이들과 게임을 하

한국기업평판연구소(www.rekorea.net)에서는 소비자의 행동분석을 수집한 빅데이터로 지표를 산출합니다. 마트에서 직접 판매원에게 물어보는 효과를 얻을 수 있으니 한번 방문해봐도 좋을 듯합니다.

듯이 대화를 걸곤 했습니다. 제가 "판매원에게 가서 어떤 요구르트가 제일 잘 팔리는지 한번 물어보고 올래?"라고 하면, 아이는 "왜요?"라고 묻습니다. 그럼 "요구르트가 많이 팔리면, 그 요구르트를 만드는 회사가 좋아질 것이고, 그럼 주가가 오를 수 있잖아"라고 말해주는 것입니다. 그러면 아이는 단순히 요구르트만 사는 것이 아니라 많이 팔리는 물건에 대해 생각해보게 됩니다.

라면 하나를 갖고도 자녀와 얼마든지 대화를 나눌 수 있습니다. 어떤 브랜드의 라면이 시중에 나와 있는지, 어떤 라면이 인기가 있는지, 앞으로는 어떤 라면이 더 잘 팔릴 것인지 이야기를 나누며 기업과 투자에 대해 생각하는 습관을 갖게 해주는 것입니다.

주식을 사주는 것도 좋은 방법입니다. 자신의 주식을 갖게 된 아이들은 저절로 기업에 관심을 갖게 되고 자신이 가진 주식만이 아니라 동일 산업 내 다른 기업들의 주식 동향, 전체적인 경제 흐름으로 관심이 이어질 수도 있습니다.

아이들이 어렸을 때 사준 주식 중에 삼성전자가 있었는데, 당시 삼성전자는 우리의 단골 대화 주제였습니다. "지금 아빠 차에는 반도체가 없는데, 앞으로 반도체가 장착된 차가 나오겠지?"라고 질문하면 아이들은 반도체가 어디에 사용되고, 앞으로 어디에 더 사용하게 될지까지 이야기를 이어갑니다.

패션에 관심이 있는 딸과는 디자인에 관한 얘기를 자주 나눴습니다. "너는 옷감을 보고 옷을 사니, 디자인을 보고 사니? 옷감 재료는 풍부하니까 옷감보다는 디자인을 보고 옷을 사는 사람들이 많겠지. 옷뿐만 아니라 무엇이든 이제는 재료보다 디자인을 보고 사는 경우가 더 많아. 그러니 손이나 기계로 하는 것보다 머리로 하는 게 더 가치 있다는 거야. 소재보다 브랜드를 보고 물건을 구입하는 세상이고, 보이는 것보다 보이지 않는 것이 가치를 평가받는 세상이지."

이렇게 아이들에게 주식을 통해 기업의 세계를 읽게 하고, 자본주의에 대해 이야기하고, 거기에서 능동적으로 투자할 수 있는 길을 알려주는 것입니다.

아이들이 좋아하는 과자, 물건을 주제로 대화를 나눠보세요. 그리고 그 회사의 주인이 되는 방법을 알려주세요. 주식이 우리 삶과 밀착돼 있는 지혜로운 경제 수단이라는 것을 일깨워준다면 아이의 가치지향적 관점이 키워질 것입니다.

3교시

'상식'에서 출발하고 '해석'으로 발전시켜라

감으로만 하는 투자는 절대 성공할 수 없습니다. 투자의 시작은 사실에 근거한 상식이어야 합니다. 여기에 나만의 생각과 해석을 더하면 현명한 가치 판단이 가능합니다.

사실에 근거한 가치를 찾고, 생각을 더해 가치를 판단한다

한번은 아이가 어렸을 때 제게 "아빠는 어떤 사람이야?"라고 물은 적이 있습니다. 저는 가만히 생각하다가 "아빠는 생각을 정말 많이 하는 사람이지"라고 말했습니다.

싱거운 대답이라고 여길 수 있지만 사실이 그렇습니다. 저는 1989년부터 지금까지 30년이 넘는 시간 동안 주식시장을 떠난 적이 없고, 그 과정에서 누구보다 생각을 많이 했습니다.

펀드매니저 시절 큰 수익을 자주 내 세상에 알려졌을 때부터 사람들은 제게 '어떻게 그렇게 큰 수익을 올렸냐?'고 묻곤 했습니다. 그때도 지금도 늘 똑같은 제 비결은 다음과 같습니다.

상식과 사실에 근거해서 가치를 찾았고, 나만의 생각과 해석을 더해 가치를 판단했습니다.

세상은 매일같이 변화합니다. 그래서 투자자라면 늘 '왜?'라는 의문을 가지고 적극적으로 현상을 파고드는 자세가 필요합니다. '왜 이런 변화가 나타날까? 왜 사람들은 여기에 지갑을 열까? 이건 결국 어떻게 될까?' 이렇게 꼬리에 꼬리를 무는 생각으로 사고의 틀을 확장하다 보면 남들이 미처 발견하지 못한 가치를 발견할 수 있습니다.

제가 가치를 찾기 위해 어떻게 상식과 생각을 끌어들이는지를 몇 마디로 정리해서 설명한다는 건 아무래도 어렵습니다. 제가 하나의 주식을 사기까지 어떤 생각을 하는지를 가감 없이 들려드리는 것이 제 투자 방식을 쉽게 전달하는 방법이 될 것 같네요. 그래서 이번 장에서는 제가 어떻게 투자할 주식을 고르는지를 구체적인 사례들과 함께 풀어보고자 합니다.

그에 앞서, 상식에서 출발하고 해석으로 발전시키는 제 투자 관점이 어디에서부터 비롯되었고 어떻게 성장했는지부터 얘기해보겠습니다.

라디오와 지도에서 탄생한 강방천식 생각법

주식을 고를 때 '사실에 기초해서 상상력을 발휘한다'는 제 신념은 라디오를 통해 길러진 것이라고 해도 과언이 아닙니다.

저는 늘 지금의 저를 있게 한 첫 스승을 '라디오와 지도'라고 말합니다. 라디오와 지도를 통해 수많은 생각을 하면서 상상력을 키울 수 있었기 때문입니다.

저는 전라남도 신안에 있는 섬, 암태도에서 태어나고 자랐습니다. 육지를 왕래하는 배가 하루에 단 한 번 있을 정도로 고립되고 조용한 곳이었죠.

텔레비전도 구경하기 어렵던 시절, 동네에는 라디오가 딱 한 대 있었습니다. 초등학교 1학년 어느 날 동네에 하나밖에 없는 약방을 지나는데 '뉴스를 알려드리겠습니다' 하는 소리가 제 귀에 들어왔습니다. 바로 라디오 뉴스였습니다. 처음 들어본 그 소리가 너무 신기했던 저는 매일같이 학교가 끝나면 약국 앞으로 달려가 라디오에서 나오는 뉴스에 종일 귀를 기울였습니다.

당시 라디오 뉴스에 자주 등장했던 건 월남전 소식이었습니다. 탱크가 몇 대 파괴되었고, 맹호부대 상륙이 어떻게 되었느니 하는 이야기들이 마치 눈앞에 그려지는 듯 생생했습니다. 저는 라디오를 통해 세상의 변화를 귀로 들으며 온갖 상상의 나래를 펼쳤습니다.

어린 시절, 라디오와 함께 푹 빠졌던 것이 지도였습니다. 라디오를 통해 어디에서 무슨 일이 일어났다는 뉴스를 들으면 그곳이 어디에 있는지 지도를 보면서 월남은 어디에 있고, 서울은 어디에 있고, 경부고속도로는 어느 지역을 지나가는지 찾아보곤 했죠. 지도 보는 것을 너무 좋아해서 사회과부도 교과서가 너덜너덜해졌고, 한때 지리 선생님을 꿈꾸기도 했습니다.

지도는 단 한 장의 종이에 전 세계를 담기도 하고, 세부 지역을 자세히 표현하기도 합니다. 세상을 확대하기도, 압축하기도 하는 지도를

통해 저는 망원경적인 원대한 시각과 현미경적인 치밀한 시각을 키울 수 있었습니다.

주식투자를 할 때도 망원경적인 시각과 현미경적인 시각이 필요합니다. 상상력을 통해 똑같은 사실을 넓게도 보고 좁게도 살펴보는 습관을 지도를 통해 익혔습니다.

같은 정보, 다른 해석!
회계학의 매력에 빠지다

대학교 때 접했던 회계학 공부도 투자를 할 때 큰 도움이 되었습니다. 저는 경영정보학을 전공했는데, 그때 가장 재미있던 수업이 회계학이었습니다.

기업의 모든 정보가 들어 있는 재무제표는 주주, 종업원, 정부, 채권자, 납품업자 등 기업을 둘러싼 이해관계자들이 각기 달리 해석합니다. 같은 주주 입장에서 볼 때도 관점과 상황에 따라 정보를 다르게 해

재무제표
기업 내 재무 상태를 정확하게 파악하기 위해 작성되는 보고서의 일종으로 재무상태표, 손익계산서, 자본변동표, 현금흐름표로 구분할 수 있습니다.

석하기 때문에 각기 다른 견해를 가질 수 있습니다.

이렇듯 하나의 자료로도 다양한 생각을 펼칠 수 있다는 점에서 저에게 회계는 매력적인 학문이었습니다. 저는 회계를 공부하면서 기업을 분석하고 해석하는 데 몰두했고, 그 공부가 주주 입장에서 재무제표를 바라보는 연습이 되었습니다.

하나를 보고 둘을 생각하는 '연상 투자'

주식투자는 자료와 이론으로 도출되는 하나의 답이 아닙니다. 답이 하나였다면 투자에 실패할 일도 없겠죠?

누구나 뉴스를 통해 사실을 접할 수 있습니다. 저는 누구나 얻는 똑같은 정보를 두고 좀더 깊게 생각해서 새로운 해석을 만들어냅니다. 그리고 달라질 미래를 상상합니다. 저는 이를 '연상 투자'라고 말합니다. 한 단계 더 나아가서 생각해보는 것인데, 사실에 대해 보통 사람들은 하지 않는 다른 해석을 해보고, 그 판단이 옳다고 여겨지면 바로 행동을 취하는 것입니다. 그렇게 투자했던 사례 몇 가지를 소개하겠습니다.

첫째, 음주운전을 예방하면 보험회사가 웃는다?

1995년 동부증권 펀드매니저 시절의 일입니다. 우연히 경찰청과 도로교통안전협회가 함께 만든 '음주운전을 예방하자'는 TV 공익광고를 보다가 무릎을 치며 이렇게 생각했습니다.

'캠페인을 통해 음주운전이 예방되면 사고도 줄어들 것이고, 보험회사에서 지불해야 하는 보험금도 줄어들 텐데 그럼 보험회사의 이익이 좋아지지 않을까?'

마침 신문에서 '자동차보험 가입자가 증가하고 손해보험사의 손해율이 하락했다'는 기사도 발견했습니다. 다각도로 조사해보니 기사 내용이 사실이었습니다. 음주운전 예방 공익광고를 보고 보험회사의 이익이 좋아지는 것으로 생각을 발전시킨 저는 서너 개의 보험회사 주식을 매입했고, 평균 두 배 이상의 수익을 냈습니다.

둘째, 도시가스 설치하다 얻은 투자 아이디어

보험회사의 사례로 얻은 수익으로 새로운 주식을 매입했는데 그중 하나가 삼천리였습니다. 그즈음 도시가스가 설치되지 않은 집으로 이사했는데, 도시가스를 설치하려고 알아보니 가입자가 설치비를 부담하는 구조였습니다. 집 주변까지는 회사가 부담하지만 집 안까지 가스관을 연결하는 비용은 가입자에게 받았던 것이죠.

몇 십만 원 정도 되는 설치비가 어디로 가는지 궁금해서 알아봤더니 모두 도시가스 회사로 고스란히 귀속된다는 사실을 알게 되었습니다. 그런데 재무제표를 살펴봐도 이 돈이 수익으로 잡혀 있지 않았고, 손익계산서에도 나와 있지 않았습니다. 대신 대차대조표의 자본잉여금으로 표시되어 있었습니다. 손익에 반영되지 않으면서 기업 가치가 증가하고 있는 것이었죠.

자본잉여금
주주 또는 출자자로부터 얻은 자본 중 자본금을 초과한 부분을 말합니다. 보통 기업의 영업활동 이익에서 실현된 잉여금을 말하며 자본잉여금은 수익으로 잡히지 않아 손익에 반영되지 않습니다. 자본잉여금이 늘어나면 기업 가치가 증가하고 이에 주주 이익도 늘어납니다.

당시 아파트값이 엄청나게 오르면서 주택 공급이 확대되고 있었고 삼천리는 수도권 서남부와 인천 지역에 독점으로 도시가스를 공급하는 회사였습니다. 앞으로 이 지역에 아파트가 많이 들어설 것이고, 아파트마다 도시가스를 설치하게 될 것이니 삼천리 주식은 오를 수밖에 없었죠.

이때의 투자 경험과 생각은 이후의 투자에도 도움이 되었습니다. 2006년 11월, 정부가 수도권에 당초 계획보다 12만 5000가구를 늘려 총 145만 6000가구(연평균 36만 4000가구)의 신규 주택을 공급하겠다는 계획을 발표했습니다. 주택 공급이 늘어나면 가장 먼저 생각할 수 있는 것이 집을 짓는 건설회사들의 수익 증가입니다. 공급이 늘면 부동산 가격이 떨어질 테니 이를 이용해 집을 한 채 사둬야겠다고 생각하는 사람도 있을 것이고, 주택 건설에 들어갈 건축 자재 수요 증가에 주목할 수도 있습니다. 그러나 여기서 한 단계 더 나아가서 이렇게 생각을 확장해갈 수도 있습니다.

'건설 경기가 좋아지면 새로운 건설 회사들도 뛰어들기 때문에 회사 간 경쟁이 치열해질 수 있다. 또한 건축 자재 가격 상승으로 주택 건설에 많은 비용이 들 것 같다. 그런데 아파트가 지어지면 도시가스를 공급해야 하지 않는가? 도시가스는 필수적이기 때문에 별다른 마케팅 활동 없이도 수요가 꾸준히 발생한다. 게다가 도시가스는 지역별로 한 곳의 회사가 공급을 독점한다. 꾸준한 수요가 받쳐주면서도 경쟁은 덜하니 도시가스 공급회사가 더 좋지 않을까?'

이러한 제 생각은 적중했고 주택 공급 상승 추세와 함께 삼천리의 주가도 고공행진을 기록했습니다. 대부분의 사람들은 신규 주택 공급을 건설 경기 상승, 건축 자재 업체의 호황과 연결 짓지만 조금의 상상력을 가미한다면 사람들이 관심을 갖지 않는 기업에 투자해 큰 수익을 얻을 수 있습니다. 이때 중요한 것은 사실에 근거해야 한다는 것입니다. 사실이 아닌 감에 의존하는 것은 투기임을 꼭 명심합시다.

셋째, 닷컴회사의 급상승으로 바뀔 사무실의 미래를 엿보다

1999년 후반, 우리나라에 IT 붐이 일어나면서 수많은 닷컴기업들이 우후죽순처럼 생겨났고 많은 사람이 앞다투어 주식을 샀습니다.

그러나 저는 이제 막 영업을 시작해 검증되지 않은 닷컴회사의 주식을 사는 대신 이들이 생겨나면서 이득을 얻게 될 회사를 찾았습니다. 엄청나게 늘어나는 사무실을 보면서 책상 만드는 회사와 보안장치 회사가 떠올랐습니다. 책상이 없으면 근무할 수 없으니 꼭 필요할 것이고, 회사 기밀을 유지하기 위해서는 보안장치가 필수라고 생각했기 때문입니다. 그래서 사게 된 주식이 퍼시스와 에스원이었습니다.

1999년도 후반 약 5400원이었던 퍼시스의 주가는 꾸준히 우상향해 2006년 3월, 3만 6000원대를 기록했습니다. 2021년 4월에는 코로나19로 인한 비대면 업무 장기화로 6만 7900원이라는 최고가를 기록하기도 했습니다.

저는 이런 식으로 지극히 상식에서 출발해서, 상상력을 더한 투자를 했고 수익을 냈습니다. 작은 것이라도 지나치지 않고, 가치를 찾고 재해석하는 버릇을 들인 덕분입니다. 이게 제 성공의 비결이라고 말해도 과언이 아닙니다.

좋은 투자자가 되려면 상식에서 출발하고, 남과 달리 해석하고, 남보다 빨리 판단해 과감하게 행동해야 합니다.

처음에는 저의 이러한 생각법이 어렵게 느껴질 수도 있습니다. 하지만 이러한 훈련을 생활화하면 어느새 투자 감각이 생기게 됩니다. 여기에 타이밍까지 잘 맞으면 몇 달 안에 좋은 결과를 얻을 수도 있고,

혹여 시간이 걸리더라도 언젠가는 성과를 얻게 됩니다. 분명한 것은 가치 있는 주식은 반드시 오른다는 사실입니다.

소문에 길들여지지 말고 생각에 길들여져라

세상일은 상식선에서 생각하면 저절로 해답이 보이기 마련입니다. 회사의 가치를 찾는 것도 마찬가집니다. 상식에서 출발하고 생각을 많이 하면, 실패를 줄일 수 있습니다.

흔히 투자를 정보 싸움이라고 합니다. 누가 정확한 정보를 얼마나 많이, 그리고 빨리 접하는지에 따라 투자 결과가 달라진다고 착각하는 경향이 있죠. 그리고 남들이 모르는 정보를 알아야 성공한다고 잘못 생각하고 있습니다.

물론 '아는 만큼 보인다'는 말처럼 정보를 알면 도움이 되는 것도 있습니다. 하지만 정보가 투자의 발목을 잡을 때도 많습니다. 정보만 믿고 덜컥 주식을 샀다가 낭패를 본 투자자들을 우리는 주변에서 쉽게 찾아볼 수 있습니다.

저는 다른 사람들이 모르는 비밀 정보를 찾지 않습니다. 오히려 누구나 접할 수 있는 정보가 좋은 주식을 찾는 실마리라고 생각합니다. 저는 소문과 정보가 아닌 상식과 상상력으로 주식 종목을 고르는 '강방천 스타일'을 구축했습니다. 사실 상상력도 거창한 게 아니라 깊이 있는 상식이라고 할 수 있습니다.

상식을 그냥 흘려버리는 사람과 상식을 합리적으로 가치화하는 사람, 당신은 어디에 속할까요? 좋은 주식을 찾는 일은 상식으로도 충분합니다.

우리가 자주 접하는 물건을 만드는 회사의 주주가 되어 이익을 함께 나누겠다는 생각을 해봅시다. 제품이 잘 팔리고 서비스가 인기 있다는 걸 알았다면 거기서부터 꼬리에 꼬리를 무는 생각을 하며 매출을 기업의 이익으로, 기업의 이익을 가치로, 가치를 주가로 연결할 수 있어야 합니다. 연결고리는 생각하지 않고 투자 수익만 좇는다면 큰 성과를 기대할 수 없습니다. 또 제도의 변화와 사회현상에 관심을 기울이고 있으면 저절로 괜찮은 주식이 보일 때가 있습니다.

상식적인 정보를 가치화하는 것을 생활화합시다. 주변의 작은 변화도 항상 기업 가치적인 측면에서 생각해보는 습관을 가져봅시다.

주변의 변화에 관심을 기울이고 꾸준히 탐구하면 어느새 작은 변화도 기업 가치적인 측면에서 생각하는 가치투자자가 될 수 있습니다.

수요가 있으면 경쟁도 있다

항상 겉으로 나타난 현상보다 그 이면을 보려는 노력 속에서 좋은 결과가 나옵니다. 제가 항상 강조하는 게 '어떤 사실이나 사건에 대해 항상 정반합적 충돌을 통한 해석을 해야 한다'는 것입니다.

주가는 이익에 의해 좌우됩니다. 그렇다면 과연 이익은 무엇이 결정할까요? 대부분 '수요'에 대해서만 이야기합니다. 예를 들어 "반도체가 난리다. 모든 자동차 회사는 반도체 없으면 안 된다"고 해석하는 것입니다. 몇 년 전에는 "중국 사람들이 화장품 엄청 산다더라"였고, 10여 년 전에는 "조선업 앞으로 난리다"라고 했습니다. 전부 수요에 대한 이야기죠.

그런데 그 이면에는 무엇이 있을까요? 항상 '경쟁'이 있습니다. 수요가 늘어서 이익이 늘면 바로 경쟁이 끼어듭니다. 화장품이 잘 팔리면 너도나도 화장품을 만들어서 팝니다. 그게 인간의 본질적 욕망입니다. 돈을 벌면 더 벌고 싶은 인간의 욕망이 세상의 경기의 호황과 불황을 만들고 있는 것입니다.

돈이 벌리는 사업 분야에서 기존 회사들은 설비 능력을 확장하고, 다른 회사들은 앞다투어 뛰어듭니다. 이렇게 수요와 경쟁은 항상 맞물려서 옵니다. 뭐가 더 중요하고, 뭐가 덜 중요한 게 아니라 둘 다 중요한 것입니다.

그런데 많은 사람이 수요만 보고 경쟁은 보지 않습니다. "전기차가 난리니까 배터리를 무조건 사야 된다"고 하는데, 그럼 유럽에서 가만히 있을까요? 배터리 한다고 다 새로 뛰어드는 모습이 나타납니다. 실제로 2020년 유럽 공동 이익 프로젝트(IPCEI, Important Project of Common European Interest)에서 배터리와 반도체가 책정됐습니다.

IPCEI(유럽 공동 이익 프로젝트)
공통의 관심사를 지향하는 유럽의 초국가적 프로젝트로 반도체, 배터리 외에도 친환경·자율주행 자동차, 사물인터넷, 수소기술 등을 중요 사업으로 선정한 바 있습니다. 2019년 12월 말 전기차 배터리에 32억 유로(약 4조 4123억 원) 투자를 결정했고 2022년까지 연간 최대 800만 대의 전기 자동차 배터리 생산을 목표로 하고 있습니다.

수요만 보면 다 좋아 보입니다. 그러나 그 이면의 경쟁 구도를 봐야

합니다. 항상 사실, 사건, 뉴스, 현상을 정과 반의 충돌 속에서 다각도로 생각해보는 것입니다. 망원경적인 원대한 시각과 현미경적인 치밀한 시각의 충돌, 수요와 경쟁의 충돌, 가치와 가격의 충돌…… 주식만이 아니라 인생에서 어떤 결정을 하든 여러 요소를 충돌시키면서 다양한 생각을 해야 오류가 줄어듭니다. 작용과 반작용, 수직과 수평, 상승과 하락, 도전과 응전, 거시와 미시…… 이렇게 생각을 발동시키는 가운데 답을 찾아나가는 자세가 필요합니다.

4교시

모든 투자는 결국 '관점'이 무기다

주식은 어떤 관점에서 바라보느냐에 따라 투기와 투자로 갈라집니다. 여러분에게 주식은 돈이 적힌 종이인가요, 기업의 동반자가 될 수 있는 특급 티켓인가요?

관점의 차이가 투자의 승패를 가른다

여러분에게 주식은 단순한 유가증권인가요? 아니면 기업의 동반자가 될 수 있는 티켓인가요? 저는 결국 이 관점이 투자의 성공 여부를 결정하는 요체라고 생각합니다. 주식을 보는 관점의 차이가 결과의 차이를 만드는 것이죠.

'주식은 유가증권이고 오늘 돈 벌어서 내일 파는 것'이라고 생각하는 사람은 나에게 돈을 가져다줄 비법과 정보를 찾습니다. 그러나 '주식은 기업의 주인이 되는 증서'라고 보는 사람은 상식과 가치를 찾습니다. 전자는 주가를 보고, 후자는 삶을 관찰합니다. 전자는 인기 있는 것을 쫓느라 바쁘고, 후자는 좋은 것을 찾으려 노력합니다.

우리는 전자가 되지 말고 후자가 되어야 합니다. 비법과 정보가 아니라 상식과 가치를 찾는 사람이 되어야 하는 것입니다.

가격보다는 가치를 보고, 답이 아니라 과정에 의미를 두고, 투기가

아닌 투자를 해야 합니다. 그러면 반드시 성공할 수 있다고 저는 확신하고 있습니다. 실제로 제가 그렇게 했고 성공했기 때문입니다.

주가가 아니라 시가총액으로 판단하라

주식을 주인이 되는 증서로 보는 관점에서 접근한 저는 주가가 아닌 '시가총액'에 주목했습니다. 아마도 국내에서 시가총액에 근거한 투자를 처음으로 시작한 사람도 저일 것입니다.

제가 주식시장에서 일하기 시작한 1989년에는 주식을 분석하고 사는 것이 어색했던 시기였습니다. 그때는 업종에 따라 주가가 움직였기 때문에 그냥 오르는 업종을 따라 사면 수익 실현에 문제가 없었습니다. 당시 가장 인기 있던 종목은 통일중공업과 삼미특수강처럼 거래량이 풍부한 저가의 주식이었습니다. 대개 1주당 1만 원 안팎의 주식들

시가총액
기업의 상장 주식 전체를 시가로 평가한 총액으로, 해당 기업이 어느 정도 규모를 가지고 있는가를 판단할 수 있는 지표입니다. 현재 대한민국 시가총액 1위 기업은 삼성전자로 약 544조입니다. 전 세계 기준 1위는 애플로 약 2450조입니다(2021년 6월 기준).

이었죠.

저는 당시 주가가 아니라 시가총액을 기준으로 주식을 골랐습니다. 시가총액은 그 회사가 발행한 주식 수에 주가를 곱한 것으로 지금은 누구나 시가총액에 대해 알지만 그때는 이런 계산을 하는 사람이 드물었습니다. 사실 주식시장에 시가총액이라는 개념이 등장한 것도 1995년 이후입니다. 누가 제게 알려준 게 아니라 제가 직접 시가총액을 계산해서 주식을 사는 데 적용했습니다.

저는 평소 관심이 있던 기업들의 시가총액을 계산해보았습니다. 당시 우량기업이었던 대한화섬, 태광산업, 안국화재(현 삼성화재)의 주가는 각각 2만 9000원, 6만 6200원, 6만 5800원 선으로 1만 원 안팎의 당시 저가 주식들보다 몇 배나 비쌌습니다. 그런데 이러한 우량 기업들의 시가총액은 저가 주식의 기업들보다 더 적었습니다. 그 이유는 저가 주식의 기업들은 발행 주식 수가 많아서 시가총액이 5000~7000억 원대였고, 이익이 많이 나는 우량 기업의 시가총액은 발행 주식 수가

적어서 300~1000억 원에 불과했던 것입니다. 우량한 기업임에도 시가총액이 이렇게 적다는 것은 앞으로 성장 가능성이 무궁무진하다고 해석할 수 있었죠.

'아, 우량 기업들이 이렇게나 저평가되어 있구나!' 이것을 깨닫고 나니 이후 주식을 고르는 게 쉬웠습니다. 저는 시가총액을 계산해서 주가는 높지만 시가총액은 낮았던 저평가된 우량 기업을 찾아냈고, 그 주식들을 사서 수익을 냈습니다. 시가총액이라는 나만의 측정 도구가 큰 힘을 발휘한 것입니다.

눈속임으로 낮추는 주가에 속지 말자

종종 이럴 때가 있습니다. 기업의 주가가 액면분할을 해서 싸게 보이는 효과 때문에 주가가 오르는 겁니다. 예를 들어 A라는 기업이 100주의 주식을 발행했고, 1주당 가격은 100만 원이라고 가정해봅시다. 그러면 이 기업의 시가총액은 1억 원입니다. 그런데 대주주가 주당 가격 100만 원의 50분의 1인 2만 원으로 액면분할을 했다면 주식 수는 50배 늘어난 5000주가 되지만 이때 시가총액은 1억 원으로 동일합니다. 기업의 가치는 똑같은데 주당 가격만 싸진 것이죠.

그런데 100만 원 하던 주가가 2만 원이 되니 사람들은 싸졌다고 생각하며 A 회사의 주식을 마구 사들이기 시작합니다. 그래서 주가가 6만 원으로 오르고 이 회사의 시가총액이 갑자기 3억 원이 되는 경우가 발생합니다. 이처럼 시가총액을 보지 않고 주가만 보면 기업이 과대평가되는 일들이 생기게 됩니다.

옛날이나 지금이나 사람들은 가격이 싼 주식만 찾습니다. 좋은 주식을 쌀 때 사는 건 물론 좋지만, 가격이 싸다는 이유로 주식을 사는

액면분할
주식의 액면가액을 일정한 비율로 나눠 전체 주식 수를 증가시키는 것을 말합니다. 보통 어떤 주식의 주당 가격이 과도하게 높아 거래가 부진하거나 신주 발행이 어려운 경우에 기업에서 액면분할을 진행합니다.

건 합당치 않습니다. 우리는 개별 주가가 아니라 시가총액을 봐야 합니다. 무조건 싼 주식이 아니라 시가총액을 통해 저평가된 주식인지, 고평가된 주식인지를 따져봐야 합니다.

주식의 가치를 판단하는 측정 도구 없이 주식시장에 뛰어드는 것은 무모한 일입니다.

시가총액은 가치를 찾는 측정 도구 중 하나입니다. 이 외에도 측정 도구는 다양하게 가질 수 있습니다. 재무제표, PER, 비즈니스 모델 등등 이런 것들이 모두 가치 측정의 도구가 됩니다. 이러한 도구는 투자라는 세계에서 필요한 일종의 나침반이자 GPS입니다. 주식시장이라는 복잡한 세계에서 이런 측정 도구 없이 길을 나서는 건 무모한 일이죠. 우리는 경험과 시간을 쌓으며 자신만의 측정 도구를 단단하게 갈고닦아야 합니다(가치 측정 도구에 대한 자세한 이야기는 〈6교시〉과 〈7교시〉에서 더 풀어낼 예정입니다).

의심하라, 그리고 다르게 해석하라

주식투자는 정답을 맞히는 자연과학이 아닙니다. 오히려 좀더 멋진 답을 찾아가는 사회과학에 가깝습니다. 이때 그 답을 어떻게 찾을까요? 바로 자신만의 관점으로 찾아야 합니다. 자신만의 관점을 만들기 위해서는 어떤 과정을 거쳐야 할까요? 바로 항상 의심하고, 남과 다른 해석을 해야 합니다.

세상 어떤 사람의 말도, 어떤 지표 값도 무조건 믿는 일이 없어야 합니다. 저는 공식적인 경제 지표로 알려진 GDP(Gross Domestic Product, 국내총생산)도 의심합니다. GDP가 과연 국가나 개인의 부를 측정하는 효과적인 지표일까 하는 의문이 들기 때문입니다.

GDP(국내총생산)
국적 불문 우리나라 국경 내에서 생산된 모든 생산물의 시장가치를 의미하며 한 국가의 경제수준을 나타내는 지표입니다. 1995년 4분기 이전에는 한 국가의 국민이 생산하는 가치를 나타내는 GNP(국민총생산) 지표를 사용했으나 글로벌 시대에 적합하지 않은 지표로 판단되어 지금은 GDP를 주로 사용하고 있습니다.

예를 들어, A라는 국가와 B라는 국가가 있다고 가정해봅시다. 두 나라 모두 1기가와트의 전력을 생산해서 GDP는 같습니다. 그러나 A는 태양광이나 풍력 같은 재생에너지로 전력을 생산하고, B는 석탄화력 발전으로 전력을 생산합니다. 그럼 같은 생산량이라도 두 나라에 부여하는 가치는 달라져야 하는 것이 아닐까요?

B는 1기가와트를 생산하기 위해 탄광에서 석탄을 캐고, 운반하는 등의 작업이 필요합니다. 이때 전력을 생산하기까지의 재화와 서비스, 관련 산업까지 모두 GDP에 포함됩니다. 그러나 이 과정에서 자원은 고갈되고 환경은 오염될 것입니다. B국의 GDP 상승은 환경을 파괴하고 보존자원을 사용한 대가로 얻어진다고 볼 수 있습니다.

반면에 A는 1기가와트를 생산하기 위해 풍력발전소나 태양광 패널을 가동합니다. 고정비 투자 이외에 관리직원의 인건비와 소소한 지출만 발생하죠. 다른 생산요소 제공자들이 가져갈 몫도 크지 않아서 시간이 갈수록 주주 몫은 늘어날 것입니다. 그리고 자원도 보존되고 깨끗한 환경이 유지됩니다. A국의 GDP 상승은 깨끗한 환경을 유지하고 자연자원도 보존하며 얻은 소득입니다.

미래에는 환경을 파괴하고 얻은 GDP 대신 친환경 에너지를 활용해서 얻은 GDP가 각광받을 것입니다. GDP 대신 새로운 지표가 탄생할 수도 있겠죠?

당연히 두 나라 국민들의 삶의 질은 다를 것입니다. 이런 이유로 저는 GDP 개념도 바뀌어야 된다고 생각합니다.

비단 GDP뿐만이 아닙니다. 물가지표든 재무제표든 모든 걸 의심해봐야 합니다. 의심하지 않으면 남보다 차별적인 비교 우위를 만들지 못합니다. GDP가 절대적인 지표라면 경제학자가 주식을 제일 잘해야 되고, 재무제표가 절대적인 도구라면 회계사가 주식을 제일 잘해야 되는 게 아닐까요? 그러나 그렇지가 않죠.

투자의 세계에서 모든 말과 지표는 불변의 진리가 아닙니다. 늘 의심하는 자세가 필요합니다. 그러지 않으면 이 사람 말 듣고 매수하고, 저 사람 말 듣고 매도하면서 시장에 휩쓸리게 됩니다.

늘 의심하고 해석하는 자세가 필요합니다. 반대를 위한 의심이 아니라 남들과 다른 해석을 위한 의심입니다. 의심과 해석을 통해서 가설, 즉 나만의 엷은 프레임을 만들고, 그 엷은 프레임을 머릿속에서 정과 반의 충돌을 통해 발전시키는 것입니다. 이런 훈련을 수십 번, 수백 번을 하다 보면 나만의 관점이 생깁니다. 그러면 누가 뭐라고 말해도 '나는 내가 사고 싶은 주식을 살게'라고 당당하게 말할 수 있게 됩니다.

주식시장은 복잡계입니다. 정치, 경제, 사회, 문화 등 모든 게 다 복합적으로 연결된 가운데 가치가 생성되고 그 속에서 가격이 결정됩니다. 그 복잡함 속에 휩쓸려 가지 않으려면 자신만의 관점이 있어야 합니다. 내가 누구인지 명확히 알아야 한다는 뜻입니다.

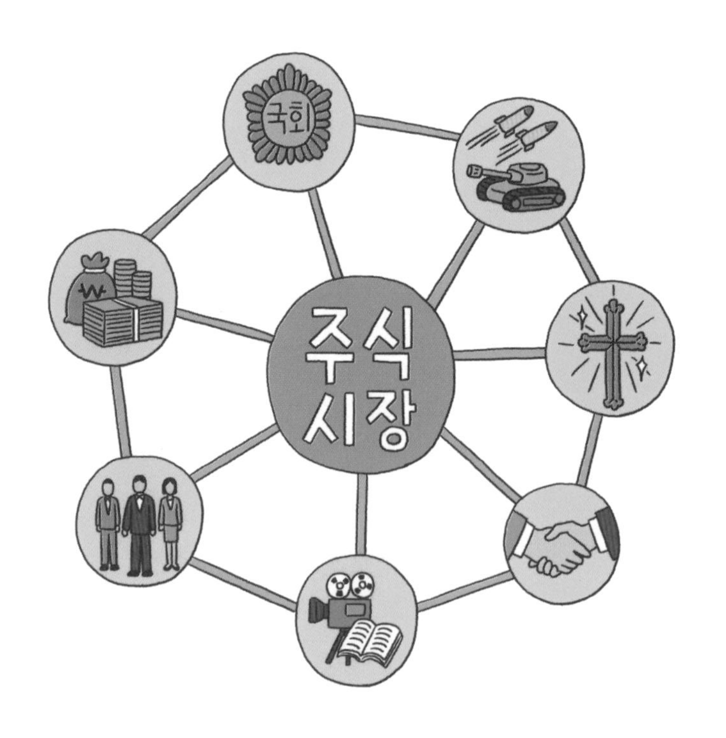

저는 증권회사 입사 초기에 '나는 누구인가'라는 질문을 스스로에게 수도 없이 던졌습니다. 제가 얻은 결론은 다음과 같습니다.

'나는 주주의 몫을 찾는 사람이다. 기업의 가치를 해석하고 평가해 주식의 가격을 판단하는 사람이다.'

그 이후 저는 이 결론을 가슴에 박고 나만의 관점을 만드는 일에 집중했습니다. 뉴스를 보든 소문을 접하든 누군가와 대화를 나누든 어떤 사실을 접할 때면 늘 주주의 몫을 떠올렸고, 주주의 몫을 찾을 때 필요한 이야기라면 놓치지 않고 집중했습니다. 이 사실이 주주의 관점에서 해석될 가치인지, 만약 그렇다면 그 가치가 얼마나 오래가고 얼마나 커질 것인지, 경쟁 구도는 어떨 것인지 등을 늘 생각하면서 관점을 다져나갔습니다.

여러분도 마찬가지입니다. '나는 어떤 투자자인가?' 스스로 묻고 또 물으면서 답을 찾아보세요. 결국 모든 것은 관점의 싸움입니다.

생활 속에서 접하는 모든 것을 투자와 연결하세요. 주주의 관점에서 세상을 바라보는 훈련을 하면 자신만의 관점을 구축할 수 있습니다.

보통주보다 우선주를 선호하는 이유

저는 보통주보다 우선주를 좋아합니다. 투자를 하려는 회사가 보통주와 우선주를 둘 다 발행하고, 우선주 가격이 보통주보다 싸다면 망설이지 않고 우선주를 선택합니다. 많은 기업들이 보통주와 우선주를 동시 발행하고 있는데 대표적인 기업들과 주가는 다음과 같습니다.

보통주와 우선주를 같이 발행하는 대표 기업과 주가

	보통주(주가)	우선주(주가)
삼성전자	79,400원	72,200원
아모레퍼시픽	239,500원	85,000원
현대차	226,000원	110,500원

LG생활건강	1,720,000원	794,000원
CJ	98,400원	62,300원
삼성화재	209,500원	161,500원
LG전자	159,000원	75,300원
코오롱	30,450원	21,200원
대상	26,600원	20,800원

2021년 7월 9일 기준

앞서 저는 위대한 동업자로 삼성전자를 선택했다는 얘기를 했습니다. 당시 저는 삼성전자가 발행한 보통주와 우선주 중에 우선주를 선택했습니다. 제 관점으로는 그것이 타당하고 합리적이라고 판단했기 때문입니다. 왜일까요?

주식을 사는 것은 그 회사의 주인이 되는 길입니다. 그리고 주인으로서 그 몫을 가져가는 방법으로는 배당과 청산, 자사주 매입이 있습니다. 배당과 청산은 기업이 얻은 이익을 직접 현금으로 받는 것이고 자사주 매입은 거래되는 주식 수가 줄어들어 실질적으로 보유하고 있던 주식의 가치가 상승하는 경우를 말합니다.

자사주 매입
회사가 자기 회사의 주식을 직접 사들이는 것을 말합니다. 시장에서 유통 되는 주식 수를 줄여 주가 상승을 기대할 수 있습니다.

이때 우선주와 보통주의 셈법이 다릅니다. 우선주는 보통주보다 통상적으로 액면가의 1%만큼 배당을 더 받습니다. 청산하는 경우도 우선주는 보통주보다 우선해서 청산소득을 받을 수 있습니다. 그러니 가치로 따지면 우선주가 유리할 수밖에 없습니다. 예시로 삼성전자의 보통주와 우선주의 최근 시가배당률을 비교해보겠습니다. 네이버금융 홈페이지(finance.naver.com)의 기업실적분석 메뉴를 통해 기업의 최근 시가배당률 실적을 쉽게 확인할 수 있으니 참고로 알아두세요.

시가배당률
배당금이 주가의 몇 %에 해당하는지를 나타낸 지표로 배당금을 주가로 나눈 값입니다.

삼성전자 보통주와 우선주의 시가배당률 실적

	2018.12	2019.12	2020.12
삼성전자(보통주)	3.66%	2.54%	3.77%
삼성전자(우선주)	4.46%	3.12%	4.15%

출처: 네이버금융(2021년 7월 기준)

여러 가지 이점이 우선주에 있음에도 주가는 우선주보다 보통주가 더 비쌉니다. 보통주만 갖고 있는 의결권 때문인데요, 이를 '의결권 프리미엄'이라고 합니다. 그럼, 의결권을 가지면 무엇이 좋은 걸까요? 의결권은 주주가 총회에 출석하여 결의에 참가할 수 있는 권리를 말합니다. 이때 보통주의 주주는 의결권을 어떻게 행사할까요? 당연히 기업의 가치를 높이는 방향으로 행사할 것입니다. 그리고 기업의 가치가 오르면 우선주의 주주도 자연스레 수혜를 입을 수 있는 것이죠. 그렇다면 배당과 청산의 상승 가치를 더 가져갈 수 있는 우선주 주주가 더 좋은 게 아닐까요?

모든 주주들의 목표는 동일합니다. 모두 어떻게 하면 회사의 가치를 높여 이를 주가에 반영할 수 있을지를 고민합니다.

제가 1999년에 삼성전자 우선주를 매입했을 때, 우선주 평가율은 보통주 대비 40~50% 정도였습니다. 그리고 이 수치가 2021년 7월 기준으로는 90% 까지 좁혀졌습니다. 당시 삼성전자가 아닌 다른 우선주도 평가율이 보통주의 20~40% 수준이었고, 2021년 7월 기준으로는 50~60% 수준입니다. 아마 삼성전자 우선주 이외의 다른 우량 우선주에 투자했어도 100% 이상의 수익을 거뒀을 것입니다.

저는 20년 전부터 현재까지 우선주 투자에 계속 주목해왔습니다. 그러나 모든 우선주가 투자 대상은 아닙니다. 제가 우선주를 선택하는 데는 몇 가지 조건이 있습니다.

첫째, 가치 있는 기업이어야 합니다.

둘째, 가치에 비해 가격(보통주와 우선주의 총 시가총액)**이 낮아야 합**

니다.

셋째, 시가배당률이 보통주에 비해 높아야 합니다.

넷째, 이왕이면 유동성이 충분한 것을 선호합니다.

최근에는 주식시장에서 높은 배당 성향과 자사주 매입 증가와 같은 주주 자본을 환원하는 정책들이 자주 목격됩니다. 저는 이런 환경의 변화에서 우선주의 투자 매력도는 더 높아질 것으로 기대합니다.

펀드 투자도 관점이 중요하다

저는 1999년 투자자문사로 시작해 2008년 6월 자산운용사로 전환한 에셋플러스자산운용을 이끌고 있습니다. 할아버지가 손자에게 물려줄 수 있는 '100년 펀드'를 만들고 지켜가자는 마음, 고객의 돈을 끝까지 책임진다는 사명감으로 회사를 운영하고 있죠.

제가 에셋플러스자산운용의 철학을 세우고 운영하는 데 큰 배움을 얻은 스승이 있습니다. 바로 미국 오비스 인베스트먼트의 앨런 그레이 회장입니다. 오비스 인베스트먼트는 글로벌 주식에 주로 투자하면서 한국과 중국, 일본에도 많이 투자하는 운용사인데 2006년 어느 날 제게 연락이 왔습니다. 앨런 그레이 회장이 저를 만나고 싶다는 거였습니다.

앨런 그레이는 남아공 최대의 자산운용사 '앨런 그레이 리미티드'와 '오비스 인베스트먼트 매니지먼트'의 설립자입니다. 2015년 재산의 대부분을 자선단체에 기부할 것이라 밝히며 노블리스 오블리제를 실천하기도 했습니다.

처음 그레이 회장을 만나 얘기를 나누고 깜짝 놀랐습니다. 저와 주식을 보는 관점이 너무 비슷해서 시간 가는 줄 모르게 대화를 이어갔고, 만남이 두 번, 세 번으로 늘어났습니다. 그렇게 인연을 맺게 된 이후부터 앨런 그레이 회장이 2019년 세상을 떠나기 전까지 우리는 지속적으로 교류하며 신의를 쌓았습니다. 저는 그레이 회장과 교류하면서 많은 것을 배웠고 또 진한 감동도 받았습니다.

저는 그레이 회장을 통해 얻은 깨달음대로 펀드 직접 판매를 국내 최초로 시작했고, 소수펀드에 집중해야 한다는 원칙을 지금까지도 지키고 있습니다. 또 끝까지 책임지는 펀드매니저가 되겠다는 사명감도 다하고 있습니다.

펀드도 결국은 관점이 중요합니다. 주식은 정말 좋은 투자 수단이지만 직접 투자를 하기 어려운 사람들도 당연히 있습니다. 그런 사람들은 펀드에 투자하는 것이 지혜로운 방법이 될 수 있습니다. 그리고 펀드는 여러모로 장점이 많습니다. 다음과 같습니다.

첫째, 소액으로도 투자가 가능하다

사모펀드의 경우 일반투자자의 가입 금액은 최소 3억 원 이상이지만, 공모펀드는 자녀의 용돈 수준으로도 할 수 있습니다. 펀드의 종류에 따라 소액투자가 얼마든지 가능합니다.

사모펀드
비공개로 소수의 투자자를 모집하여 저평가된 주식에 투자해 시세차익을 창출하는 데 목적이 있습니다. 소수의 투자자를 모집하기 때문에 진입장벽이 높은 편입니다.

공모펀드
공개적으로 대규모의 투자자를 모집하며 증권사 홈페이지를 통해 가입할 수 있습니다. 투자자 보호를 위한 엄격한 규제가 적용되며 비교적 안전한 분야에만 투자하기에 수익률은 사모펀드에 비해 낮은 편입니다.

둘째, 위대한 기업을 고루 살 수 있다

아마존은 1주당 가격이 300만 원을 훌쩍 넘습니다. 그보다 싼 주식을 산다고 해도 위대한 기업을 골고루 사려면 큰돈이 필요하죠. 하지만 펀드라면 100만원으로도 다양한 기업에 투자할 수 있습니다. 자연스레 분산 투자의 효과도 누릴 수 있어 유용합니다.

셋째, 연금저축펀드의 경우 절세 효과도 누릴 수 있다

연 납입액에서 최대 700만 원(개인연금과 IRP 합산 시)에 대해 세액공제를 받을 수 있습니다. 또 연금저축펀드는 이자 및 배당, 자본소득이 생기면 바로 세금을 내야 하는 일반 펀드와 달리 연금 수령 때까지 세금을 내지 않고 재투자되는 과세이연의 장점이 있습니다.

과세이연
자산을 실제로 팔아서 수익을 얻을 때까지 세금 납부를 연기해주는 제도를 말합니다. 한해에 발생한 이익이 그대로 내년으로 이월되어 재투자되기 때문에 복리효과를 기대할 수 있습니다.

그럼, 좋은 펀드에 투자하려면 어떤 관점을 가져야 할까요?

첫째, 좋은 운용사를 찾아야 한다

펀드 수가 적고 오너가 펀드매니저인 회사가 좋습니다. 그리고 자신이 운용하는 펀드에 대해 제대로 설명할 수 있는 곳이어야 합니다.

둘째, 펀드도 쌀 때 투자하는 것이 가장 좋다

주식시장이 공포에 휩싸이는 위기일 때, 이를테면 1997년 IMF 외환 위기, 2008년 글로벌 금융 위기, 2020년 코로나19 위기가 그런 때입니다. 그러나 이런 시기는 자주 오는 것이 아니기 때문에 시기에 집착하기보다는 좋은 기업을 싼 가격에 잘 골라서 투자하는 펀드를 찾는 것이 중요합니다.

셋째, 좋은 펀드를 골랐다면 여러 펀드로 분산 투자해야 한다

여기서 분산이란 단순한 숫자의 분산이 아니라 속성의 분산입니다. 기대수익과 기대위험에 따라 나누어 투자해야 하고, 투자 지역도 국내만이 아니라 해외도 포함해야 합니다. 국내 액티브펀드라 하더라도 성장하는 기업에 투자하는 수익가치형과 기업의 가치를 중시하는 자산가치형으로 나누어 투자할 수도 있습니다.

액티브펀드
주식형펀드라고도 불리며 주식시장의 움직임보다 높은 수익률을 올리기 위해 펀드매니저들이 적극적으로 전략을 세우고 실행하는 펀드입니다. 높은 수익률을 추구하는 만큼 변동성과 리스크가 큽니다. 반대로는 패시브펀드(=인덱스펀드)가 있습니다.

투자는 균형감각이 중요합니다. 균형을 잘 잡으려면 한 곳에만 집중하는 것은 금물입니다.

넷째, 오래 함께해야 한다.

저는 어려운 시기 때마다 고객들에게 직접 서신을 써서 보냅니다. '인내하면 반드시 축제의 주인공이 될 것'이라는 믿음을 주기 위해서입니다.

아무리 좋은 펀드라도 오래 함께하지 않으면 소용이 없습니다. 좋은 기업과 좋은 펀드에 투자했다면 반드시 오래 함께해야 합니다. 좋은 펀드를 찾는 것이 필요조건이라면, 오래 투자하는 것은 충분조건입니다.

주식을 투기로 보느냐, 투자로 보느냐

선택은 우리 몫입니다.

5교시

삶과 소비를 파고들어라

사람들의 지갑이 열리는 곳이 어딘지 찾아봅시다. 의외로 성공 투자의 해답은 가까운 곳에 있습니다.

내 지갑은 어디에 열릴까?

"나는 소비를 많이 합니다"

2020년 11월 「유 퀴즈 온 더 블럭」이라는 TV 프로그램에 출연했을 때 했던 이 말이 화제가 됐던 적이 있습니다. 투자를 위해 소비를 줄이는 것이 아니라 소비를 많이 한다고 하니 의아하게 느껴졌던 모양입니다.

여기서 제가 소비를 해야 한다고 한 것은 돈을 잘 쓴다는 것을 의미하는 게 아닙니다. 핵심은 내가 어디에 소비를 하는지, 또 사람들이 어디에 소비를 하는지에 있습니다. 저는 무엇이 내 지갑을 열게 했고, 다른 사람의 지갑을 열게 했는지에 주목합니다.

저는 외국 출장을 가든 어디를 가든 항상 편의점이나 백화점, 대형 할인점부터 먼저 가곤 했습니다. 사람들의 지갑이 열리는 곳에 '가치'가 있기 때문입니다.

차근히 생각해봅시다. 우리가 그토록 알고 싶어 하는 주가는 무엇이 결정하는지 말입니다. 〈2교시〉에서 얘기했듯이, 주가는 기업의 가치가 결정합니다. 기업의 가치는 그 기업의 이익에서 나오고, 기업의 이익은 그 기업의 매출에서 나옵니다.

그럼, 기업의 매출은 어디에서 비롯될까요? 매출의 근간은 결국 소비입니다. 한국 통신회사들의 통신비 매출액은 한국 사람들의 통신비 지출 총액과 똑같습니다. 한국에서만 판매되는 과자라면 그 매출액은 한국에서 과자를 먹는 사람들의 소비 총액과 같습니다. 매출과 소비의 항등식이 성립되는 것입니다.

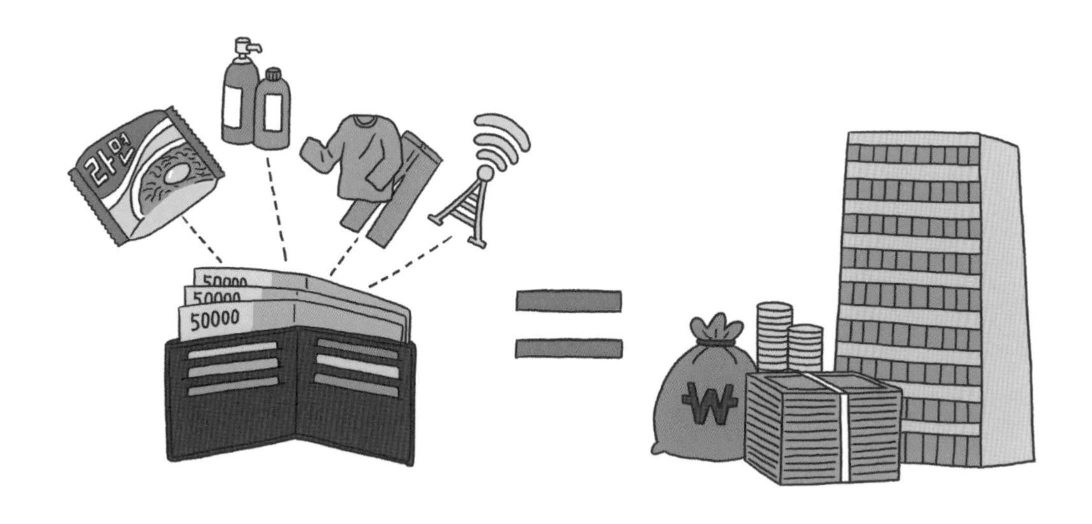

마지막으로, 소비는 어디에서 나올까요? 바로 소비자의 지갑입니다. 제가 '지갑'에 주목하는 이유입니다. 가치의 끝단에 지갑이 있기 때문이죠. 내 지갑을 열고, 다른 사람들의 지갑을 연 기업이라면 수익이 높고, 주가가 오를 기업일 확률이 높습니다.

소비자의 지갑이 열리는 곳에 가치가 있다

좋은 기업은 멀리서 찾을 필요가 없습니다. 나와 내 주변 사람들의 지갑을 여는 기업이라면 미래가 밝은 기업입니다.

세상에는 네 개의 지갑이 있습니다. 가계의 지갑, 정부의 지갑, 기업의 지갑, 외국인의 지갑입니다. 그리고 이 네 개의 지갑에서 한 나라의 총 지출이 발생합니다. 가계의 지갑에서 나오는 지출이 소비이고, 기업의 지갑에서 나오는 지출이 투자입니다. 정부가 가지고 있는 지갑의 지출이 재정지출(예컨대, 코로나19 사태로 정부가 풀었던 재정지원금 등)이고, 외국인의 지갑에서 비롯되는 지출이 수출입니다.

저는 이 중에서 항상 가계의 지갑인 소비를 주목합니다. 가장 쉽게 예측할 수 있으면서 실질적인 투자로 연결시킬 수 있기 때문입니다. 따라서 제가 이 장에서 강조하는 '지갑을 주목하라'라는 말은 '소비자의 지갑'을 보라는 얘기와 같습니다.

지갑으로부터 소비가 나오고, 소비는 매출을 만들고, 매출은 이익을 낳고, 이익이 있으면 가치가 있고, 가치가 있으면 주가가 오릅니다. 결국 주가가 오를 수 있는 좋은 기업을 고르는 시작은 우리의 삶 자체에 있습니다.

주식을 너무 어렵게 생각하지 말고 즐거운 마음으로, 가벼운 마음으로 주변에서 가치를 찾아봅시다. 예전에는 쓰지 않던 것인데 최근 들어 갑자기 쓰게 된 것에는 무엇이 있는지 생각해보세요.

'요즘에는 사람들 사이에서 어떤 제품, 어떤 브랜드, 어떤 서비스가 인기일까?' 이런 생각을 해보며 소비자들의 지갑에서 어떤 새로운 지출 항목이 추가되는지 찾은 후 해당 사업을 주목해서 살펴봅시다. 온라인 쇼핑몰이나 편의점, 백화점 등 소비자의 지갑이 열리는 곳이 있다면 그곳이 어디든 그냥 지나치지 말고 유심히 살펴보는 자세가 필요합니다.

아무리 불황이라도 소비자의 지갑을 열고 수익을 내는 기업은 늘 존재합니다. 그러한 기업을 발견하고 투자하는 것이 진정한 투자자의 자세입니다. 소비자의 지갑을 열게 하는 기업을 찾아보세요.

좋은 물건을 구매하는 소비자는 좋은 주식을 고를 수 있다

세계적인 투자자들 역시 주변의 소비에 관심을 기울여 좋은 기업을 찾곤 합니다. 전설적인 펀드매니저인 피터 린치는 직장인들이 줄을 서

워런 버핏은 질레트 주식을 산 이후 다음 날 자랄 수염을 생각하며 잠자기 전마다 행복해했다는 일화가 있습니다.

사람들의 의식주를 구성하는 모든 품목을 주식으로 바꿔 설명할 수 있습니다.

서 도너츠를 먹는 것을 보고 던킨 도너츠 주식을 샀고, 부인이 레그스라는 이름의 스타킹을 좋아하는 것을 보고 레그스를 만드는 헤인스 기업에 투자했습니다. 워런 버핏은 질레트 면도기를 쓰다가 질레트 주식을 샀고, 잘 팔리는 물건이 무엇인지 알아내기 위해 쓰레기통까지 뒤져봤다고 합니다.

좋은 주식은 바로 우리의 생활 속에, 모든 사람들이 아는 상식선상에 있습니다. 삶의 상식 속에 있는 주식이란 무엇일까요? 사람들이 주로 머무는 아파트를 지은 기업, 사람들이 자주 먹는 음식과 음료수를 만드는 기업, 사람들이 많이 사용하는 가전제품과 휴대폰을 만드는 기업, 사람들이 물건을 살 때 빈번하게 이용하는 유통 기업 등 우리의 삶 속에 깊이 뿌리내리고 있는 기업의 주식이 아닐까요?

한번 우리 생활에서 실제로 벌어지는 하루의 일상이나 풍경을 떠올려봅시다.

내년에 팔순이 되는 어머니를 모시고 여동생과 함께 내일 크루즈 여행을 떠나기로 했습니다. 여동생에게 카카오톡으로 메시지를 남겨놓습니다.

'어머니 모시고 9시까지 갈게. 공항에 있는 스타벅스에서 만나자.'

아침에 일어나 나갈 준비를 합니다. 엘지생활건강에서 나온 샴푸와 바디워시로 씻고 나와서 존슨앤존스에서 나온 로션을 바르고 준비를 마쳤습니다. 그리고 어머니를 모시고 나가기 전에 카카오택시를 호출했습니다.

이 짧은 글 속에서 벌써 여러 개의 기업이 등장했습니다. 이렇게 내 삶을 돌아보면 나를 둘러싸고 있는 수많은 기업이 보입니다. 투자는 여기서 시작할 수 있습니다.

많은 사람들이 '어떤 주식을 사야 할까요?'의 답을 얻기 위해 부단히 노력합니다. 투자 전문가를 찾아 질문하기도 하고, 인터넷에서 많은 사람들이 언급하는 주식을 맹목적으로 사기도 하죠. 하지만 이제는 다른 이에게 묻지 말고, 다음의 세 가지 질문을 스스로에게 던져봅시다.

첫째, 나는 이 상품을 쓰고 있는가? 이 상품이 내게 얼마나 효용을 주고 있는가?

둘째, 다른 사람도 여기에 지갑을 열고, 쓰고 있는가?

셋째, 앞으로도 사람들이 이 상품을 계속 쓸까?

이 질문의 답이 모두 '네'라면, 그 상품을 만드는 회사를 유심히 살펴보면 됩니다. 투자는 거창한 것이 아닙니다. 나에게 좋고, 다른 사람에게도 좋은 상품을 만드는 곳이라면 충분히 투자가치가 있는 기업이라고 판단할 수 있습니다.

여러분이 꼼꼼하게 물건을 비교하고 구매하는 현명한 소비자라면 주식도 그렇게 고를 수 있어야 합니다. 좋은 물건을 구매하는 소비자는 좋은 주식도 고를 수 있습니다.

소비자가 원하는 것은 계속 바뀐다

삶이 무너지지 않는다면 좋은 주식은 얼마든지 찾을 수 있습니다. 2020년 코로나19 위기로 주가가 요동쳤을 때도 저는 사람들에게 '흔들리지 말고 삶을 주목하라'라고 여러 방송에서 얘기를 했습니다. 주가가 무너진 것은 코로나19 때문이었지 삶이 무너져서가 아니었기 때문입니다. 물론 코로나19로 소비자의 지갑이 닫힌 부분도 있지만, 대신 국가의 지갑이 열렸죠.

삶이 멈추면 주식시장을 떠나야 합니다. 하지만 삶이 여전히 존재한다면 삶의 파트너, 즉 제품과 서비스도 존재합니다. 제품과 서비스가 존재한다면, 그 제품과 서비스를 만드는 기업도 존재합니다.

코로나19 이후에도 주가가 요동치는 위기는 또 올 것입니다. 그러면 사람들은 또 혼란스러워할 것입니다. 그때 스스로에게 '요동치는 가격의 끝단에는 뭐가 있을까?'라고 질문해봅시다. 우리는 여기에 주목해야 합니다.

불황도 복잡하게 생각할 필요가 없습니다. 불황이라고 부자들이 다 사라지나요? 부자들은 여전히 존재합니다. 다만 부자의 구성 인자만 바뀔 뿐이겠죠. 산업도, 기업도 여전히 존재합니다. 다만 주도적인 산업과 기업이 바뀔 뿐입니다.

우리의 삶의 파트너인 제품과 서비스가 어떻게 바뀌는지를 살펴봅시다. 그 제품과 서비스가 여전히 존재할 것인지, 아니면 사라질 것인지 고민해봅시다. 어떠한 위기 속에서도 삶은 존재하겠지만 방식은 바뀔 수 있습니다. 코로나19 위기로 삶의 방식이 '콘택트(Contact)'에서 '언택트(Untact)'로 바뀐 것처럼 말입니다. 소비자가 원하는 바는 계속 변하고 여기서 투자의 기회가 생깁니다.

제 투자 사례 하나를 소개하겠습니다. 저는 IMF 때 증권주를 사서 번 수익으로 한진 주식에 투자했던 적이 있는데 가격이 떨어질 때마다 사다 보니 총 32만 3000주(지분율 5.12%, 당시 42억 7000만 원 정도)를 갖게 됐습니다. 지분율이 5%가 넘으면서 세상에 공개되자 사람들은 제

가 왜 그렇게 한진 주식을 많이 산 건지 궁금해했죠. 경영권에 관심이 있느냐는 얘기도 들었습니다.

제가 한진 주식을 산 이유는 변화하는 삶과 환경을 눈여겨봤기 때문입니다. 그때는 서서히 인터넷 세상이 열리던 때였습니다. 홈쇼핑 채널도 인기를 끌고 있었는데 '케이블TV는 적자를 면치 못해도 홈쇼핑 채널은 잘나간다'는 얘기가 심심찮게 들려왔죠. 그때 이런 생각이 불현듯 떠올랐습니다. '집 안에서 물건을 구입하는 사람이 있다면, 누군가는 그 물건을 배달해야 한다. 어느 회사가 홈쇼핑 물건들을 배송하는 거지?'

당시 홈쇼핑은 LG홈쇼핑과 39쇼핑 두 채널만 있었는데 저는 이 두 회사의 물건을 어디서 배달하는지 알아봤습니다. 알아보니 LG홈쇼핑은 한진에서, 39쇼핑은 대한통운에서 담당하고 있었죠.

'앞으로는 인터넷과 통신 판매로 물건을 구입하는 일이 점점 더 많

상장사의 주식을 5% 이상 보유하게 되거나 1% 이상 지분 변동이 있을 시 5일 이내에 관련 내용을 금융위원회에 보고하거나 공시해야 합니다.

아질 것이다. 인터넷상거래가 늘어날수록 물류 회사는 잘될 수밖에 없다.' 저는 이러한 생각으로 한진의 사업 환경을 좋게 봤고 투자를 시작했습니다. 이후 한진의 임원이 나를 찾아왔을 때 기업의 주인인 주주로서 제 의견을 전하기도 했습니다.

"앞으로 수요가 늘어서 택배 물량이 많아지면 경쟁자도 더 많아질 것입니다. 다른 경쟁자가 쉽게 들어오지 못하게 하려면 주유소나 편의점과 네트워킹을 해서 빨리 진입장벽을 만들어야 합니다"라고 말이죠.

2021년 기준 국토교통부가 승인한 택배 회사는 총 15개이고 이중 CJ대한통운, 롯데글로벌로지스, 한진택배, 우체국택배 4곳이 전체 점유율의 83%를 차지하고 있습니다.

그러나 제 기대와 달리 한진은 택배회사가 두 개 밖에 없는, 독점이나 다름없는 환경의 안일함에 빠져 진입장벽을 만드는 일에 소홀했습니다. 저는 한진이 미래를 준비하지 않는 기업이라고 판단해 한진주를 팔았죠.

이후 어떻게 되었을까요? 택배시장은 그때보다 40~50배 커졌지만 택배회사의 숫자도 그만큼 늘어나 경쟁이 치열해졌습니다.

우리의 생활을 바꾸는 새로운 등장에 주목하자

그렇다면 우리 삶과 소비의 변화를 좀더 효율적으로 파악할 수 있는 방법이 있을까요? 바로 주변에 새롭게 등장하는 제품 혹은 서비스에 주목하는 것입니다.

처음 우리 생활에 세탁기라는 제품이 등장했을 때를 떠올려봅시다. 세탁기를 산 사람은 어디에 또 돈을 쓸까요? 바로 각종 세제류입니다. 세탁기 종류에 따라, 옷 소재에 따라 세분화된 세제를 원하는 수요가 생겼고 이에 시장도 확대되었습니다.

좀더 최근 예로, 에어프라이어라는 가전을 볼까요? 에어프라이어가 생기니 에어프라이어로 해먹을 수 있는 다양한 레시피가 등장했고, 쉽게 해먹을 수 있는 냉동식품 시장이 커졌죠.

이처럼 우리 삶과 환경을 바꾸는 변화가 어떻게 나오고, 어떻게 확장되는지 살펴보는 자세가 필요합니다. PC방이 생기니 온라인 게임산업이 만들어지고, 인터넷이 깔리니 회계프로그램을 서비스하는 더존비즈온이라는 기업이 나왔습니다. 인터넷 기술의 발전으로 생긴 아마존은 전 세계 온라인 유통업체 일등이 됐습니다. 만약 인도 땅에 고속도로가 깔리면 어떻게 될까요? 차에 대한 인도 사람들의 수요가 늘어나 자동차 산업에 지각변동이 일어날 것입니다.

사람들의 소득이 늘어나는 것도 새로운 변화라고 볼 수 있습니다. 예로 중국인들의 소득이 늘어나면 명품회사의 매출이 좋아집니다. 중국 공항이 많이 생기면 명품회사 좋다는 말도 이와 같은 맥락이죠. 공항이 많아지면 면세점도 많아지고 명품 매출도 늘어나기 때문입니다.

새로운 등장은 후방산업에도 영향을 줍니다. 커피판매점이 많아지면 커피가 많이 팔릴 것이고, 보완재인 설탕도 더불어 많이 팔립니다.

반대로도 생각해볼 수 있습니다. 새로운 등장에 의해 불이익을 받는 시장도 분명 있겠죠? 이동통신이 보급되면서 유선전화가 사라졌고, 스마트폰이 깔리면서 피처폰이 사라진 것처럼요.

새로운 등장을 가능하게 하는 기술의 발견도 눈여겨볼 만합니다. 세탁기를 만들어낸 모터의 발명이나 산업혁명 때 증기기관이 발명된 것도 이에 속합니다. 증기기관의 발명은 철도, 선박, 산업 등 다양한 분야에 새로운 등장을 가능하게 한 혁신이었습니다.

셰일가스(Shale gas)의 상용화도 이런 맥락입니다. 기술의 발전으로 땅속 깊이 묻혀 있던 셰일가스의 생산이 가능해지면서 에너지시장의 판도가 바뀌었습니다. 유가는 떨어졌고, 중동 OPEC 산유국들의 기득

기술의 발전은 새로운 기업과 시장을 만들어냅니다. 투자자라면 삶과 환경을 바꾸는 변화에 늘 주목해야 합니다.

전방산업과 후방산업
하나의 산업에서 소비자와 가까운 업종을 전방산업, 소재나 원재료에 가까운 업종을 후방산업이라고 합니다. 우유를 예시로 든다면 우유를 판매하는 마트를 전방산업, 우유를 생산하는 낙농업가는 후방산업입니다.

셰일가스
모래와 진흙이 쌓여 굳은 퇴적암에 매장된 탄화수소가 만들어내는 신에너지원으로 미국, 중동, 러시아, 중국 등에 주로 매장되어 있습니다.

권이 흔들리게 됐습니다. 셰일가스가 만들어낼 새로운 등장이 무엇일지 지켜보는 것도 투자의 아이디어를 얻는 좋은 공부가 될 수 있습니다.

좋은 투자 종목은 책상 위에 있지 않습니다.
밖으로 나가서 많은 사람을 만나고,
이 사람들이 어디에 돈을 쓰는지 찾아보세요.
소비자의 지갑은 가치의 끝단에 있습니다.

6교시

기업의 가치는 움직이는 것이다

기업의 가치는 끊임없이 변화합니다. 그렇다면 변화하는 기업의 가치를 어떻게 측정할 수 있을까요?

정태적 가치 위에 동태적 가치를 더하라

기업의 가치를 분석하는 데 기본이 되는 자료는 재무제표입니다. 기업의 회계장부를 살펴보면서 이 회사가 영업을 잘했는지 못했는지 따져봐야 하기 때문입니다. 그런데 이 같은 회계자료나 지표에만 치중한 나머지 숲을 보지 못하는 투자자들이 참 많습니다.

딱딱한 생각으로는 시장을 올바르게 바라볼 수 없습니다. 재무제표가 알려주는 숫자를 바탕으로 상상력을 발휘할 줄 알아야 현명한 투자자가 될 수 있습니다.

기업이나 산업도 생물처럼 끊임없이 변합니다. 이것이 기본적 이해를 바탕으로 풍부한 상상력을 더해 기업의 가치를 판단해야 하는 이유입니다. 저는 기업이나 산업이 앞으로 어느 방향으로 움직여갈지, 어떤 모습으로 변화할지를 늘 상상합니다. 재무제표가 알려주는 '정태적(靜態的) 가치' 위에 성장성과 무형의 가치에 주목하는 '동태적(動態的) 가치'를 더해 생각하는 것이죠.

투자자는 멈춰 있는 가치를 움직이는 가치로 볼 줄 알아야 합니다. 상상력을 바탕으로 가치가 어떻게 움직일지 고민하는 자세가 필

요합니다.

갈수록 빠르게 변하는 세상에서 온전하게 기업의 가치를 판단하기 위해서는 재무제표를 해석하는 '정태적 분석'만으로는 부족합니다. 주식투자란 '계속 기업(Going concern)'에 동업자로 참여하는 것이기 때문에 기업의 발전 가능성, 성장 가능성을 파악해야 합니다. 그러려면 상식에 상상력을 더해 변화를 이해하고 비즈니스 모델을 해석하는 '동태적 분석'이 필요합니다.

계속 기업
기업이 일시적으로 존재하는 것이 아닌 계속해서 존재하는 생명체로 바라봅니다. 특별한 이유가 없는 한 미래에도 수익을 창출한다는 가정 아래에서 사업을 영위하는 기업을 말합니다.

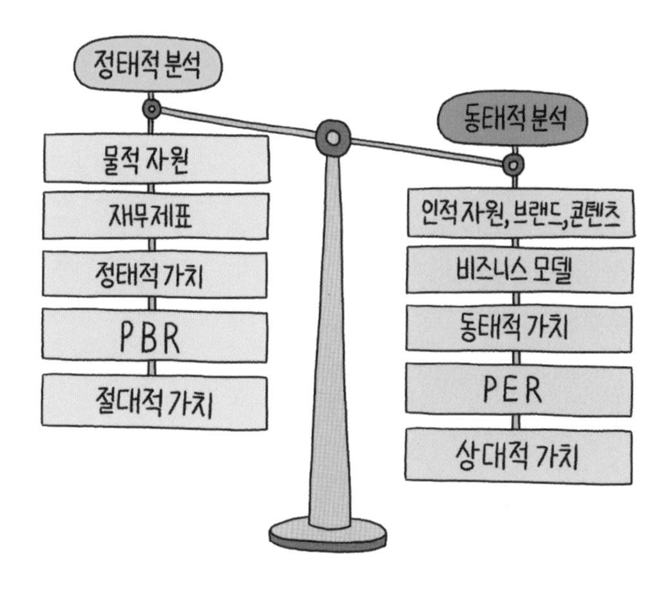

미래의 기업 가치를 찾는 동태적 분석

처음에는 저도 재무제표에 나온 기업의 가치를 보고 수익의 기회를 찾았습니다. 하지만 공부를 하다 보니 회계장부에 나타난 기업의 청산 가치에 대해 이런 의문이 들었습니다.

'나는 기업이 청산할 것을 기대하고 주식투자를 하는 것이 아니다. 나는 주주로, 기업의 동업자로 사업에 참여하려는 것인데, 그러면 기업이 앞으로 더 발전할 수 있는지, 얼마나 더 성장할지를 더 중요하게 봐야 하지 않을까? 미래 가치를 분석하는 객관적인 잣대가 없다고 이를 생각하지 않는 것이 맞는 걸까?'

이렇게 기업의 미래 가치에 관심을 갖게 되니, 재무제표만으로는 기업을 제대로 판단할 수 없겠다는 생각이 들었습니다.

저는 미래 환경 변화에 능동적으로 대처하는 기업에 주목합니다. 소비자의 기호, 새로운 기술, 제도 변화 등 변화하는 미래의 기업 환경을 이끌고, 여기에 적응하는 기업의 가치는 사라지지 않을 것이기 때문입니다.

새로운 변화에 능동적으로 대처할 수 있는 기업의 가치는 사라지지 않습니다.

동태적 분석을 통해 성공한 한국이동통신 사례

제가 1990년대 초반 한국이동통신(현 SK텔레콤) 주식을 샀던 것도 동태적 분석을 했기 때문에 가능한 투자였습니다. 당시 한국이동통신의 재무제표를 분석해보니 매출액이 적은 데다 가입자는 몇 천 명에 불과했습니다. 사업 초기였으니 이익도 크지 않았죠. 재무제표만 봤을 때는 투자해서는 안 되는 기업이었습니다.

그러나 저는 이 회사의 미래 가치에 주목했습니다. 분명 미래에는 많은 사람들이 이동전화를 사용할 것이라고 생각했고, 회사의 수익도 분명히 좋아질 것이라고 봤습니다. 그때 저는 스스로에게 이런 질문을 던져봤습니다.

'이 산업이 앞으로도 계속 존재할까?' 저는 그렇다고 확신했습니다.

그때는 카폰(Car phone)이라고 해서 이동전화를 차 안에서만 쓰는 정도였지만, 앞으로는 걸어 다니면서 통화를 하는 시대가 분명히 올 것 같았습니다. 사람들이 갖고 싶어하는, 효용이 있는 물건이라는 생각이 들었던 것입니다.

'이동전화 가격이 너무 비싸지는 않는가?'라는 의문도 물론 있었습니다. 당시 카폰 한 대 가격은 400만 원이 넘었습니다. 지금으로 치면 아마 2000만 원 정도 되는 가격이었을 것 같네요. 당장은 비싸지만 기술이 발전하면 가격은 떨어질 것이고, 가격이 떨어지면 수요가 증가할 것은 당연한 사실이었습니다. 또 사람들의 소득이 늘어난다면 가격이 덜 떨어져도 상대적으로 구매 여력이 생길 수 있다고 생각했습니다.

'인프라가 구축되어 있는가? 경쟁 구도는 어떤가?' 이동통신 산업은 발전할 것이고, 무엇보다 한국이동통신은 주파수를 독점으로 받았기 때문에 경쟁도 없었습니다. 수요가 늘어날 제품의 시장을 독점하고

저는 이동전화의 미래를 상상했습니다. 당장은 가격이 비싸서 소수만 이용하고 있지만 기술의 발전에 따라 보급화가 빠르게 이뤄질 것으로 확신해 투자했습니다.

있으니 안 살 이유가 없었죠. 정태적 분석으로 보면 부정적이지만 동태적 분석으로 보면 유망한 산업이었던 것입니다.

당시 저는 동료들에게도 한국이동통신 주식을 사라고 권했는데, 다들 PER(주가수익비율)가 높다고 고개를 저었습니다(당시 한국이동통신의 PER는 80~90에 달했습니다). 모두가 인기 있는 트로이카(건설, 무역, 도소매업종) 주식을 살 때, 저는 매일 주가가 떨어지는 한국이동통신 주식을 홀로 샀습니다. 그러나 분위기는 금세 역전됐습니다. 인기 있던 트로이카 주식은 계속 떨어지는데 한국이동통신의 주가만 계속 올랐기 때문입니다.

투자의 나침반, PER에 대한 다른 해석

주식투자를 시작하게 되면 PER(주가수익비율), PBR(주가순자산비율), PCR(주가현금흐름비율), PSR(주가매출비율) 등 주식의 가치를 측정하는 용어들과 마주하게 됩니다. 헷갈리는 용어들이지만 간단하게 기억할 수 있는 방법은 다음과 같습니다.

PCR(주가현금흐름비율)
주가를 주당현금흐름(CPS)으로 나눈 지표로 현재 주가가 기업의 자금 조달능력이나 영업성과에 비해 어떻게 평가되어 있는가를 판단합니다. PCR이 높을수록 운용할 수 있는 자금이 많다는 뜻으로 해석합니다.

가치의 변수를 X라고 하고, P(X)R로 표시해봅시다. 'X'라는 변수가 가격을 결정한다는 의미입니다. X가 수익(Earning)이면 PER, 자산가치(Book value)이면 PBR, 현금흐름(Cash flow)이면 PCR, 매출(Sales)이면 PSR인 것입니다.

PSR(주가매출비율)
주가를 주당 매출액으로 나눈 지표로 기업의 성장성을 판단할 때 주로 사용합니다. 이 수치가 낮을수록 해당 기업이 저평가됐다고 해석합니다.

저는 여러 도구 중에서 수익가치인 PER를 좋아합니다. '계속 기업'에 투자하는 것을 전제로 기업이 돈을 버는 능력을 중요하게 보기 때문입니다.

사람마다 성향이 다르기 때문에 어떤 도구가 좋고 어떤 도구는 나쁘다고 단정해서 말할 수 없습니다. 기업이 처한 상황과 산업적 환경에 따라 각자 생각하는 적합한 잣대를 적용해서 쓰면 됩니다. 다만, 저는 가장 합리적인 측정 도구가 PER라고 생각합니다. PER의 특징을 한번 정리해봅시다.

기업의 저평가 여부를 확인할 수 있는 지표다

PER는 특정 기업의 주가를 EPS(주당순이익)로 나눈 값으로, 기업이 주식 1주당 얼마만큼의 이익을 내고 있는지를 나타내는 지표입니다. 즉 PER가 5배라면 현재 주가가 주당순이익의 5배로 거래되고 있다는 뜻입니다. 높은 이익을 내는 기업인데 주가가 낮으면 PER가 낮습니다. 이런 경우 기업 가치에 비해 주가가 '저평가' 되었다고 합니다.

수많은 기업 중 어떤 기업이 저평가인지 하나하나 찾아보는 것은 어렵습니다. 다만 지금 나와 지인들의 지갑을 여는 곳은 어디인지, 내가 최근에 관심을 두게 된 기업은 무엇인지 떠올려보세요. 그런 기업들의 PER를 찾아서 최종 투자 여부를 결정하는 것을 추천합니다.

투자 원금의 회수 기간을 대략 판단할 수 있다

또한 PER는 투자 원금을 얼마만에 거둬들일 수 있는지를 나타내는 수치이기도 합니다. 예를 들어 A라는 회사 주식에 1억 원을 투자해 1000만 원의 수익이 났다면 PER는 10이 됩니다. 매년 얻는 이익으로 10년 만에 원금을 회수할 수 있다는 의미입니다.

이처럼 PER는 투자의 매력을 평가하는 나침반 역할을 합니다. 일반적으로 PER가 낮을수록 투자가치가 있다고 봅니다. PER가 낮을수록 가치에 비해 저평가 받고 있다고 판단해 투자 수익률이 높고, 원금 회수가 빠르다고 봅니다.

그러나 PER를 기준으로 한 판단은 오류가 발생할 여지가 있습니다. 먼저 PER의 수치는 현재 이익이 미래에도 계속 유지된다는 가정을 전제로 합니다. 어떠한 악재에 의해 이익이 감소한다면 성립될 수 없는 판단입니다.

미래는 누구도 예측할 수 없기에 확신하기 어렵습니다. 그리고 또 하나, '이익의 질' 측면을 간과한다는 문제도 있습니다. 같은 이익이라도 질적인 측면에서 큰 차이가 있을 수 있는데 PER로는 그런 차이를 확인하기 어렵습니다. 합리적인 투자자라면 여기서 의문을 던질 수 있어야 하고, 다른 해석을 내놓을 수 있어야 합니다.

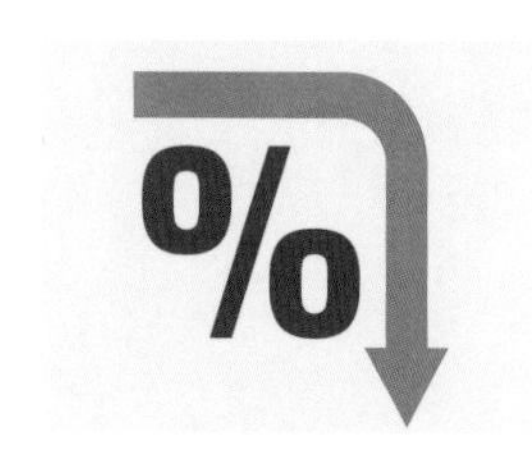

참고로 PER를 살펴볼 때는 반드시 해당 기업이 속한 업종을 파악해야 합니다. 바이오 업종의 경우 PER가 보통 100이 넘지만, 금융 업종은 10 미만이 대부분입니다. 반드시 같은 업종 안에서 PER를 비교해야 합리적인 투자를 할 수 있습니다.

제가 기존의 PER로 판단했다면 한국이동통신 주식을 살 수 없었을 것입니다. 저는 저만의 해석으로 강방천식 PER, 이른바 'K-PER'라는 도구를 적용하고 있는데, 이에 대해서는 〈7교시〉에서 더 자세히 살펴보겠습니다.

투자자라면 갖춰야 할 두 가지, 현미경과 망원경의 시각

기업의 현재 이익을 따져보고 미래 이익을 추정할 때는 두 가지 측면에서 바라볼 수 있어야 합니다. 바로 현미경적 시각과 망원경적 시각입니다.

기업의 지속 가능성을 따지는 현미경 시각

기업의 재무제표를 들여다볼 때는 현미경적 시각으로 기업의 지속 가능성을 샅샅이 살펴보고 치밀하게 따져봐야 합니다. 그리고 망원경적 시각으로 그 기업이 속한 산업이 어느 곳으로 향할지, 미래의 수요와 경쟁 구도는 어떨지 멀리 내다봐야 합니다.

재무제표를 볼 때는 주주의 관점에서 주주의 몫이 얼마나 될지를 세밀히 들여다봐야 합니다. 주주가 원하는 궁극의 몫은 손에 들어오는

현금입니다. 하지만 재무제표의 당기순이익 숫자만으로는 실제 손에 쥐는 현금의 크기를 아는 데 충분치 않습니다.

당기순이익 중에서 일부를 매년 설비투자(CAPEX) 하는 데 쓰지 않으면 안 되는 회사들이 있습니다. 당기순이익이 100억 원인데, 그중 60~70억을 투자해야 한다면 주주에게 귀속되는 돈은 결국 30~40억입니다. 그래서 저는 궁극적인 주주의 몫은 영업현금흐름(Operating cash flow)에서 설비투자를 차감한 잉여현금흐름(Free cash flow)으로 봐야 한다고 말합니다.

영업현금흐름
영업활동에 의한 현금유입과 유출의 흐름을 나타내는 지표입니다. 대표적인 유출에는 대출이자, 법인세, 판공비 지출 등이 있고 유입에는 매출, 이익, 배당수입 등이 있습니다.

잉여현금흐름
실제로 기업에 현금이 얼마나 유입되었는지를 나타내는 지표입니다. 사업으로 얻은 돈 중 세금, 영업비용, 투자금액 등을 제외하고 남은 현금을 의미합니다.

기업의 미래 수요, 경쟁을 통해 이익을 추정하는 망원경 시각

한편, 망원경으로 미래 수요와 경쟁 구도를 본다는 것은 어떤 의미일까요? 원대한 시각에서 수요와 경쟁의 상호작용을 보면서 이익을 추정하라는 것입니다.

이익은 수요의 크기와 경쟁 강도에 따라 달라집니다. 수요가 늘고 경쟁이 유지되면 이익은 늘어납니다. 반면에 수요가 늘어도 경쟁이 치열하면 미래 이익은 담보할 수 없습니다. 그래서 수요 못지않게 경쟁 구도도 이익을 판단하는 데 중요합니다.

움직이는 가치를 발견하려면 부단히 노력할 수밖에 없습니다. 현미경과 망원경을 단단히 쥐고, 입체적으로 생각하는 연습을 해야 합니다. 그래야 남보다 한발 앞서 가치를 발견할 수 있습니다.

호황과 불황은 끊임없이 반복된다

어떤 산업이 성장하면 그 산업 내 기업들은 장사가 잘되어 매출과 이익이 늘어납니다. 그러다 그 산업이 호황 국면으로 접어들면 기업들은 욕심을 냅니다. 제품과 서비스가 만들어내는 대로 팔려나가기 때문에 좀더 많이 만들면 매출이 더 늘어날 것이라고 생각하는 거죠. 이에 기존의 기업들은 생산 설비에 투자해 생산량을 늘리고 다른 기업들도 잇따라 생산 대열에 합류하게 됩니다.

이러한 현상이 지속되면 어떻게 될까요? 경쟁자들이 늘어나 전체 산업에서 각자 차지할 몫은 줄어드는데 너도나도 생산에 뛰어들게 되면서 원자재 수요가 증가해 원가는 높아지고, 직원 고용이 늘면서 인건비도 늘어납니다. 여기에 공급 과잉으로 가격은 떨어져 결국 이익은 줄어들게 됩니다.

결국 산업에 불황이 찾아오고 이것이 지속되면 이를 견디지 못한 기업들이 하나둘씩 시장에서 사라집니다. 그러나 살아남은 기업들은 경쟁자가 줄어든 상황을 이용해 또 다른 호황을 만들어낼 것입니다.

산업 내 호황과 불황의 과정

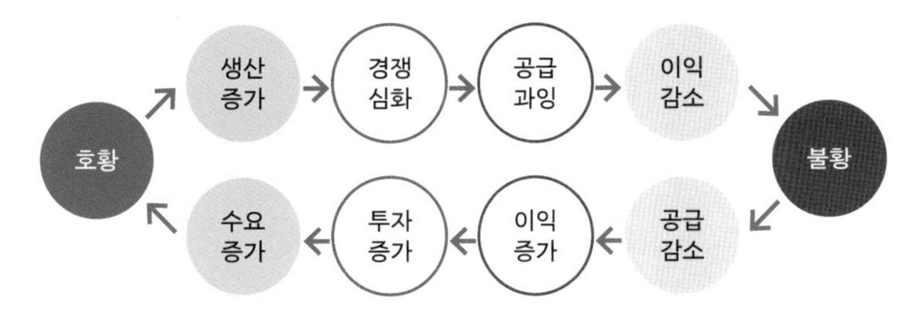

이처럼 모든 사업은 정도의 차이는 있지만 호황과 불황을 반복합니다. 그 과정에서 살아남는 기업과 그렇지 못한 기업이 생기게 되는데, 우리가 함께해야 할 좋은 기업은 끝까지 살아남아 더욱 강해지는 '일등 기업'입니다.

호황과 불황에 관계 없는 일등 기업을 찾아라

한 산업에 A, B, C라는 기업이 있다고 가정해봅시다. 불황이 찾아오자 경쟁력이 가장 낮은 C 기업이 이를 견디지 못하고 시장에서 사라집니다. 시장에는 다시 호황이 찾아오고, 산업의 이익은 A와 B 기업이 퇴출 당한 C 기업의 몫을 나눠 가지게 됩니다. 그러나 또 한 번의 불황이 닥치자 B 기업마저 시장을 떠나 결국 살아남은 A 기업만이 시장에서 사라진 기업들의 몫까지 차지해 전보다 더 큰 시장 지배력을 얻게 됩니다.

우리는 산업의 구조조정 과정에서 강한 생존력으로 끝까지 살아남아 시장 지배력을 강화시키는 일등 기업을 찾아야 합니다. 불황이 계속되면 이등 기업은 불안하지만, 일등 기업의 주주라면 불황이 와도 앞으로 다가올 축제를 준비하며 기다릴 수 있습니다.

물론, 일등 기업을 사도 불안한 경우가 있습니다. 산업 내 경쟁이 치열할 때는 일등 기업을 포함한 모든 기업의 이익이 줄어들어서 주가가 떨어질 수가 있습니다. 오래 기다리는 장기 투자자라면 상관없겠지만, 단기 투자로 접근하면 일등 기업을 사도 타이밍을 잘못 잡아 손해를 볼 수 있습니다.

오래 기다릴 수 없으면 일등 기업을 사고도 실패할 수 있습니다. 그렇기에 대출이나 남의 자본이 아닌 내가 가진 자본으로만 일등 기업에 투자해야 합니다. 경쟁 구도가 오래가면 이자 부담이 커지기 때문에 인내할 수가 없기 때문입니다.

오늘의 일등 기업이 항상 영원한 일등은 아니라는 것도 명심해야 합니다. 다음과 같은 사건이 발생했을 때 적응하지 못하면 일등 기업의 지위가 다른 기업으로 넘어갈 수도 있기 때문이죠.

첫째, 새로운 기술이나 제도가 출현할 때

새로운 기술은 새로운 산업을 만들기도 하지만 기존의 사업을 사장시키기도 합니다. 예를 들어 필름과 카메라는 디지털 저장 방식 기술이 발전하면서 시장에서 점차 사라졌습니다.

둘째, 소비자의 태도나 기호가 변화할 때

한때 은행에 돈을 맡기면 10% 내외의 높은 이자를 받던 시절이 있었습니다. 그러나 금리가 낮아지면서 소비자들은 투자 상품으로 눈을 돌리게 되었습니다.

셋째, 인구의 변화가 생길 때

제품을 만들어도 소비해줄 사람이 없다면 곤란합니다. 따라서 새로

등장하는 소비자층이 있는지, 감소하는 소비자층은 무엇인지 꾸준히 살펴야 합니다.

넷째, M&A가 있을 때

기업합병을 통해 산업의 선두 기업이 바뀌는 경우도 있습니다. 한때 신일본제철과 포스코가 철강 산업의 선두 기업일 때 인도의 미탈 스틸이 M&A를 통해 일등에 오른 적이 있었습니다.

이렇듯 일등 기업을 샀다고 그대로 안주하지 말고 끊임없이 새로운 변화나 사건이 없는지 주변 환경을 살펴봐야 합니다.

장기적으로 만족할 만한 수익을 추구하는 법

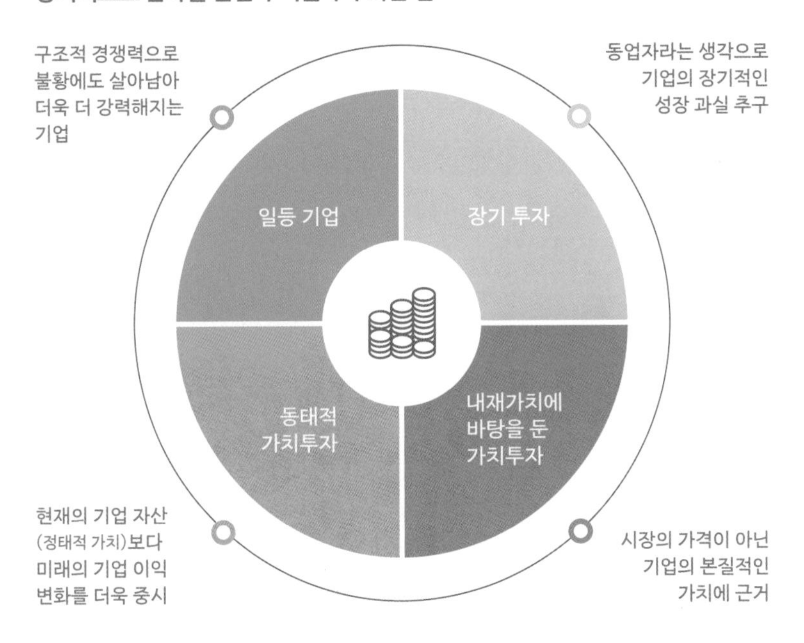

당신이 투자의 신이 아니라면 분산 투자하라

주식투자를 아무리 영특하게 해도 예상이 빗나가는 경우는 언제나 있습니다. 또 가치 있는 주식을 사더라도 그 주식이 언제부터 상승할지는 모르는 일이죠. 신이 아닌 이상 가치 추정과 매매 타이밍의 위험은 늘 존재하기 마련입니다.

분산 투자는 이러한 위험을 감소시킵니다. 그러니 한두 종목에 이른바 '몰빵'을 하기보다 여러 종목에 분산해 장기 투자하는 자세가 필요합니다.

주식에 정답은 없습니다. 하지만 하나의 주식에만 투자하면 잘못된 답을 진짜라고 믿는 오류를 범할 수 있습니다.

포트폴리오를 구성해 여러 종목에 골고루 투자하면 한두 개 종목에서 가치 추정의 오류를 범했더라도 함께 보유한 다른 좋은 주식들이 그 손실 폭을 줄여줄 것입니다. 그리고 주가에 가치가 반영될 때까지 다른 주식들과 함께 기다릴 수 있습니다. 한두 종목의 주가가 내려간다 해도 다른 종목으로 수익을 낼 수 있기 때문입니다.

그러나 '몰빵'을 하게 되면 본인도 모르게 그 종목을 사랑하게 됩니다. 한 가지 주식만 사놓으니 자나 깨나 그 주식만 생각하게 되는 것이죠. 그러나 주식은 사랑할 대상이 아니라 냉철하게 대해야 할 대상입

니다. 한 가지 주식만 사 놓으면 이 주식의 적정 주가가 얼마인지, 다른 주식은 어느 정도 수준인지 판단력이 흐려집니다. 주식투자는 무엇보다 균형 감각이 중요한데, 한쪽으로 치우치게 되는 것입니다.

펀드의 경우 하나의 펀드에 다양한 종목이 구성되어 있어 투자 실패에 따른 위험을 줄일 수 있습니다. 주식투자가 처음이라면 너무 많은 종목보다는 2~3개 종목만 사고 전체 투자금에서 10%는 현금으로 보유하고 있는 것이 좋습니다. 그리고 이후 투자금이 늘면 그에 맞춰 종목을 늘려나가는 것을 추천합니다.

산업의 크기와 경쟁의 구도를 봐라

주식을 선택할 때는 시장의 크기와 경쟁의 함수 관계를 따져봐야 합니다. 1999년과 2000년에 인터넷 서비스업이 크게 성장하면서 수많은 업체들이 이 산업에 뛰어들었습니다. 시장의 크기가 커지면서 동시에 기업의 수도 늘어난 것입니다. 인터넷 서비스업이 각광 받는다는 사실 하나만으로도 많은 사람들이 인터넷 서비스 관련주를 매수했던 시기입니다.

이 시기에 투자자들은 크게 인터넷 서비스를 제공하는 회사에 투자한 사람, 인터넷 서비스 회사에 원자재를 공급하는 회사에 투자한 사람, 인터넷 1위 업체에 투자한 사람, 진입의 장벽이 낮아 인터넷 서비스 업체가 과열될 거란 생각에서 투자하지 않은 사람으로 나뉘어졌습니다.

저는 이중 네 번째, 투자하지 않은 사람이었습니다. 인터넷 서비스 관련주를 고객 자산에 편입하지 않았죠. 주변에서는 왜 황금 시장에 뛰어들지 않느냐고 안타까워했습니다. 당시 인터넷 서비스 관련 회사

스톡옵션
일정 수량의 자기회사 주식을 얼마의 기간이 지난 후에 일정한 가격으로 매수할 수 있는 권리입니다. 행사하는 가격과 시가와의 차액을 보상으로 지급하여 많은 임금을 보장할 수 없는 벤처기업이 인재를 모집할 때 주로 사용합니다.

의 주가는 하늘 높은 줄 모르고 뛰어올랐고, 스톡옵션을 받은 말단 직원들까지 하루아침에 몇 억 원씩 갖게 되었다는 얘기도 심심찮게 있었죠.

당시 제가 인터넷 서비스 관련 주식을 매입하지 않은 이유는 다음과 같습니다.

첫째, 그것이 버블이라는 사실을 알았기 때문이다

당시 인터넷 서비스 회사 가운데 수익을 내는 곳은 없었습니다. 수익이 나지 않는 회사와 동업을 할 수는 없는 일이었죠. "주식을 샀다가 추후 매매 차익을 남기고 곧 팔면 그만 아니냐"고 말하는 사람도 있었지만, 그런 무모한 생각은 우리나라 주식시장을 어지럽히는 요소 중 하나입니다.

기술이 미래 가치가 있다고 해도 그 기술을 이용하는 기업은 다릅니다. 치열한 경쟁에 잠식되어 지금도 미래에도 수익을 내지 못할 위험이 존재합니다. 그렇기에 늘 신중해야 합니다.

둘째, 낮은 진입장벽 때문이다

인터넷 서비스업은 분명히 성장 가능성이 있는 사업이지만 누구나 뛰어들 수 있다는 점이 가장 큰 맹점이었습니다.

IT업계가 커지는 속도보다 기업의 수가 늘어나는 속도가 더 빨랐습니다. 산업의 성장성보다 기업 수가 더 많아지면 당연히 기업은 힘들어집니다. 경쟁만 치열할 뿐 남는 것이 없습니다. 현명한 투자자라면 시장의 크기는 커지되 기업의 수가 쉽게 늘어나지 않는 업종을 택할 것입니다.

어떤 업종일까요? 1990년대 중후반 휴대폰 제조사가 아닌 통신망을 제공했던 당시 한국이동통신의 경우, 시장의 크기는 커지되 기업의 수는 늘어나지 않기에 투자할 수 있는 최적의 주식이었죠.

이동통신 기기가 많이 팔리면 이동통신 단말기 시장은 당연히 커집니다. 단말기가 많이 팔릴 것을 예측했다면 단말기에 필요한 부품은 무엇인지, 그걸 만드는 회사가 어디인지 살펴보는 것도 좋은 접근법입니다. 당시 휴대전화에 들어가는 MLB(다층인쇄회로기판) 생산 업체는 대덕전자, 삼성전기, LG전자, 코리아 서키트 같은 회사들이었는데 여기까지 알아냈다면 시장을 바라보는 투자 시각이 얼추 쌓였다고 판단할 수 있겠습니다.

성장 가능성이 높지만 진입장벽이 낮다면 투자에 신중해야 합니다.

경쟁을 즐기는 기업도 있다

경쟁자가 많아지는 것이 항상 나쁜 것만은 아닙니다. 오히려 경쟁으로 유리해지거나 경쟁을 즐기는 기업들도 있습니다.

첫째, 소비의 최상단에 있는 기업들

샤넬, LVMH(루이비통모에헤네시), 벤츠 등 이른바 최고의 브랜드파워를 가진 명품 기업들이 여기 속합니다.

렉서스가 한창 잘 팔릴 때 벤츠 매장에 간 적이 있었습니다. "요즘에는 렉서스가 잘 팔려서 벤츠 매출은 떨어졌냐"고 판매원에게 물었더니 "오히려 긍정적이다. 렉서스 타다가 결국 벤츠를 살 테니까"라는 대답이 돌아와서 놀랐던 기억이 납니다.

이처럼 소비의 최상단에 있는 회사들은 자신의 브랜드가 아니어도 해당 업종에 소비자가 유입되는 것 자체를 좋아합니다. 결국 소비자가 제품을 경험을 했을 때 찾게 되는 것은 해당 업종의 일등 제품이라는 것을 알기 때문입니다.

둘째, 경쟁에서 수혜를 보는 기업들

택배 이용이 늘면서 전자상거래 업체들은 새벽배송, 총알배송 등 치열한 경쟁에 뛰어들었는데, 이런 상황에서 좋아지는 회사들은 어디일까요? 바로 전자상거래 회사들의 공급망 전후방에 연결된 택배 회사, 골판지 상자 만드는 회사, 그 골판지 원자재를 만드는 회사들입니다.

셋째, 플랫폼 비즈니스 기업들

애플에 따르면 전 세계 175개국에서 매주 5억여 명이 앱스토어에 방문하고, 다운로드 건수도 수억 건이라고 합니다. 이런 앱스토어의 생태계는 앞으로 더욱 커질 것이 분명합니다. 어디까지 확장될지 가늠하기 어려울 정도죠. 금융, 엔터테인먼트, 전자상거래, 여행, 헬스케어 등 온갖 종류의 앱이 애플이 만들어놓은 앱스토어의 생태계 안에서 경쟁하고 있습니다. 그리고 이 치열한 경쟁의 수혜자는 당연히 애플이겠죠.

애플의 앱스토어에 등록된 어플은 2020년 3분기 말 기준 약 196만 개에 달합니다.

애플은 2021년 2분기 실적으로 매출 896억 달러, 영업이익 275억 달러를 기록했고 이중 앱스토어가 포함되어 있는 서비스 부문 매출도 169억 달러로 최대 실적을 기록했습니다. 이후에도 앱스토어 시장은 꾸준히 상승하여 애플의 성장을 견인할 전망입니다.

넷째, 기술을 독점해서 전방 산업의 경쟁을 즐기는 기업들

네덜란드의 ASML은 반도체 초미세 공정의 핵심 장비 분야 일등 기업입니다. 누구도 따라 할 수 없는 독점적 기술력을 보유하고 있는 기업이죠. 반도체 회사의 생사를 가르는 것이 바로 초미세 공정 기술이고, 얼마나 이 격차를 벌리고 따라잡느냐가 관건입니다. 삼성전자와 TSMC 사이의 치열한 반도체 파운드리 경쟁에서 즐거운 건 ASML입니다. 두 회사 다 ASML 장비를 공급받기 위해 줄을 선 상황이기 때문이죠.

파운드리
반도체 제조를 전담하여 생산하는 전문 기업을 의미합니다. 1987년 설립된 대만의 TSMC가 최초의 파운드리 회사이며 세계 점유율 1위를 기록하고 있습니다.

중요한 것은 어떤 현상이 있을 때 그 현상 이면에 숨어 있는 가치를 발견하는 것입니다. 누구에게는 경쟁이 좋은 기회가 될 수 있다는 것을 기억합시다.

새로운 세상에서는 새로운 측정 도구가 필요하다

저는 스티브 잡스를 저의 투자 스승으로 꼽습니다. 스티브 잡스가 만든 새로운 세상이 저의 투자 지평선을 넓혀주었다고 생각하기 때문입니다.

스티브 잡스는 수많은 미국인들이 MP3플레이어, PDA, 핸드폰을 따로 들고 다니는 것을 보며 이를 합치기로 마음 먹었고 이것이 아이폰 아이디어의 시작이었다고 합니다.

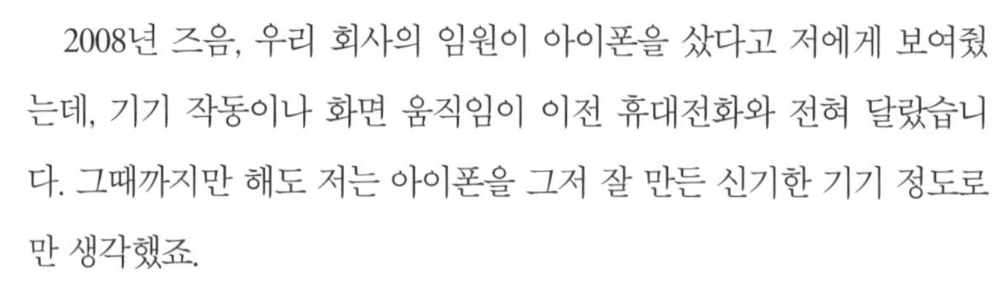

2008년 즈음, 우리 회사의 임원이 아이폰을 샀다고 저에게 보여줬는데, 기기 작동이나 화면 움직임이 이전 휴대전화와 전혀 달랐습니다. 그때까지만 해도 저는 아이폰을 그저 잘 만든 신기한 기기 정도로만 생각했죠.

2008년 늦가을, 미국 대통령 선거에서 오바마가 당선되면서 최초의 흑인 대통령이 탄생했습니다. 다음 날 각종 언론에서는 오바마의 당선이 페이스북과 트위터 같은 소셜미디어를 효과적으로 활용했기 때문이란 분석 기사가 떴습니다.

그즈음 런던 거리에서 노래를 부르던 무명 가수가 유튜브를 통해 알려지며 스타가 됐다는 뉴스를 봤습니다. 얼마 후에는 싸이의 '강남스타일'이 전 세계적인 인기를 얻는 현상을 낳았죠. 유튜브에 노래가 올라간 지 불과 52일 만에 조회 수 1억 건을 돌파한 것입니다. 뮤직비디오 조회 수는 이후로도 기하급수적으로 증가했습니다.

이런 일련의 현상들을 보면서 저는 줄곧 '이게 무엇을 의미하는 것일까?' 하는 호기심이 일었습니다. 멧칼프의 법칙(Metcalfe's law)이라는 말이 있습니다. 네트워크의 가치는 그 연결된 구성원들의 제곱에 비례한다는 이론으로, 구성원들이 많을수록 적은 노력으로도 커다란 결과를 얻을 수 있다는 것을 말합니다.

아이폰이라는 스마트폰이 세상에 나온 이후, 연결의 속도와 힘은 더욱 커졌습니다. 스마트폰 이용자가 많아지면서 연결에 연결이 더해

졌고, 놀라운 가치들이 만들어졌고, 스마트폰은 우리가 지금껏 경험하지 못한 새로운 현상을 만들어냈습니다. 스마트폰이 기초값이 되어 MDN(모바일 디지털 네트워크) 세상이 펼쳐진 것입니다.

새로운 세상을 판단할 수 있는 제4의 생산 요소, MDN

새로운 세상의 질서를 알게 되고 나니 그동안 의문을 가졌던 것들이 쉽게 풀렸습니다. 소비자와 생산자를 연결하는 아마존, 에어비앤비 같은 플랫폼 기업들의 비즈니스 모델을 이해하게 된 것입니다.

100년 가까이 미국과 전 세계를 사로잡았던 월마트나 힐튼을 위협하고 능가하는 혁신 기업들의 시장가치는 제 상상을 초월했습니다. 가치투자로 단련된 저조차도 이를 설명할 길이 없었죠. '도대체 이들 기업의 가치를 어떻게 평가해야 하지?'라는 의문을 계속 갖고 있었는데, 그 해답을 'MDN(모바일 디지털 네트워크)'이라는 새로운 생산 요소를 통해 찾게 되었습니다.

저는 MDN을 토지, 노동, 자본이라는 제3의 생산 요소에 이은 제4의 생산요소로 명명했습니다. 이를테면 MDN은 기존의 땅과 완전히 다른 새로운 땅인 것입니다. 과거의 투자 세계는 토지(렌트비), 노동(인건비), 자본(이자), 이 세 가지 생산 요소를 근간으로 했지만, 이제는 MDN이라는 새로운 땅을 활용하는 질서가 나타난 것입니다.

MDN이라는 새로운 가치를 생산의 네 번째 요소로 설정해야 구글이나 아마존과 같은 혁신 기업들의 비싼 주가를 논리적으로 설명할 수 있습니다.

MDN은 기존의 생산 요소와 무엇이 다를까요? 전통적 생산 요소는 반드시 소유해야 하고, 한 곳에 고정되어 있으며, 폐쇄적이어서 다른 사람이 활용하지 못합니다. 그리고 자본 투자를 해야만 새로운 가치를 만들어낼 수 있습니다. 사업을 확장할수록 생산 요소 비용이 커지는 것이죠.

전통적인 3대 생산요소와 MDN의 차이

3대 생산요소 (토지, 노동, 자본)	MDN
유형	무형
고정성	이동성
폐쇄성	개방성
분할	연결
소유	활용
재무제표 기표 가능	재무제표 기표 불가
한계생산성 체감	한계생산성 체증
승자 저주	승자 독식

토지, 노동, 자본이라는 생산요소 없이도 수익을 창출하는 새로운 기업이 등장하고 있는 시대입니다. 기존의 지표만으로 이러한 기업을 판단할 수 없으니 투자자 스스로의 능동적인 해석이 필요합니다.

그러나 MDN을 활용하는 기업은 이동성과 개방성, 소유가 아닌 활용의 방식을 통해 가치를 창출합니다. 그래서 경쟁으로 불가피하게 나타나는 한계생산성 체감으로부터 자유롭습니다. 이런 특징으로 인해 고객이 늘수록 기업의 가치가 커져 고객 집중화가 가능한 것이죠.

MDN의 질서를 알고 나니 이들 기업을 해석하는 저의 눈이 밝아졌습니다. 저는 앞서 얘기했듯이, 오래전부터 PER 부여 기준에 대해 고민을 했습니다. 일률적으로 PER를 부여하는 것이 아니라 투자자가 능동적으로 부여해야 한다고 생각했죠. 제조업인지 서비스업인지, 플랫폼 기업인지 비플랫폼 기업인지, 온라인 기업인지 오프라인 기업인지 등에 따라 투자자는 각각 다른 PER 배수를 부여할 수 있다고 본 것입니다.

MDN 기업들은 당연히 제조업, 비플랫폼 기업, 오프라인 기업보다 월등히 높은 PER 배수를 부여할 수 있습니다. MDN 기업들이 갖고 있는 '확장성' 때문입니다(이에 대해서는 〈7교시〉에서 더 상세히 다룰 예정입니다).

앞으로는 MDN을 어떻게 활용하고 해석하는지에 따라 투자의 미래가 달라질 것입니다. 특히 데이터 활용의 중요성은 더욱 강조될 전망입니다. 아마존이나 알파벳, 테슬라 그리고 카카오 같은 MDN 기업들이 엄청난 양의 데이터를 어떻게 활용해나갈지 함께 지켜봅시다.

7교시

'이익의 양'이 아닌 '이익의 질'에 주목하라

지금의 이익이 계속될 수 있는가에 대한 판단이 '이익의 질'을 평가합니다. 같은 이익이라도 지속 가능성이 높은 이익에 주목하는 자세가 필요합니다.

리조트 사업을 하며 깨달은 '이익의 질'

한때 제주도에서 휴양시설을 운영한 적이 있었습니다. 빠르게 성장하는 중국 시장과 소비자가 추후 여행 산업에도 관심을 가질 것이라고 생각해서 예전에 제주도에 사두었던 땅에 이들을 대상으로 한 리조트를 지었죠. 저의 예상은 적중했고 리조트 사업은 4년 연속 흑자를 기록했습니다.

하지만 저는 잘나가던 리조트 사업을 2015년에 접었습니다. 지금 당장은 돈을 벌어주는 사업이었지만 미래에는 이익을 늘리는 게 쉽지 않은 비즈니스라는 결론을 내렸기 때문입니다.

저는 리조트가 흑자를 내고 있어도 왜인지 계속 불안했습니다. 반면에 저의 자산운용사 에셋플러스는 당시 계속해서 영업 적자를 내고 있어도 심적으로 편안했죠. '왜 그랬을까요?' 저는 이 문제에 골몰했습니다.

'재무제표로 보면 원더리조트가 좋은데, 나는 왜 손실을 보는 에셋

플러스가 더 기대되는 걸까?' 저는 이러한 의문에 계속 질문을 던지며 고민을 거듭했고 그 과정에서 '이익의 질'이라는 개념을 깨달았습니다.

리조트 사업이 항상 불안했던 것은 '지금의 이익이 앞으로도 지속될까?'라는 질문에 '그렇다'는 확신이 없었기 때문이었습니다. 중국 관광객들이 몰려오면서 리조트 사업이 잘되니 여기저기 새로운 리조트들이 계속해서 생겼습니다. 하지만 리조트 사업은 여행 성수기와 비수기에 따라 매출의 변동 폭이 컸고, 갑자기 발생하는 예약 취소 상황을 예측할 수도 없었습니다. 날씨 영향으로 비행기가 뜨지 못하는 날은 그야말로 낭패였죠.

사업을 확장할 수도 없었습니다. 리조트의 객실 수가 140개였으니 최대 매출은 객실에 객단가를 곱한 것에 지나지 않습니다. 그 이상 매출은 절대 나올 수 없는 구조였죠. 언제까지 객실이 가득 찰 수 있을지도 알 수 없었습니다. 당장은 많은 중국인이 찾아왔지만, 여행사들이 발을 빼면 수익을 낼 수 없을 것이 분명했으니까요. 정치적 이슈라는 변동성도 있었습니다. 정치 문제로 중국 여행객이 갑자기 주는 이슈도 늘 존재했습니다.

그러나 자산운용사는 리조트 사업과는 달랐습니다. 당장은 힘들어도 수탁고가 어느 정도 쌓이면 이익은 안정적이고 예측 가능했습니다. 또 개인연금이나 퇴직연금처럼 꾸준히 늘어나는 자산이 많아진다면 더 견고한 사업 구조가 될 수 있다고 생각했습니다. 1조 원을 운영하든 10조 원을 운영하든 부담할 추가 비용도 크지 않았습니다. 매출이 커져도 변동비 부담이 낮은 비즈니스였죠.

같은 이익이라도 안정적이고 예측 가능한 이익에 주목해야 합니다. 지금 투자하는 기업이 잠시 적자가 나더라도 편한 기업인지, 계속해서 이익이 나는데도 불안한 기업인지 스스로에게 질문해봅시다.

저는 리조트와 자산운용사를 경영하면서 진짜 견고한 사업은 적자가 나도 편하다는 사실을 체감하게 됐습니다. 재무제표가 만들어내는 불안한 이익보다 '이익의 질'이 담보된 비즈니스 모델이 주는 편안한 이익이 더 중요하다는 것을 깨달았던 것이죠.

이익의 질을 판단하는 4가지 기준

저는 좋은 '이익의 질'을 판단하는 기준을 다음의 네 가지로 정리했습니다. 하나하나 살펴볼까요.

지속성: 지속 가능한 이익을 만드는 기업이 좋다

A 기업과 B 기업이 똑같이 100억 원의 이익이 난다고 가정해봅시다. 그런데 A 기업은 언제까지 100억이 날지 알 수 없고, B 기업은 최소 10년은 갈 것 같다면 어떤 기업을 선택해야 할까요? 당연히 B 기업

이익의 질을 결정하는 4가지 요인

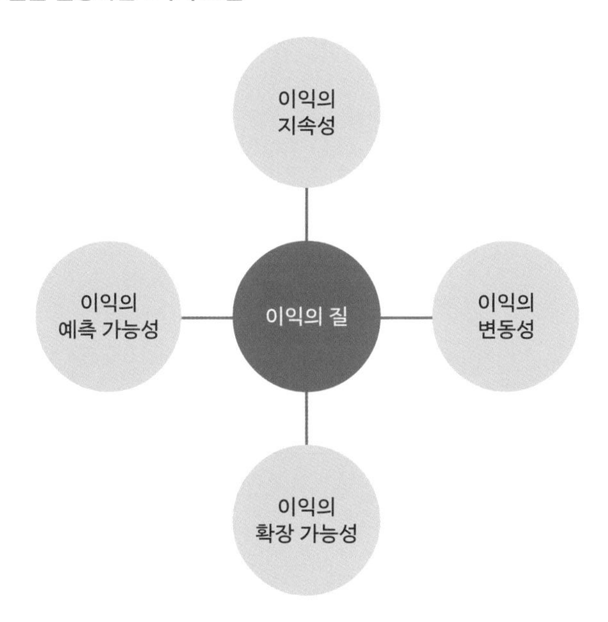

이겠죠.

지속성이 담보되지 못하는 이익의 대표적인 예는 테마주입니다. 이를테면 바이오주 기업의 경우 코로나19 사태로 돈을 많이 벌었지만 그 이익이 얼마인지, 지속 가능한지 알 수 없습니다. 저는 이러한 이익에는 가치를 주지 않습니다. 제가 좋아하는 가치와 다르기 때문에 관심을 갖지 않는 것이죠.

변동성: 이익의 변동성이 큰 기업보다 낮은 기업이 좋다

반도체는 이익이 큰 산업이지만, 저는 이 산업을 좋아하지는 않습니다. 예측할 수 없기 때문입니다. 반도체 산업은 어느 해는 적자가 났다가 어느 해는 흑자가 나는 경우가 부지기수죠. 변동성이 큰 기업은 주주를 불안하게 합니다.

확장 가능성: 이익의 확장 가능성이 무궁무진한 기업이 좋다

A 기업과 B 기업의 현재 이익이 100억 원이라고 가정해봅시다. 그런데 A 기업은 잘해봤자 10년 후 200억 원이 될 것 같고, B 기업은 1조 원까지 갈 수 있는 확장 가능성이 보인다면 어떤 기업을 선택해야 할까요? 이를테면 테슬라가 왜 이 정도까지 떴을까를 생각해보면 좋습니다. 바로 확장 가능성 때문입니다.

테슬라의 현재 영업이익은 미미하지만 시가총액은 전체 완성차 시장을 육박합니다. 그 이유는 전기차 시장의 확장 가능성 때문이죠.

예측 가능성: 예측 가능한 이익을 만드는 기업이 좋다

앞서 얘기한 리조트 사례처럼 기후 변화, 정치적 이슈 등으로 인해 관광객이 줄어들 여지가 충분히 있다면 이는 예측 가능한 이익이라고 볼 수 없습니다. 주변 환경에 영향을 받지 않고 꾸준하게 수익을 창출하고 있는 기업을 찾는 자세가 필요합니다.

정리해봅시다. 계속 기업의 주주로서 내 돈을 오랫동안 벌어줄 기업의 가치를 좋아하는 저는 재무제표에 나타난 이익만이 아니라 그 이면에 내포된 '이익의 질'을 봐야 한다고 생각합니다.

좋은 이익의 질을 담보하고, 끌어내고, 만들어내는 비즈니스 모델에 주목해야 합니다.

그리고 이익의 질은 지속성, 변동성, 확장 가능성, 예측 가능성으로 판단하는데, 저는 그중에서 가장 중요한 것은 확장 가능성이라고 생각합니다. 이론적으로 지속 가능하고, 비변동적이고, 예측 가능하다는 3가지 요소만 있다면 가장 좋은 투자 자산은 미국의 30년 만기 국채겠죠. 주식과 채권 투자를 가르는 중요한 구별점이 바로 이익의 확장성에 있습니다. 확장 가능성은 주식만이 갖는 최고의 장점입니다.

비즈니스 모델이라는 가치를 다시 깨우치다

이익의 4가지 속성값을 잣대로 놓고 비교해보니 비로소 저는 어떤 비즈니스가 좋고, 어떤 비즈니스가 나쁜지 확연히 분별할 수 있게 됐습니다.

이렇게 비즈니스 모델을 깨우치게 되고, 앞서 얘기했던 MDN에 대한 이해가 더해지면서 기업을 보는 제 관점은 더욱 깊고 넓어졌습니다. 유망하고 건강한 비즈니스 모델이 더욱 선명히 보이게 된 것이죠.

비즈니스 모델의 중요성을 절실히 깨달은 저는 2014년 제 회사에 비즈니스 모델 리서치팀(BMR팀)을 만들었습니다. 다른 회사에는 존재하지 않는, 저희 회사에만 있는 팀입니다. 아마 한국 자산운용사로는, 아니 전 세계에서 처음 시도된 리서치팀이라고 생각합니다.

저는 비즈니스 모델에 대한 이해가 없는 재무제표 분석은 아무 의미 없는 숫자를 읽을 뿐이라고 생각합니다. 비즈니스 모델에 대한 이해가 없다면 재무제표를 온전히 해석할 수 없습니다. 재무제표로만 보

쿠팡은 2021년 3월 11일 뉴욕증권거래소에 상장하며 상장 첫날 49.25달러로 거래가 종료되었습니다. 한국예탁결제원에 따르면 상장 당일 한국의 개인 투자자들이 약 484억 원을 순매수한 것으로 관측되었습니다.

OTT
기존에 전파나 케이블로 송출되던 TV가 아닌 인터넷망으로 송출되는 영상 콘텐츠로 여기서 Top은 셋톱박스를 의미합니다.

면 테슬라는 36분기 동안 적자지만 현재 시가총액 600조가 넘었으며 마찬가지로 적자인 쿠팡도 70조가 넘었습니다. 재무제표만 보면 이런 기업에 투자해서는 안되겠지만 비즈니스 모델 관점에서 보면 투자가치가 있기에 많은 투자자들이 몰리고 있습니다.

투자는 결국 비즈니스 모델을 사는 행위입니다. 애플은 2014년까지 PER가 10 정도였지만 당시 연평균 매출 증가율이 평균 40% 정도였습니다. 그런데 2016년 이후는 오히려 매출이 줄었는데, PER는 30이 넘었습니다. 왜 그럴까요? 답은 '서비스업의 진화'에 있습니다.

예로 디즈니는 2020년 12월 이후 주가가 사상 최고치를 찍었습니다. 테마파크라는 물적 공간을 기초로 한 비즈니스 모델에서 새로운 OTT(Over The Top)서비스 모델인 '디즈니플러스'를 선보이며 2020년 4월부터 지금까지 1억 4000만 명이 넘는 가입자를 확보했기 때문입니다. 즉 MDN을 기반으로 한 비즈니스 모델로 바뀌었기 때문에 시장이 PER를 높게 부여한 것입니다.

우리는 정태적 가치가 아닌 동태적 가치를 분석해야 합니다. 절대적 가치가 아닌 상대적 가치, 자산 가치보다는 수익 가치를 봐야 합니다. 전자는 양의 문제이고 후자는 질의 문제죠. 후자가 강방천의 스타일입니다.

강방천식 PER, 'K-PER'

저는 PER를 두 가지 측면으로 보고 있습니다. 하나는 시장에서 객관적으로 계산되어 인정받는 PER이고, 다른 하나는 제가 부여하는 K-PER입니다.

저는 앞서도 언급했듯이, 현재의 이익을 기준으로 하는 PER를 가치측정 도구로 활용하는 것은 한계가 있다고 봅니다. PER는 앞으로도 이익이 계속될 것이라는 불변성과 함께 이익의 질은 동일하다라는 동질성을 가정하고 있기 때문입니다. 빠르게 변화하고, 같은 이익이어도 질적 차이가 있는 지금의 시장에 적용하기는 예측력이 떨어지는 지표라고 생각합니다. 그래서 저는 기업의 미래 가치를 평가하기 위해 K-PER라는 측정 방식을 고안했습니다.

PER와 K-PER 차이점

구분	평가 시점	관점	주목하는 부분	산정 근거	한계
PER	현재가치 평가	객관적	이익의 양	재무제표	이익의 불변성/동질성 고PER: 고평가로 인식 저PER: 저평가로 인식
K-PER	미래가치 평가	주관적	이익의 질 (확장 가능성)	비즈니스 모델	가치 추정과 시기 추정 오류 (분산 투자로 극복) 고PER 부여: 이익의 질 양호 저PER 부여: 이익의 질 나쁨

PER는 재무제표에서 산출된 이익의 양을 기준으로 시장에서 정해진 것이라면, K-PER는 비즈니스 모델에 의해 분석된 이익의 질에 근거해 투자자가 스스로 판단해 부여하는 것을 말합니다.

근본적인 질문을 해봅시다. 우리는 왜 주식투자를 할까요? 당연히 높은 기대수익을 얻기 위해서입니다. 그렇다면 주식투자의 기대수익은 어떻게 구할까요? 먼저 PER는 주가를 주당순이익으로 나눠 기업이 벌어들이는 이익에 비례해서 현재 기업의 주가를 판단하는 지표입니다.

| PER = 주가(시가총액) / 주당순이익(당기순이익)

높은 기대수익은 현재의 회사가 아닌 회사의 미래 가치가 결정합니다. 현재의 시가총액 기준만으로는 당연히 미래 수익을 예측하기 어렵습니다.

이 계산식을 변형하면 현재의 주가와 시가총액을 다음과 같이 산출할 수 있습니다.

| **현재의 주가**(시가총액) **= 현재 PER × 주당순이익**(당기순이익)

여기서 현재 한계가 있는 PER가 아닌 기업의 확장 가능성을 판단한 K-PER를 부여할 수 있다면 다음과 같이 미래의 주가를 구할 수 있을 것입니다.

| **미래 주가**(미래 시가총액) **= K-PER × 미래 주당순이익**(미래 당기순이익)

이런 방식으로 새로운 지표를 만들어낸다면 현재 PER가 갖고 있는 문제점들을 상당 부분 해결할 수 있을 것입니다. 저는 이 지표를 K-PER라고 명명했습니다. 물론 이 역시 완벽한 해답은 아닐 수 있고 추정의 오류가 있을 수도 있습니다. 중요한 것은 맞고 틀리다가 아니라 자신만의 기준을 갖는 것입니다.

그럼 구체적으로 K-PER는 어떻게 부여할까요? PER는 기업이 벌어들이는 이익에 비례해서 현재 기업의 주가가 적정한지 판단하는 수치로 객관적인 숫자 지표를 기반으로 합니다. 그렇기에 누가 계산해도 같은 결론이 나옵니다. PER가 높을수록 현재의 실적보다 기대감으로 인해 주가가 오른 것으로 판단하고, 이를 다른 말로 고평가되었다고 합니다.

하지만 K-PER는 객관적인 숫자 지표를 기반으로 하지 않습니다. 예를 들어 어떤 회사의 현재 시가총액이 1000억 원이라고 가정해봅시다. 현재 이익이 100억 원이라면 이 회사의 현재 PER는 10이겠죠. 하지만 제가 판단하기에 이 회사의 이익의 질이 좋아서 10이 아닌 20이라는 가치를 부여하기로 결정할 수 있습니다. 저는 이것을 '프리미엄'이라고 표현합니다. 프리미엄을 20이라고 추정하면, 이 회사의 미래 시가총액은 현재 이익 100억 원에 프리미엄 20을 곱한 2000억 원이 됩니다.

K-PER를 구한다는 것은 이익에 몇 배의 프리미엄을 적용할지를 찾는 과정입니다. 그럼 이 '프리미엄'을 결정하는 것은 무엇일까요? 바로 미래 이익을 좌우하는 이익의 질입니다. 이때 프리미엄을 부여하려면 이익의 질을 잘 판단할 수 있는 통찰력과 해석 능력이 필요합니다.

앞서 얘기했듯이, 저는 4가지 이익의 질 중에서 확장 가능성을 가장 중요하게 생각합니다. 확장 가능성을 따지는 방법에 대해 좀더 깊이 들어가봅시다.

이익의 확장 가능성 따져보기, 상품과 지역의 확장

기업은 어떻게 확장할 수 있을까요? 먼저 확장의 종류는 두 가지입니다.

첫째, 상품의 확장

새로운 서비스를 추가해서 매출과 이익을 늘리는 것입니다. 대표적인 예가 카카오입니다. 카카오는 카카오톡이라는 메신저 서비스로 시작해 이후 카카오택시, 카카오게임즈, 카카오웹툰, 카카오뱅크 등으로 비즈니스 포트폴리오를 확장하고 있습니다.

카카오는 2006년 벤처 기업으로 시작해서 2010년 3월 카카오톡을 첫 출범하며 카카오모빌리티, 카카오뱅크, 카카오게임즈, 카카오엔터테인먼트 등의 사업으로 확장했습니다.

둘째, 지역의 확장

글로벌 기업들이 대표적인 경우입니다. 애플이 아이폰 하나로 2500조 원의 시가총액을 만들어낼 수 있었던 것은 전 세계가 그들의 시장이기 때문입니다.

그럼, 기업이 확장하면 이익을 만드는 요소들은 어떻게 달라지는지 살펴봅시다. 먼저 이익을 계산해볼까요?

이익은 매출액에서 비용을 뺀 것입니다. 매출액은 판매 가격과 판매 수량을 곱한 금액이고, 판매 수량은 상품 확장과 지역 확장의 함수 관계입니다(확장성에 따라 판매 수량이 달라집니다). 비용은 고정비와 변동비로 나눌 수 있는데, 일반적으로 변동비는 판매 수량이 늘수록 증가합니다. 이를 수식으로 표현하면 다음과 같습니다.

| 이익 = 판매 가격×판매 수량(상품 확장, 지역 확장)

-고정비-(변동비×판매 수량)

판매 가격의 측면에서 좋은 기업은 가격 결정력이 높고 경쟁 강도가 낮은 산업에 속한 기업입니다. 또한 가격이 좀 올라도 다른 회사 상품으로 옮겨가기 불편해서 떠나기 쉽지 않은, 즉 전환 비용이 높은 기업이 좋습니다. 애플의 아이폰 같은 경우가 그러합니다. 아이폰을 쓰다가 다른 스마트폰을 바꾸려고 하면 데이터도 옮기고 어플도 다시 다 깔아야 하기 때문이죠.

애플은 아이폰, 아이맥, 아이패드 등 자사 제품끼리 효과적으로 연동하는 자체 시스템을 개발해 애플 소비자들의 충성도를 높이고, 타 제품으로의 이탈을 막았습니다.

판매 수량의 측면에서는 해외 확장 가능성이 높은 기업이 좋습니다. 또 한 가지 상품만으로도 매출을 크게 늘릴 수 있다면 여러모로 유리합니다.

비용 측면에서는 어떨까요? 설비투자가 계속 필요한 기업보다는 매출이 늘어도 추가 설비투자가 필요 없는 기업이 좋습니다. 또 매출이 늘어도 비용 증가가 없거나 낮은 기업이 좋습니다.

현명한 투자자라면 이런 함수 관계를 고려하여 어떤 업종이나 기업이 좋을지 스스로 질문해야 합니다. 저는 제조업보다는 서비스업이, 오프라인 기업보다는 온라인 기업이, 비플랫폼 기업보다는 플랫폼 기업이 좋다고 판단합니다. 플랫폼 기업 중에서도 제4의 생산 요소인 MDN을 사용하는 기업을 더욱 좋게 봅니다.

이러한 평가를 통해 투자자가 스스로 선호하는 기업에 높은 프리미엄을 부여할 수 있습니다. 물론 이 과정이 처음에는 만만치 않게 느껴질 것입니다. 하지만 꾸준히 반복하고 훈련한다면 누구나 할 수 있는 과정이니 너무 걱정하지 마시기 바랍니다.

프리미엄을 부여할 때의 5가지 관점

저는 프리미엄을 부여할 때 다음의 5가지 관점을 견지하려고 노력합니다.

첫째, 현재 기업의 사이클이 어느 단계에 와 있는지 추정한다

모든 기업은 '도입기-성장기-성숙기-쇠퇴기'라는 사이클을 거칩니다. 도입기와 성장기에는 주가도 크게 오를 수 있습니다. 그러나 성숙기가 되면 더 이상 오르지 않다가 쇠퇴기에 이르면 주가는 떨어지는 모습을 보입니다. 그러므로 내가 사려는 기업이 현재 어느 시점에 와 있는지 아는 것은 매우 중요합니다. 시점을 파악한다면 기업이 성장하는 시기에는 높은 프리미엄을 부여하고 쇠퇴하는 경우에는 낮은 프리미엄을 부여할 수 있을 것입니다.

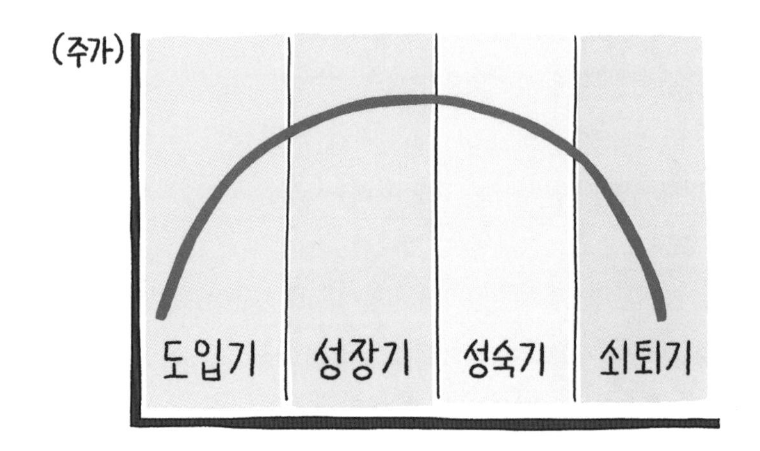

둘째, 업종을 살펴봐야 한다

제조업과 서비스업 중 어느 업종에 프리미엄을 높게 줘야 할까요? 말했듯이 저는 서비스업이라고 생각합니다. 제조업은 시간이 지나도 계속 투자를 해야 하기 때문에 이익의 일정 부분은 주주의 몫이 아니라 미래의 이익을 얻기 위한 투자 비용으로 나갑니다.

가령 반도체 사업은 재투자하지 않으면 사업을 지속할 수 없습니다. 삼성전자의 경우 영업현금흐름의 50%를 재투자하고, SK하이닉스는 70% 이상을 재투자합니다. 일반 제조업은 업종마다 다른데 자동차의 경우 보통 30% 정도를 재투자합니다.

반면에 서비스를 제공하는 플랫폼 기업이나 소프트웨어 회사들은 재투자가 상대적으로 적습니다. 네이버나 카카오는 20% 정도를 재투자하고, 게임회사는 10% 정도만 재투자해도 사업을 계속 이어갈 수 있습니다.

MDN을 활용하는 기업에 그렇지 않은 기업보다 더 높은 프리미엄을 부여하는 것이 합리적입니다. MDN을 활용하는 플랫폼 회사들은 서비스 확장 가능성이 높고 고정비가 낮기 때문에 사업이 확장될 수록 더 많은 이익을 얻을 수 있습니다. 그러나 월마트나 이마트 등 기존의 생산요소를 활용하는 기업이 매출을 늘리려면 매장을 확장하고 직원들을 더 고용해야 합니다.

마트 사업은 확장하려면 매장을 건설하고, 직원을 고용하는 등 투자 비용이 크지만 MDN을 기반으로 하는 기업들은 투자 비용이 크지 않아도 사업을 확장할 수 있습니다.

MDN을 활용하는 기업들 간에도 프리미엄 차이는 있을 수 있습니다. 가령 카카오와 아마존(또는 넷플릭스) 중 저는 아마존의 프리미엄이 카카오보다 높다고 생각합니다. 카카오는 한국에서만 서비스가 가능하지만 아마존(또는 넷플릭스)은 전 세계가 시장이기 때문이죠.

소비재와 내구재 업종 중에서는 어느 쪽에 프리미엄을 더 부여해야 할까요? 세계적인 소비재 기업으로 P&G가 있습니다. 소비자는 P&G가 만드는 샴푸나 세제를 반복 구매합니다. 생활에서 꼭 필요한 제품이기에 떨어지면 바로바로 사야 하기 때문이죠. 그러나 가구 같은 내구재는 특별한 일이 없으면 몇 년 동안 씁니다. 당연히 내구재보다 소비재 업종에 프리미엄을 더 부여하는 것이 합리적입니다.

셋째, 시간이 갈수록 좋아지는 기업인지 나빠지는 기업인지도 중요한 기준이다

비즈니스 모델의 속성으로 볼 때 제조업은 시간이 갈수록 어려워질 확률이 큽니다. 새로운 제조 설비로 무장한 경쟁자가 진입하면 순위가 바뀔 수 있기 때문이죠. 반면 서비스업은 시간이 갈수록 브랜드 가치가 쌓입니다. 사용자가 늘어날수록 확장할 수 있는 여지가 커지고 경쟁자를 압도할 수 있는 힘도 더욱 커지기 때문입니다.

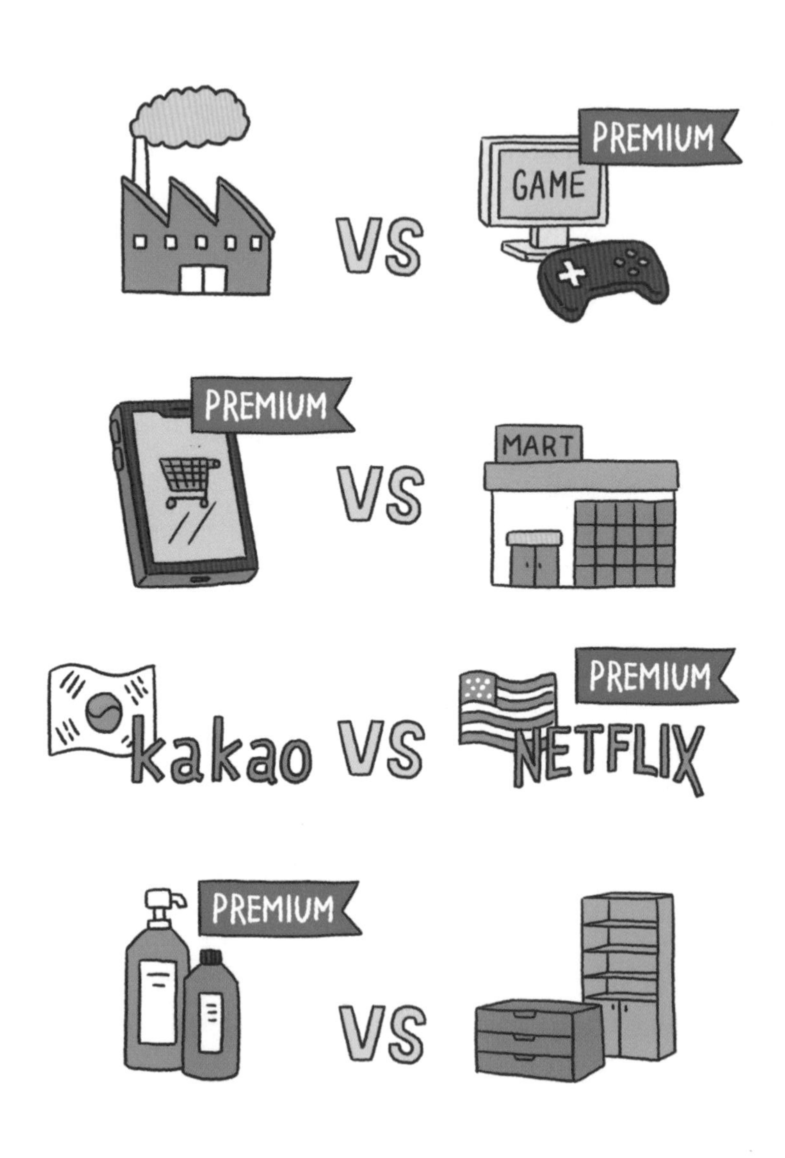

넷째, 침투율을 따져봐야 한다

침투율은 이익 확장에 중요한 변수입니다. 상품이나 지역 확장 시 침투율이 얼마나 증가할 수 있느냐에 따라 부여하는 프리미엄이 달라져야 합니다. 침투율이 늘지 않으면 기업의 추가 매출 확장은 기대하기 어렵습니다. 제가 1995년에 한국이동통신 주식을 판 것도 침투율 때문이었습니다. 시간이 지나면서 길거리에서 휴대전화를 들고 다니는 사람이 많아졌고, 기업의 매출 확장이 어렵다고 판단했기에 한국이동통신 주식을 매도했습니다.

50%

침투율은 구글 영문 사이트에서 검색하면 쉽게 확인할 수 있습니다. 알고자 하는 기업 혹은 산업 분야를 영어로 쓰고 뒤에 'penetration rate'를 치면 침투율을 확인할 수 있습니다. 10 미만이면 초기 단계, 50 이상이면 성장 둔화 단계로 판단할 수 있습니다.

다섯째, 미래의 이익을 추정하는 일은 매우 신중해야 한다

프리미엄을 부여할 때 무엇보다 중요한 것은 신중함입니다. 특히 초기 시장일 때는 각별히 유의해야 합니다. 미래의 시장을 추정할 때는 산업의 크기와 그 산업의 경쟁 강도, 서비스의 특징, 침투율 등을 합리적으로 추정해야 합니다. 개인의 가치판단이 들어가는 일이기에 스스로 끊임없이 질문하며 고민하는 자세가 필요합니다.

미래 이익의 두 가지 변수, 미래 수요와 미래 경쟁

미래의 시가총액은 K-PER와 미래 이익을 곱한 값이라고 했습니다. 즉, K-PER는 이익의 질에 대한 것이고, 미래 이익은 수익력에 관한 것입니다. 그리고 수익력에 강한 영향을 미치는 두 변수는 미래 수요와 경쟁입니다.

수요가 늘고 경쟁이 심하지 않으면 마진이 커지고 이익도 커집니

다. 반대로 수요가 줄고 경쟁이 치열해지면 마진이 줄고 이익도 줄어듭니다. 이처럼 수요는 늘 경쟁과 함께 생각해야 합니다.

수요의 증가·감소는 소비자로부터 나온다

수요를 살필 때는 우선 수요가 증가할지, 감소할지 고민해야 합니다. 수요는 순식간에 사라지는 경우도 있습니다. 스마트폰의 출현으로 피처폰이 거의 사라진 것이 그러한 경우죠.

소비자의 기호와 소비 트렌드가 어디로 움직이는지도 유심히 봐야 합니다. 루이비통은 젊은 소비자들의 감각을 겨냥해 스트리트 패션 디자이너를 수석디자이너로 영입하기도 했습니다. 소비 트렌드 변화를 겨냥해 새로운 수요를 창출하려는 노력이 엿보이는 사례죠.

인구 구조의 변화가 수요에 어떤 영향을 미칠지도 고민해야 합니다. 인구가 바로 수요를 창출하는 소비자이기 때문입니다. 이때 저는 줄어드는 인구보다 늘어나는 인구에 주목합니다. 모바일 인구, 노인 인구, 1인 가구 등이 최근에 늘어난 인구죠.

소득 수준 변화도 중요합니다. 지갑이 열리는 크기를 가늠할 수 있는 지표가 되기 때문입니다.

기존의 경쟁자냐, 새로운 경쟁자냐

경쟁을 살펴볼 때 가장 유의할 것은 공급량의 증가입니다. 경쟁에는 두 가지 유형이 있습니다.

첫째, 기존 사업자들 간의 경쟁입니다. 이 경쟁은 산업 내 기존 기업들의 설비투자와 그에 따른 공급 능력의 경쟁을 의미하기에 늘어날 수요가 늘어날 공급을 제대로 소화할 수 있을지 판단해야 합니다.

둘째, 새로운 진입자와의 경쟁입니다. 이 경우에는 새로운 경쟁자가 어떤 무기를 갖고 시장에 들어오는지를 살펴야 합니다. 경쟁자가 새로운 기술이나 기존 산업을 뒤흔들 비즈니스 모델로 무장했는지 주시해야 합니다. 쿠팡이 한국 소매유통시장에 뛰어들 때만 해도 대형 오프라인 업체들이 시장을 주도하고 있었습니다. 그런데 전자상거래로 무장한 쿠팡이 뛰어들면서 순식간에 판도가 바뀌었죠.

미래 이익의 새로운 변수, 마진율

한편, 수요와 경쟁의 변화가 없어도 이익이 줄어들 수 있습니다. 마진율의 변화 때문입니다.

수출입 기업은 환율이 마진에 영향을 끼칠 수 있습니다. 가령 석유화학 업체들은 원재료를 달러로 구매하고 제품 판매도 달러로 하는 경우가 많습니다. 글로벌 시장에서 정해진 가격으로 거래하기 때문입니다. 원재료는 달러로 구매하고 원화로 판매하는 제품 비중도 있기 때문에 환율 변화가 마진율에 영향을 미칩니다.

내수 기반의 식품기업들 역시 원재료를 달러 기준으로 해외에서 사오고 매출은 내수에서 원화로 발생하기에 환율이 마진에 영향을 미칩니다.

마진율
원가와 판매가 사이의 차액을 마진이라고 합니다. 마진율은 전체 판매가에서 마진에 해당하는 비율을 뜻합니다.

수익률을 결정하는 요인

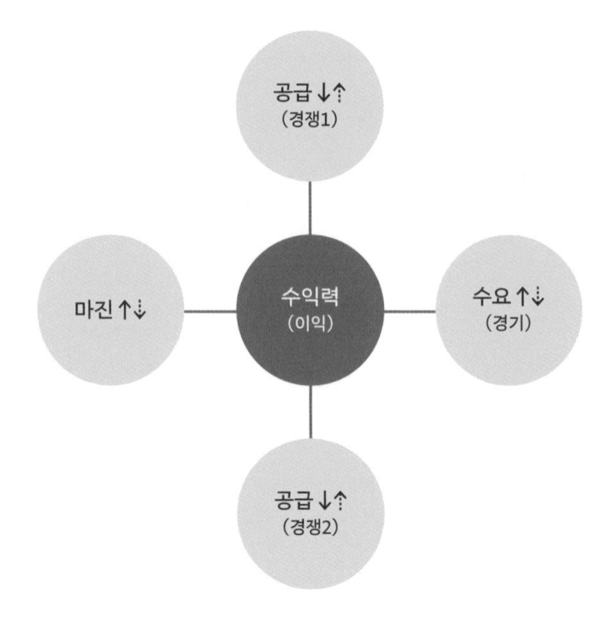

재무제표를 통해 미래 이익 분석하기

망원경적 시각으로 미래 수요와 미래 경쟁을 파악했다면, 이제는 현미경적 시각으로 미래 이익을 분석해야 합니다.

대부분의 사람들은 재무제표를 볼 때 재무상태표와 손익계산서를 먼저 보는데, 저는 현금흐름표를 먼저 본 후 재무상태표와 손익계산서를 봅니다.

현금흐름표는 크게 영업활동현금, 투자활동현금, 재무활동현금으로 분류되며 이 세 가지를 더해 현금의 증감을 판단할 수 있습니다. 이를 통해 기업의 자금조달 방식, 투자자금 흐름의 변동 상황을 확인할 수 있고 이 현금흐름의 결과가 재무상태표에 나타납니다.

재무상태표는 간단하게 기업의 부채와 자산의 합인 자본을 나타낸 표로 자산은 크게 유동자산, 고정자산으로 나뉘며 부채 역시 유동부채, 고정부채로 나눌 수 있습니다. 이를 통해 기업의 현재 재무 상태를 알 수 있습니다. 그러고 나서 손익계산서에 나타난 실제 기업의 매출액과 영업이익을 확인한 후 이익을 재분석합니다.

앞서도 언급했듯이 손익계산서상의 이익은 회계학적 이익입니다. 이 회계학적 이익과 현금흐름은 다릅니다. 저는 회계학적 이익과 영업활동을 비교하면서 해당 기업의 특성을 살펴봅니다. 기업이 속한 산업이 변동비형 기업인지 고정비형 기업인지, 영업순환주기가 짧은지 긴지 등을 보는 것입니다.

그리고 영업현금흐름 중 설비투자 등 재투자 비용을 뺀 잉여현금흐름을 진정한 주주의 몫으로 생각해야 합니다. 이런 관점에서 가장 중요하게 봐야 할 비용 항목은 설비투자입니다. 영업현금흐름에서는 이익이 났어도 설비투자 등 자본적 비용 지출이 큰 산업이라서 주주에게 돌아가는 몫은 크지 않은 경우도 있기 때문입니다.

재투자가 큰 산업은 비용 구조를 이해하는 것이 특히 중요합니다. 재투자가 있는 것은 고정비가 크다는 뜻이기 때문에 가격 변동에 따른 이익의 탄력성이 높습니다. 회계적으로 보면 고정비는 이미 지출된 비용이고, 변동비는 매출에 따라 지출해야 될 비용입니다.

변동비 지향형 기업의 경우를 생각해봅시다. A 기업의 경우 이미 나간 고정비 대신 제품 생산을 위해 매번 필요한 변동비의 비중이 큰 기업입니다. 이때 판매 가격이 하락한다면 변동비를 감당할 수 없기 때문에 생산을 할 수 없습니다. 원가 값도 안 나오는데 적자를 마다하며 생산할 이유가 없기 때문이죠. 그래서 A 기업의 제품은 가격을 조정하기 어렵습니다.

이런 기업은 매출이 늘어도 계속해서 지출되는 변동비의 비중이 크기에 이익 증가가 높지 않습니다. 이익의 변동성이 낮아 꾸준히 변화 없이 판매되는 제품입니다.

변동비와 고정비

기업이 사업을 영위할 때 드는 비용 중 생산량 증가에 따라 비용이 변동하는 것을 변동비, 생산량에 관계 없이 일정한 비용을 고정비라고 합니다. 예를 들어 부품비, 연료비는 변동비이며 급여, 공과금, 대출 이자 등은 고정비라고 볼 수 있습니다. 회계학적으로 고정비는 이미 지출 된 비용, 변동비는 매출에 따라 지출해야 될 비용입니다.

고정비 지향형 기업인 B 기업 같은 경우는 판매 가격이 하락해도 당장 지출해야 할 변동비의 비율이 낮기에 제품을 계속해서 생산할 수 있습니다. 반도체 회사의 비용 구조가 대표적입니다. 고정비가 크기에 가격을 얼마든지 조정할 수 있어 등락폭이 큽니다. 이런 고정비 지향형 기업은 원가경쟁력이 약하면 일등 기업에 밀릴 수밖에 없습니다.

이처럼 기업의 이익은 원가 구조에 따라 크게 변동될 수 있습니다. 원가 경쟁에 밀려 시장에서 퇴출되는 경우도 있기 때문에 원가 구조에 따른 기업의 이익 변동을 잘 살펴 투자해야 합니다.

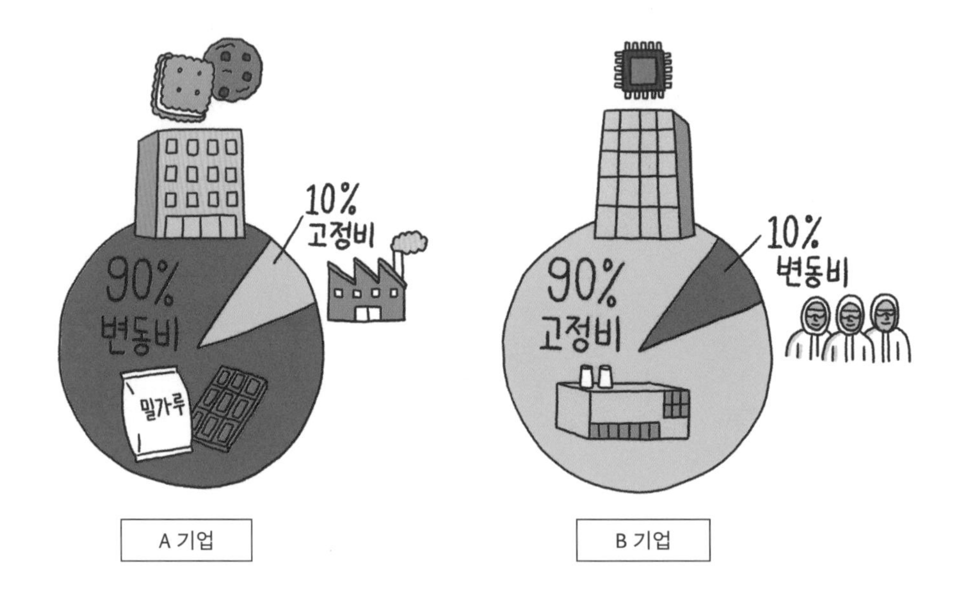

좋은 주식을 고르기 위한 계단, STEP 5

좋은 주식을 고르기 위해 제가 만든 5단계의 계단이 있습니다. 바로 'STEP 5'입니다. 30여 년 동안 쌓아온 저의 투자 정수가 오롯이 담긴 것이라고 해도 무방합니다. 저는 이 계단을 수도 없이 오르내리면서 위대한 기업을 발견했습니다. 에셋플러스의 펀드매니저들 역시 STEP 5를 활용해 보석 같은 기업들을 발굴해오고 있죠.

저는 STEP 5에서 1단계와 4단계를 가장 중요하게 생각합니다. 1단계인 산업의 존재에 대한 질문은 모든 분석의 시작이면서, 어쩌면 끝이기도 합니다. 1단계가 없으면 그다음 단계의 분석은 아무 소용이 없기 때문이죠. 저는 어떤 산업도 긴 관점으로 볼 때 영원히 존재하는 상수가 아닌 늘 변화하는 변수로 인식합니다.

4단계의 K-PER 부여도 매우 중요합니다. 기업 가치는 기업 이익에서 잉태되며 기업 이익을 좌우하는 것은 기업 이익의 질입니다. 제가 1단계 못지않게 가장 고민하고 시간을 많이 쓰는 단계가 4단계입니다.

결국 우리는 이 STEP 5라는 계단을 어려움 없이 올라가기 위해 앞서 모든 과정을 거쳐온 것입니다. 이제 한 계단씩 올라가볼까요?

강방천과 에셋플러스의 STEP 5

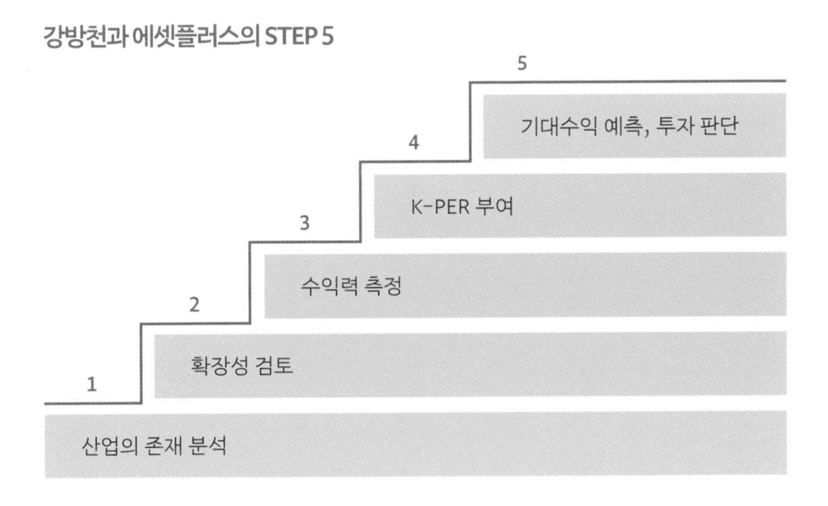

1단계: 산업의 존재(효용, 가격, 인프라)

기업을 분석할 때 가장 먼저 하는 일은 해당 산업이 계속 존재할 것인지를 파악하는 것입니다. 산업이 지속 가능하지 않다면 그 산업에 속한 기업 역시 지속 가능하지 않겠죠. 저는 산업의 지속 가능성을 세 가지 잣대로 판단합니다.

자동차, 핸드폰, 컴퓨터 모두 시장에 등장할 당시에는 가격이 높게 책정되어 부유층만이 소비했습니다. 하지만 제품이 모두에게 가치 있는 필수품으로 인정받자 가격이 낮춰졌고 시장에 빠르게 보급되었습니다.

첫째, 이 산업이 앞으로도 계속 소비자들에게 효용을 제공할 수 있을 것인가의 여부입니다.

둘째, 가격이 효용에 맞게 책정돼 있는가를 봅니다. 가격에는 미래 가격과 상대 가격이 있습니다. 지금 비싸더라도 미래에 떨어질 수 있고, 미래에 소비자들이 감내할 수 있는 가격이라면 현재 비싼 가격이라도 달리 봐야 합니다.

셋째, 산업이 존재하기 위한 인프라가 갖춰져 있는가의 여부입니다. 예를 들어 전기차라면 충전소가 충분히 갖춰져 있는지 살펴야 합니다. 인프라 없이는 산업이 존재할 수 없습니다.

'이 산업이 앞으로도 존재할까? 앞으로도 더 퍼질까? 멈추지는 않을까?' 이와 같은 진보적 의심을 해보면서 주변을 조금만 둘러보면 답이 보입니다.

효용, 가격, 인프라를 대입해보면서 이 산업이 앞으로도 존재하리라는 확신이 들면 2단계로 나아가면 됩니다.

2단계: 확장성 검토(시장 규모, 경쟁 구도, 기업의 경쟁력)

그 산업이 앞으로도 존재한다면, 얼마나 지속되고 얼마나 확장될지 확인하는 단계입니다. 산업의 성장 잠재력과 경쟁 구도, 경쟁력을 보는 것입니다.

산업이 지속되고 더 넓은 지역에서 더 많은 사람이 사용하게 된다면, 즉 시장 규모가 커지면 분명 좋은 산업입니다. 그러나 이때 경쟁 기업이 얼마나 될지를 생각해봐야 합니다. 시장 규모가 크다 해도 경쟁하는 기업의 숫자가 너무 많으면 이는 테마에 투자하는 것이지 가치에 투자하는 것이 아닙니다.

3단계: 수익력 측정 (판매 가격, 판매 수량, 비용)

두 단계를 거쳐 투자할 만한 산업이라는 판단이 서면 세 번째 단계로 그 산업에 속한 기업의 이익이 얼마나 늘어날지 추정해보는 것이 필요합니다. 매출액(판매 가격×판매 수량)에서 비용을 빼면 이익이고, 그 이익이 바로 주주의 몫입니다. 주주의 몫이 큰 회사를 찾는 것이 3단계의 핵심입니다.

기업의 실제 이익을 분석하면서, 특히 비용의 경우 원가 구조에 따라 이익 변동이 어떻게 발생하는지도 세밀하게 살펴봅시다.

4단계: K-PER 부여 (이익의 지속성, 변동성, 확장성, 예측성)

3단계에서 판단한 미래 이익에 부여할 K-PER를 분석하는 단계입니다. 이 기업에 프리미엄을 얼마나 줄 것인지 합리적으로 판단해야 합니다. 산업의 지속성이 클수록, 산업의 확장성이 넓을수록 프리미엄은 높아집니다.

비즈니스 모델이 강건한 회사, 불황에 강한 회사, 가격을 결정할 만한 힘을 갖고 있는 회사, 고객이 많은 회사, 경쟁업체가 생겨도 고객이 떠나지 않는 회사, 이런 회사라면 높은 프리미엄을 줄 수 있습니다. 결국 투자의 세계는 '어느 회사에 K-PER를 합리적으로 부여할 것인가'의 싸움입니다.

스마트폰의 성장과 함께 애플, 삼성, 노키아, 화웨이, 구글 등 다양한 기업이 제조 시장에 뛰어들었지만 애플은 자신만의 진입장벽을 구축해 업계 점유율 1위를 달성했습니다. 시장 규모가 커지는 산업이라면 경쟁 업체들과 차별화되는 요소를 갖춘 기업이 어디인지를 찾아야 합니다.

5단계: 기대수익 (미래 시가총액, 현재 시가총액)

기업의 미래 이익과 K-PER를 산출했다면, 마지막으로 기업의 적정 가치를 계산하고 현재 시가총액과 비교해 기대수익을 계산합니다.

3단계에서 추정한 이익과 4단계에서 찾아낸 K-PER를 곱하면 내가 부여한 기업 가치가 나옵니다. 실제 시가총액은 1조 원이지만, 다양한 추정을 통해 내가 예측한 기업 가치가 3조 원이라면 기대수익이 300%이니 주식을 사는 것입니다.

이 'STEP 5'는 저와 에셋플러스가 그동안 다져온 견고한 분석 방법입니다. 미래에는 이보다 훌륭한 방법이 얼마든지 나올 수 있다고 생각합니다. 누구든 자신만의 가치 기준에 따라 더 나은 방법을 찾을 수 있기를 기대해봅니다.

진정한 선수라면 더 많은 변수를 생각해볼 수 있어야 합니다. 합리적 의심의 과정을 거치면서 좋은 주식을 찾아가봅시다.

기업의 확장 가능성, 지속 가능성을 따져보는 것은

무엇보다 중요합니다.

우리는 기업의 지금이 아닌 미래에 투자해야 합니다.

8교시

이런 비즈니스 모델에 투자하라

어떤 종목을 살까가 아닌 어떤 형태의 비즈니스 모델에 투자할 것인지를 고민해야 합니다. 전자는 투기, 후자는 투자입니다.

나의 투자를 좌우한 평생의 관점들

너무나 당연한 말이지만 성공하는 투자를 하려면 공부해야 합니다. 단기적으로는 자신만의 관점을 가져야 하고, 장기적으로 좋은 습관을 만들어야 합니다.

여기서는 마지막으로, 평생 다듬어온 저의 관점 목록들을 공유해보려고 합니다. 이를 토대로 각자의 관점과 해답을 찾아가기를 바랍니다. 저 역시 이후로도 계속 새로운 관점을 만들고 새로운 해답을 찾아나갈 예정입니다. 관점을 늘 고민하고 새로 다듬어야 합니다.

낡은 관점이라면 버리고, 새로운 관점이라면 공부하고 받아들이는 자세는 투자자에게 꼭 필요한 덕목입니다.

저는 나무를 좋아합니다. 그중에서 한국에 가장 심고 싶은 나무는 올리브나무입니다. 사람들은 "기후 때문에 올리브나무는 한국에서 못

살아요"라고 말합니다. 그러나 저는 앞으로 바뀔 기후 환경을 바라보며 언젠가는 올리브나무를 심을 수 있는 날이 오지 않을까 기대합니다. 투자도 마찬가지입니다. 항상 현재에 머물지 않고 미래를 봐야 합니다.

올리브나무는 몸통부터 열매까지 모두 쓸모 있는 유용한 식물입니다. 몸통은 결이 단단하여 가구로 많이 쓰였고 열매는 기름을 내거나 절여 유용한 식재료로 사용됩니다. 기온이 높고 강수량이 적은 지역에서 잘 자라기에 아직 우리나라의 기후에는 맞지 않습니다.

항상 진보를 위해 의심하고, 남들과 다른 해석을 해서 나만의 가설을 만드는 자세가 필요합니다. 그 가설을 나만의 관점으로 정립하고 반드시 행동으로 옮겨보세요.

여기 담겨 있는 관점들을 듣고 이해하기는 쉽지만, 이를 자신의 것으로 만들고 직접 투자로 연결시키는 일은 쉽지 않을 수 있습니다. 그러나 읽고 이해하는 데 그치지 말고 꼭 자신의 것으로 체화해서 투자로 연결하세요. 여러분이 모두 멋진 주식 탐험가이자 행동가의 길을 가기를 바랍니다.

첫 번째 키워드, 고객

기업을 성장시키는 가장 중요한 요소는 무엇보다 고객입니다. 고객의 지갑이 열리는 기업, 고객이 떠나지 못하는 기업에는 어떤 요소들이 있는지 하나하나 알아봅시다.

고객이 쉽게 떠날 수 없는 기업

우리 삶을 지배하는 기업들이 있습니다. 그 기업이 만든 제품과 서비스가 없으면 삶이 불편한 기업, 한마디로 고객이 떠날 수 없는 기업이 바로 그러합니다.

없으면 삶이 불편해지는 기업을 찾아보세요. 아침에 눈을 뜨면 우리는 제일 먼저 무엇을 찾을까요? 가장 많이 떠올릴 만한 게 스마트폰일 것입니다. 스마트폰을 켜서 무엇을 보나요? 아침부터 밤까지 내가 손에 쥐고, 눈으로 보고 경험하는 것은 무엇인가요?

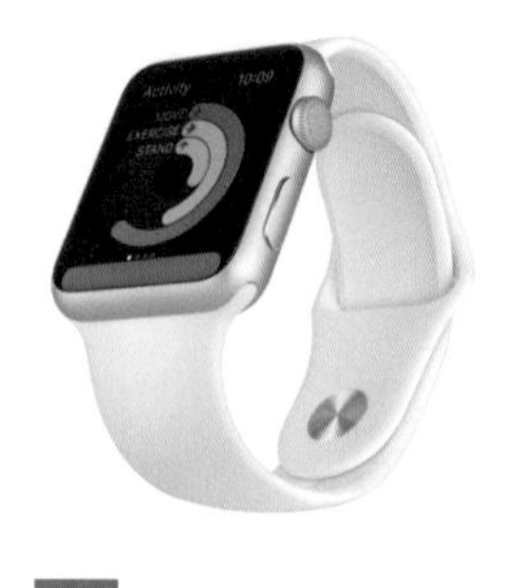

애플은 자신들의 생태계를 견고하게 구축하기 위해 새로운 개발을 멈추지 않습니다. 최근 소지품에 부착해 위치를 추적할 수 있는 '에어태그', 콘텐츠 서비스를 장악할 '애플TV'를 출시했고 이후 '애플글래스', '애플카' 등의 제품도 개발 준비 중입니다.

고객이 떠날 수 없는 기업의 대표적인 예가 애플입니다. 많은 사람들이 아침에 일어나 아이폰을 켜면서 하루를 시작합니다. 귀에 에어팟을 꽂고 음악을 들으며 출근을 합니다. 점심에 산책을 하다가 눈에 들어온 길가의 풍경을 아이폰으로 촬영합니다. 촬영한 사진을 에어드롭으로 동료에게 공유해줍니다. 퇴근 후에는 운동을 위해 집을 나섭니다. 조깅을 하는 동안 애플워치가 내 몸 상태를 체크해 아이폰으로 정보를 전송합니다.

이처럼 애플이 구축해놓은 생태계에 한번 발을 들이면 이를 떠나기가 쉽지 않습니다. 다른 말로 전환비용이 높다는 의미입니다. 이런 기업에는 K-PER, 이익의 변동성과 예측성, 지속성에 높은 프리미엄을 부여할 수 있습니다. 저는 이렇게 고객이 떠나기 힘든 기업을 좋아합니다.

고객이 늘수록 고객이 좋아하는 기업

고객 유입이 많은 기업의 주주는 행복할 수밖에 없습니다. 유튜브, 쿠팡, 아마존, 네이버, 카카오 같은 기업들이 고객이 늘수록 고객이 좋아하는 기업들입니다. 모바일 플랫폼 소비자들은 가입자가 더 많은, 그래서 서비스가 더 뛰어난 기업을 찾기 마련입니다.

반대로 고객이 늘면 고객이 싫어하는 경우도 있습니다. 휘트니스 센터가 그러합니다. 이용하는 사람이 많아지면, 러닝머신을 한 번 타려고 해도 줄 서서 기다려야 하기 때문입니다. 골프장, PC방 같은 곳도 마찬가지죠.

그러나 유튜브나 카카오와 같은 모바일 플랫폼 기업들은 그렇지가 않습니다. 이익의 질 중 확장성이 무한하기 때문입니다. 고객이 늘수록 고객이 좋아하고, 고객이 느는 속도가 기하급수적인, 그런 기업에 반드시 주목해야 합니다.

'오픈서베이'의 조사에 따르면 국내 유튜브 이용률은 2019년 85%에서 2021년 92.6%까지 꾸준히 증가하고 있습니다. 예전에는 10~20대의 유튜브 검색 비율이 높았으나 최근에는 40~60대 비율도 늘어나는 것으로 확인되며 유튜브의 성장세가 주목받고 있습니다.

전 세계 인구가 유튜브를 보는 시간이 하루에 10억 시간 이상이라고 합니다. 요즘은 검색도 유튜브로 해서 검색엔진 서비스 순위도 구글 다음이 유튜브입니다. 이렇게 엄청난 유튜브 생태계에서 수많은 유저들이 헤엄쳐 다니고 있습니다. 이들이 많아질수록 콘텐츠 양은 더 증가하고, 계속해서 시청자들을 불러 모읍니다. 콘텐츠의 양뿐만 아니라 질도 좋아집니다. 재미없거나 유익하지 않으면 보지 않기 때문입니다.

유튜브의 확장성은 스노볼(Snowball) 효과를 떠올리게 합니다. 유튜브로 좋아하는 가수의 노래를 듣다 보면, 비슷한 유형의 다른 가수들의 노래까지 듣게 되고, 그러다 보면 한두 시간이 훌쩍 지나가는 경험을 많이 해봤을 것입니다. 5분 보려고 들어간 유튜브에서 몇 시간을 쓰게 되는 것이죠.

스노볼 효과
아주 작은 눈뭉치를 굴리기 시작하면 점점 눈에 닿는 면적이 늘어나 거대한 눈덩이가 되는 현상을 일컫는 말로 금융에서 자산증식 원리를 설명할 때 주로 활용됩니다. 자산 증식, 정보 습득 등이 시간에 비례해서 성장하지 않고, 시간이 지날수록 가속도가 붙는다는 것을 의미합니다.

유튜브는 내가 지금까지 본 검색 기록을 모아서 내가 좋아할 만한 콘텐츠를 알아서 보여줍니다. 광고도 마찬가지죠. 그런데 자꾸 뜨는 광고가 거슬리면 광고 시청을 하지 않아도 되는 프리미엄 구독 서비스를 이용할 수도 있습니다. 1만 원 정도 되는 이용료만 내면 되는데, 이 1만 원밖에 안 되는 돈이 유튜브 입장에서는 엄청난 액수가 됩니다.

이처럼 고객이 늘고 DB가 쌓이면 수익 모델의 확장 가능성은 상상을 초월하게 됩니다. 검색엔진으로까지 성장하면서 유튜브의 성장 가능성은 더욱 크게 열렸고, 엔터테인먼트뿐만 아니라 쇼핑, 튜토리얼 등 할 수 있는 분야가 많아지고 있습니다.

고객이 늘수록 고객들이 좋아하는 기업을 찾아야 합니다. 특히 확장 가능성이 무한대로 열려 있는 모바일 플랫폼 기업들을 주목하세요.

늘어나는 인구를 고객으로 하는 기업

선진국 중심으로 출산율이 떨어지면서 인구 감소에 대한 걱정이 큰 상황입니다. 대한민국도 마찬가지입니다. 그렇다면 느는 인구는 없을까요? 저는 늘어날 인구로 노인 인구와 모바일 인구를 주목합니다.

먼저 노인 인구를 봅시다. 노인 인구 증가로 수혜를 얻는 산업으로 헬스케어와 여행이 있습니다. 헬스케어 산업을 세밀히 들여다 보면 의료기기, 신약, 진단키트, CMO(의약품 위탁생산), CRO(임상시험 수탁기관) 등이 있습니다.

2025년에는 대한민국 인구 5명 중 1명이 65세 이상이 되는 초고령 국가에 진입할 전망입니다. 이에 따른 노인성 질환의 증가도 예상됩니다.

삼성바이오로직스를 사례로 살펴봅시다. 삼성바이오로직스는 CMO 사업을 합니다. 이는 신약개발 업체들이 개발한 신약을 대신 만들어주는 사업입니다. 삼성전자가 메모리 반도체 공정에서 쌓은 역량과 공장 설계 노하우를 CMO 공정체제에 도입한 것입니다. 그 결과 경쟁사보다 투자비가 훨씬 덜 들면서도 좋은 제품을 생산하게 됐습니다. 신약개발사들이 힘들게 얻은 결과물을 조용히 만들어주는 사업을 선택해 매우 안정적인 비즈니스 모델을 갖게 된 것입니다.

확장성의 미래는 어떨까요? 노인 인구 증가라는 측면에서 탄탄한 미래 수요가 기대되기 때문에 밝을 것이라 예상합니다.

다음으로, 모바일 인구 측면에서 짚어봅시다. 2008년 이후 수십억 대의 스마트폰이 깔리면서 새로운 세상이 열렸습니다. 모바일에서 한시도 눈을 못 떼는 새로운 인구가 출현했고, 이 인구의 수는 드라마틱하게 증가했습니다. 2008년 이전에는 0명이었던 인구가 수십억 명이 된 것입니다.

이 새로운 인구를 기반으로 위대한 모바일 플랫폼 기업들이 탄생했습니다. 그중 하나가 카카오입니다. 지역적 한계에도 불구하고 카카오가 가진 확장성의 파괴력은 높이 평가할 만합니다. 어떤 상품이나 산업이든 카카오 브랜드를 붙이면 경쟁력이 생기기 때문입니다. 이미 카카오뱅크, 카카오모빌리티, 카카오웹툰, 카카오쇼핑, 카카오선물하기 등 카카오라는 이름을 붙인 회사들이 즐비해졌습니다.

특히나 카카오톡은 우리 삶을 강력하게 지배하고 있습니다. 카카오톡을 쓰지 않는다면 내가 불편하거나 나는 괜찮아도 다른 사람이 불편해집니다. 10여 년밖에 안 된 모바일 인구 증가가 이런 세상을 만들었습니다.

미래는 빅데이터 경쟁의 시대입니다. 이들 모바일 인구가 뿜어낼 빅데이터를 누가 더 많이 획득하고 더 잘 소화해 가치로 만드느냐가 관건이 될 것이고, 이 지점에서 우리는 새로운 가치를 만나게 될 것입니다.

두 번째 키워드, 삶

내 삶 속에서 자주 목격되거나 없으면 불편한 기업, 나의 삶을 지탱하고 더 편리한 삶으로 이끌어주는 기업들이 있습니다.

2002년 즈음이었던 걸로 기억합니다. 자문사를 할 때였는데, 회계관리팀에 있는 여직원에게 "지금 우리가 쓰고 있는 더존비즈온의 회계프로그램이 없으면 어떨 것 같아요?"라고 물어본 적이 있습니다. 그때 그 직원이 대답하기를 "없으면 안 되는데요. 없으면 저는 회사 그만둡니다"는 거였습니다.

더존비즈온은 회계프로그램, 그룹웨어, 전자세금계산서 등 기업 정보화 소프트웨어 분야에서 시장 점유율 1위를 기록하고 있습니다. 최근 중소·중견 기업의 재택근무를 지원하는 정부의 'K비대면 바우처 사업'은 더존비즈온에 수혜로 작용될 전망입니다.

저는 이렇게 고객이 떠날 수 없는 기업, 떠나면 고객이 힘들어지는 기업을 좋아합니다. 그래서 당시 더존비즈온 주식을 실제로 사기도 했죠.

또 좋은 사례가 쿠팡입니다. 쿠팡은 제가 중요시하는 이익의 양과 질을 모두 잡고 있는 기업입니다. 저는 특히, 이익의 질 중 확장성에 주목합니다. 쿠팡의 제품과 서비스의 확장은 관련 업계에서 독보적입니다.

쿠팡은 가공품 위주의 판매로 시작했지만 물류 인프라와 콜드체인 시스템 구축 덕분에 신선식품 시장으로 빠르게 침투해 들어갔습니다. 이젠 쿠팡에 없는 물건은 찾기가 힘들 정도입니다. 최근 1~2년 전부터는 음식배달 플랫폼 쿠팡이츠와 OTT(온라인 동영상 서비스) 플랫폼인 쿠팡플레이로 영토를 더욱 확장해가고 있습니다.

쿠팡은 어떻게 우리 삶을 지탱하고 있을까요? 저녁 늦게 집에 돌아왔는데 집에 치약이 다 떨어져서 쿠팡 앱으로 급하게 새벽배송을 신청하는 모습, 배가 출출해져서 쿠팡이츠로 치킨을 배달시키는 모습, 쿠팡플레이를 틀어 영화 한 편을 골라 주문하는 모습 등 우리 생활에 쿠팡은 밀접하게 들어오고 있습니다.

쿠팡이츠는 배달 기사가 한 건의 배달만 수행하는 '단건 배달'을 주요 차별점으로 내세웠고 시장에서 좋은 반응을 얻었습니다. 이에 배달의 민족은 B마트, 배민쇼핑라이브, 선물하기 등의 서비스를 신규 론칭하며 업계 1위 방어에 힘쓰고 있죠.

쿠팡처럼 이렇게 여러 경로를 통해 우리 삶에 차근차근 그리고 깊숙이 들어오는 기업을 찾아서 투자해봅시다. 투자는 멀리 있지 않습니다. 우리의 생활에 투자는 늘 존재합니다.

세 번째 키워드, 경쟁력

기업이 고객을 사로잡고, 고객의 삶에 깊숙하게 침투했다면 그 다음은 살아남는 것입니다. 쏟아지는 경쟁 업체에서 우위를 차지하는 기업의 특징을 알아봅시다.

불황을 즐기는 일등 기업

제가 보는 일등 기업은 극심한 불황에도 마지막까지 살아남을 기업입니다. 끝까지 살아남는다면 사라진 기업들의 몫까지 누릴 수 있기 때문이죠.

극심한 불황일 때 끝까지 견딜 수 있는 힘은 어디에서 나올까요? 바로 강한 원가경쟁력, 즉 가격경쟁력입니다. 불황에는 소비자들이 돈을 쓰기 어렵습니다. 이때 기업들은 가격을 내리면서 소비자의 지갑을 열려고 합니다. 원가가 낮다면 기업들은 적은 이익이라도 얻기 위해 가격을 내릴 수 있습니다. 가격경쟁력이 있는 기업은 불황에도 살아남을 수 있습니다.

아마존을 예로 들어봅시다. 아마존은 이익의 지속성에 높은 점수를 줄 수 있습니다. 불황에도 지속성을 담보할 수 있는 가격경쟁력이 월등하기 때문입니다. '아마존 효과(Amazon effect)'라는 말이 있을 정도입니다. 아마존이 최저가 판매를 무기로 유통시장을 송두리째 바꿔놓은 것을 일컫는 용어입니다. 가격경쟁력에서는 아마존을 이길 기업이 없

아마존 효과

아마존이 사업을 확장할 때 해당 업계에 파급되는 공포심을 말합니다. 아마존이 특정 분야에 진출할 때 해당 분야를 주도하는 기업들의 주가가 추락하는 현상으로 현재 아마존은 서적, 유통 산업을 넘어 배달, 부동산 중개, 우주 산업 등 다양한 분야로 사업을 확장하고 있습니다.

다는 의미죠.

실제로 유학시절 아마존을 자주 애용했던 아들에게 들어보니, 편의점에서는 코카콜라 캔 하나에 2달러씩 하는데 아마존에서 20캔짜리 박스로 사면 1캔당 가격이 97센트였다고 합니다. 어마어마한 가격경쟁력이죠.

이처럼 강력한 가격경쟁력을 갖춘 기업을 주목해봅니다. 이런 기업은 불황 끝에서 더 큰 가치를 잉태합니다. 저는 전남 신안에 있는 섬에서 자랐기에 해마다 찾아온 태풍의 위력을 잘 압니다. 강한 태풍이 지나고 나면 약한 나무는 여지없이 뽑혀나갔죠. 그러나 강한 나무는 어떤 태풍이 와도 살아남습니다.

기업의 세계도 마찬가집니다. 불황은 일등과 꼴등을 판가름해주는 계기가 됩니다. 저는 극심한 불황에도 이기는 일등 기업을 좋아합니다.

누적적 수요를 쌓아가는 기업

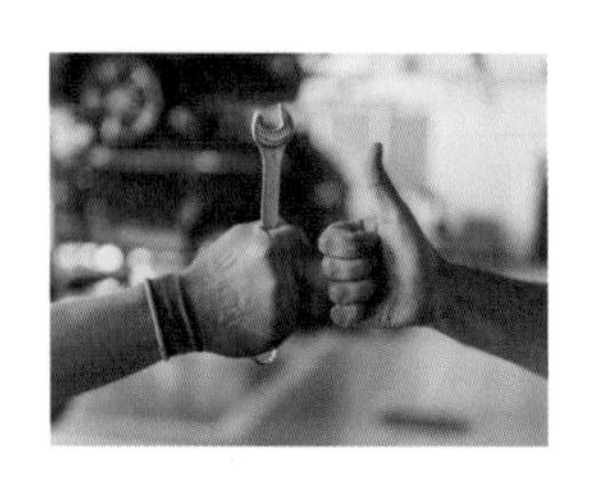

현대모비스는 현대자동차그룹 계열의 자동차 부품 전문기업으로 2000년 11월 지금의 현대모비스로 사명을 변경했습니다. 2019년 기준 매출액 38조 488억 원으로 글로벌 자동차 부품업계 10위 안에 듭니다.

수요에는 여러 유형이 있습니다. 늘어나는 수요와 줄어드는 수요, 반복적인 수요와 단속적인 수요, 사라지는 수요와 쌓여가는 수요 등입니다. 투자자의 입장에서는 당연히 늘어나는 수요와 반복적인 수요, 그리고 쌓여가는 수요가 좋습니다. 저는 이중에서도 쌓여가는 누적적 수요를 좋아합니다. 매출이 1원 이상만 돼도 누적적 수요는 매출을 계속해서 늘려주기 때문입니다.

이런 기업의 예로는 현대모비스가 있습니다. 현대모비스는 모듈 및 부품 제조가 주요 비즈니스 모델입니다. 모듈 및 부품 제조가 전체 매출의 80%, A/S 부품사업이 20%로 구성되어 있습니다.

현대모비스의 비즈니스 모델은 누적적 매출을 근거로 합니다. A/S 사업부가 핵심 근거입니다. 현대모비스의 A/S사업부 매출은 어떻게 계산될까요? 바로 현대차와 기아차의 누적적 판매량에 비례합니다.

만일 현대자동차와 현대모비스가 동일한 이익을 낸다면 현대모비스의 이익의 지속성이 더 높고 변동성도 낮습니다. 그렇기에 현대자동차보다 더 높은 프리미엄을 부여할 수 있습니다.

예를 들어, 현대자동차의 연간 판매량이 100만 대라고 가정해봅시다. 10년 동안 매년 100만 대를 판매해왔다면 부품 AS를 담당하는 현대모비스의 누적 부품서비스 대상 차량은 1000만 대가 됩니다(차량 노후화에 따른 자연 감소는 제외). 그런데 경기가 악화돼서 다음 해 현대자동차 판매대수가 반으로 줄어 50만 대가 됐다면? 현대자동차는 매출이 반토막이 나지만, 현대모비스의 누적 수요는 50만 대가 늘 뿐입니다.

이처럼 같은 그룹 내에 있는 기업이고 같은 업종에 있어도 비즈니스 모델의 차이에 따라 부여하는 프리미엄은 달라질 수 있습니다. 이면을 들여다보는 연습을 끊임없이 해야 하는 이유입니다.

시간의 가치를 쌓는 기업

시간이 갈수록 경쟁력이 떨어지는 기업이 있고, 시간이 갈수록 진입장벽이 높아지면서 경쟁력이 올라가는 기업이 있습니다. 일반적으로 시간이 갈수록 경쟁자가 느는 제조업이 전자이고, 시간이 갈수록 브랜드 가치가 쌓이는 서비스업이 후자입니다. 그러나 제조업 가운데서도 시간의 가치를 쌓는 기업들이 있습니다.

첫째, 장인정신이 깃든 역사로 시간의 가치를 쌓는 경우로 에르메스, 페라리, 마오타이 같은 기업이 여기에 속합니다.

페라리는 1929년에 엔초 페라리(Enzo Ferrari)가 창업한 자동차 회사입니다. 페라리는 1년간 생산하는 자동차가 2만 대도 안 됩니다. 더 증산할 계획도 없습니다. 희소성이라는 가치 때문이죠. 페라리가 자부하는 시간의 가치가 뭘까요? 스포츠카에 대한 페라리만의 고집, 기술력,

마오타이는 중국을 대표하는 국주로 프랑스 꼬냑, 영국의 스카치위스키와 함께 세계 3대 명주로 인정받습니다. 섬세한 과정을 거쳐 생산된 술은 3년 이상 숙성 과정, 다른 술과의 혼합 과정 등 총 5년의 과정을 거친 후 출시되어 제품에 따라 비싼 것은 14억 원에 이릅니다.

F1 우승 경험입니다. 100년이라는 이 시간은 누구도 범접하기 어려운 숫자입니다. 저는 페라리를 분석할 때 이러한 이익의 지속성에 높은 점수를 부여합니다.

그런데 페라리는 1년에 2만 대를 생산하면서 어떻게 이익의 지속성을 담보할까요? 이익은 가격과 판매량의 함수(이익=판매 가격×판매 수량-비용)입니다. 제가 주목하는 것은 비싼 것을 더 비싸게 파는 가격정책과 이를 받아들이는 충성도 높은 고객의 질입니다.

페라리는 창업주를 기리며 10년마다 40억 원 이상 하는 스페셜 모델을 출시하는데, 이 차를 사려면 최소 5대 이상의 페라리 신차를 산 이력이 있어야 합니다. 이력이 있어도 바로 살 수 없습니다. 이 조건을 갖춘 사람들이 줄을 섰기 때문이죠. 고객이 원하는 대로 차를 만들어 주는 '스페셜 원(Special one)'이라는 프로그램도 있습니다. 한 대에 100억 원 이상인데도 고객들은 기다려야 합니다. 페라리가 갖고 있는 시간의 가치에 경의를 표하는 고객들이죠. 결국 장인정신이 만든 시간의 가치가 이익의 지속성을 담보해주는 것입니다.

다만, 한 가지 지켜볼 점검 포인트는 있습니다. 탄소중립(차량 배출가스 규제 강화) 시대에 페라리의 엔진이 계속 유효할지 여부입니다. 페라리가 이를 어떻게 극복해갈지 지켜보는 것도 쏠쏠한 재미겠습니다.

탄소중립
기업이나 개인이 발생시키는 이산화탄소의 배출 총량만큼 흡수량을 늘려 실질적인 이산화탄소를 0으로 만든다는 것을 의미합니다. 이산화탄소를 흡수하는 방법으로는 숲 조성, 무공해에너지 개발, 탄소배출권 구매 등이 논의됩니다.

둘째, 수많은 데이터로 시간의 가치를 쌓는 기업도 있습니다. 현대산업의 쌀은 '반도체'라고 합니다. 그럼, 미래 산업의 쌀은 무엇일까? 바로 데이터입니다.

데이터로 시간의 가치를 쌓는 기업 중 대표적인 사례가 바로 테슬라입니다. 2020년 12월 한국자동차연구원이 발표한 자료에 따르면 테슬라가 지금까지 쌓아온 누적 주행거리 데이터는 51억 마일(약 82억 킬로미터)에 달합니다. 테슬라는 사막과 눈길 등 다양한 도로 환경에서 실제 운전자의 주행 데이터를 수집합니다. 보행자나 블랙아이스, 타이어 펑크 등 돌발상황에 대한 학습도 진행하고 있습니다. 미래 자율주행차 시대를 대비해 차근차근 주행기록 데이터를 쌓고 있는 것이죠.

저는 테슬라가 만드는 이익의 확장성에 높은 점수를 줍니다. 테슬라는 단순한 전기차 제조 업체가 아닌 미래 스마트 모빌리티 생태계를 주도할 소프트웨어 회사입니다. 저는 미래 자동차가 스마트 모빌리티-플랫폼-빅데이터로 진화한다고 보고 있습니다. 이 과정에서 데이터는 매우 중요한 기초값이 될 것입니다.

테슬라는 자동차 제조 회사가 아닌 미래 시대를 이끌 소프트웨어 회사로 변모하고 있습니다. 테슬라의 데이터, 스마트 모빌리티, 빅데이터는 미래에 매우 중요한 가치를 지닐 것입니다.

이렇게 수많은 데이터로 시간의 가치를 쌓고 있는 기업들에 주목해봅시다. 아이폰이 전 세계에 깔리면서 시작된 1차 하드웨어 혁신은 모바일 플랫폼이라는 2차 혁신을 만들었습니다. 이제 빅데이터라는 3차 혁신이 우리 눈앞에 다가오고 있습니다.

멋진 자회사를 보석처럼 품고 있는 기업

제가 좋아하는 투자는 가치 있는 것을 싸게 사는 것입니다. 가치 있는 것을 얻는 방법은 다양합니다. 좋은 기업이 싸다면 사면 됩니다. 그러나 그게 유일한 방법일까요? 보물을 직접 가질 수도 있지만, 그 보물을 싸고 있는 보자기를 통째로 소유할 수도 있습니다. 즉, 좋은 기업을 품은 회사를 사는 것입니다. 이때 지주회사, 복합기업까지 그 관점을 확장할 수 있습니다.

키움증권을 품고 있는 다우기술이 이런 회사의 예입니다. 키움증권의 비즈니스 모델을 괜찮게 평가했다고 가정해봅시다. 제조업이 아닌 서비스업이고, 쉽게 고객이 떠나지 않는, 즉 전환비용이 높은 회사입니다. 게다가 키움증권은 재투자가 거의 없어서 버는 대로 주주 몫입니다. 저축은행을 두 개나 계열사로 두고 있어서 주식담보대출이 매매로 이어지는 생태계까지 갖추었습니다. 또한 그 아래 자산운용사까지 두고 있어 간접투자 시장의 성장도 누릴 수 있는 구조입니다.

다우기술은 다우그룹 계열사중 하나로 1986년 1월에 설립했습니다. 소프트웨어 및 시스템 관련 솔루션이 주요 비즈니스 모델이며 웹메일, 전자상거래, 웹서버, 스팸 방지 등의 솔루션을 제공하고 있습니다.

키움증권의 시가총액을 보니 3조 6000억 원 정도입니다. 여기서 더 파고드니 키움증권 지분을 절반 가까이 보유한 다우기술이라는 회사를 알게 됐습니다. 다우기술의 시가총액은 1조 2000억 원 정도로 키움증권을 보유한 가치인 1조 8000억 원과 비교하면 아래입니다.

다우기술의 비즈니스 모델을 살펴봅시다. IT업이지만 재투자도 거의 없고, 매출 3000억 원에 영업이익을 평균 500억 정도 꾸준히 내고 있습니다(2020년 12월 기준). 가만 보니 키움증권을 보유하고 있지 않아도 괜찮은 기업 같습니다.

이처럼 좋은 회사(보석)를 갖고 있는 회사(보자기)가 비즈니스 모델까지도 괜찮다면, 보물을 감싸는 보자기를 넘어 황금알을 낳는 거위일 수도 있습니다.

주식이란 누군가를 통해 내가 하고 싶은 것, 갖고 싶은 것을 손에 넣는 것입니다. 선택지 중에 가장 최선을 찾아 지혜로운 선택을 하는 것이 주식의 본질입니다.

네 번째 키워드, 경험

고객에게 다른 곳에서는 할 수 없는 경험을 제공하는 회사를 찾아야 합니다.

소비의 끝단을 장악하고 있는 기업

부자가 되면 다른 사람들은 갖기 힘든 최고의 것을 갖고 싶어 합니다. 남들이 할 수 없는 특별한 경험도 원하죠. 이런 소비의 끝단에 있는 산업이 바로 루이비통, 샤넬, 에르메스와 같은 고가의 명품 산업입니다. 자동차라면 벤츠, 페라리, 람보르기니가 소득의 끝단을 장악하는 기업이라고 할 수 있죠.

그런데 이들 명품회사들이 소비의 끝단을 차지할 수 있었던 전략은 각각 다릅니다. 그래서 이들 기업을 K-PER로 분석할 때는 각각 다른 이익의 질로 해석해야 합니다.

LVMH는 인수합병과 새로운 침투 전략으로 회사를 성장시켜왔습니다. 1987년 셀린느 인수를 시작으로 60개가 넘는 명품회사들을 인수했죠. 이런 점에서 LVMH는 이익의 확장성이라는 가치로 평가해야 할 것입니다.

반면에 에르메스는 그 대칭점에 있습니다. 적극적인 인수합병이 아니라 고유의 브랜드 가치를 지키는 데 주력하기 때문입니다. 절대 가격을 할인하지 않고 매장도 확장하지 않습니다. 희소성의 가치를 높이

전 세계 명품 업체 1위를 차지하고 있는 기업 LVMH는 1987년 모에헤네시사와 루이비통사가 합병하며 창립되었습니다. 셀린느, 지방시, 겐조, 겔랑, 로에베, 펜디 등 명품 잡화를 넘어 메이크업 포에버, 베네비트 등 코스메틱 업체까지 인수하며 명품 업계의 판도를 좌우하고 있습니다.

기 위한 것입니다. 그래서 오히려 마니아층이 두텁고 매출과 이익도 견고합니다. 이런 점에서 보면 에르메스는 이익의 지속성과 비변동성의 가치로 봐야 합니다.

이처럼 회사의 경영 철학과 성장 전략에 따라 평가의 잣대는 달라질 수 있습니다.

경기가 나빠지면 명품 소비가 줄지 않느냐고 생각할 수도 있습니다. 약간의 영향을 받을 수는 있겠지만, 저는 큰 타격을 받지 않는다고 봅니다. 불황으로 부자들이 사라지는 건 아닙니다. 부자의 구성원이 바뀔 뿐이죠. 그리고 부자 대열에 새로 합류한 이들의 소비는 과시소비 성향이 더 심하다는 게 제 생각입니다. 부자들의 소비 욕구는 영원히 변하지 않습니다.

에르메스는 남은 재고가 있을 시 제품을 소각하며 고유의 브랜드 가치를 지키고 있습니다. 에르메스의 대표 상품인 '버킨백'은 현재 3000만 원을 호가합니다.

소유의 소비에서 경험의 소비로 이동을 만드는 기업

돈이 많아지면 가장 하고 싶은 게 무엇일까요? 사고 싶은 것 맘껏 사고, 가고 싶은 곳 원 없이 가는 것입니다. 소유의 소비와 경험의 소비로 말할 수 있습니다. 여기서 소유의 소비는 구매이고, 경험의 소비는 여행입니다.

그런데 어느 정도 소유 욕구가 채워지면 그 빈 공간을 더 많은 경험으로 채우고 싶지 않을까요? 그리고 여행을 하더라도 더 안락하고 특별한 것을 원하지 않을까요?

저는 이런 상상을 하며 크루즈 여행이 바로 그런 소비의 끝단이라고 생각했습니다. 누구나 한 번쯤은 크루즈 타고 폼 나게 세계일주 하는 꿈을 꿔봤을 것입니다.

대표적인 크루즈 회사로 카니발 코퍼레이션(Carnival corporation)이 있습니다. 1972년에 설립된 전 세계 크루즈 여행의 일등 기업입니다. 저는 이 기업을 이익의 확장성과 지속성에 관심을 두고 분석합니다. 늘어나는 노인 인구와 재소비하는 수요를 주목하기 때문입니다.

특히 구매력 있는 노인들은 힘든 여행보다 안락한 여행을 선호합니다. 노인들이 크루즈선에서 보내는 시간은 계속 늘어날 것으로 예상합니다. 카니발 코퍼레이션이 구축한 노선들도 주목할 만합니다. 노선이 다양해서 한 번 가본 사람은 다른 곳도 가고 싶어 합니다. 이익의 지속성이 기대되는 이유입니다.

'고객이 늘면 크루즈선을 추가로 사야 되는데 부담은 없을까?'라는 의견도 당연히 있을 수 있습니다. 그러나 막대한 투자비는 경쟁자들에겐 진입장벽으로 작용합니다. 그래서 크루즈 여행 시장은 과점화돼 있고, 호황일 때도 쉽게 진입하기 어려운 시장입니다.

크루즈 여행 비용은 일정에 따라 다른데 적게는 50만 원부터 많게는 1000만 원까지 달하는 럭셔리 여행도 있습니다. 비용이 상당하지만 숙박비, 식사, 교통비, 액티비티, 공연 관람 등의 비용이 모두 포함되어 있다고 생각하면 그렇게 높은 가격대도 아닌 것 같네요.

다섯 번째 키워드, 리더

마지막으로, 제가 좋아하는 기업은 유능한 리더가 있는 기업입니다. 기업의 세계에서 리더의 가치는 최상위를 점한다고 해도 과언이 아닙니다. 기업의 성장은 현재 재무제표보다 미래의 좋은 재무제표를 만들어내는 것에 달려 있는데, 그 가능성의 끝에는 결국 리더가 있기 때문입니다.

유능한 리더가 있는 기업

가격을 만드는 가치의 출발점이 소비자의 지갑이듯이, 미래의 좋은 가치를 담는 재무제표의 출발점은 좋은 리더입니다. 하루가 다르게 변화하는 세상에서 리더의 능력은 갈수록 더 중요해질 전망입니다.

그럼 어떤 리더가 유능한 리더일까요? 바로 미래 시장을 읽어내는 통찰력을 갖추고, 미래 시장을 엮어낼 힘을 내부 DNA에서 찾거나 외

부에서 획득하는 추진력이 있고, 극한의 상황에서도 위기를 기회로 만드는 극복의 정신이 있는 리더입니다.

애플을 탄생시킨 스티브 잡스를 떠올려봅시다. 그는 스마트폰 이전에, 누구도 상상조차 할 수 없던 개인형 컴퓨터(PC)의 시장을 일찌감치 내다본 통찰력을 갖춘 인물입니다. 그는 추진력도 눈부셨습니다. 제록스의 알토연구소에서 GUI(Graphic User Interface)가 적용된 마우스 기술을 사들였는가 하면 도시바의 1.8인치 하드디스크를 보고 아이팟에 접목해 음악 생태계를 바꿔놓았습니다.

GUI
사용자가 컴퓨터로 작업할 때 그래픽을 통해 정보를 교환하는 것을 의미합니다. 명령어를 직접 입력해 작업하는 방식이 아니라 마우스로 해당하는 작업의 그래픽을 클릭하는 방식을 뜻합니다.

빌 게이츠의 통찰력과 추진력도 대단합니다. 그 역시 PC 시대의 도래를 알아봤습니다. 누구도 쳐다보지 않던 QDOS(Quick and Dirty Operating System)라는 프로그램을 헐값에 사들였고, 이를 개선해 DOS(Disk Operating System)를 탄생시켰습니다. 그리고 IBM에 DOS를 공급하면서 컴퓨터마다 로열티를 받는 방식으로 계약을 했죠. 이는 마이크로소프트가 세계적인 기업이 되는 토대가 되었습니다.

디즈니의 로버트 밥 아이거도 쇠락하는 디즈니를 M&A와 디즈니플러스라는 OTT 사업 추진을 통해 혁신 기업으로 만든 리더입니다. 아이거는 내부 콘텐츠 자원이 강력한 지적재산권임을 알고 있었습니다. 그래서 픽사, 마블 등을 연달아 인수해 콘텐츠 플랫폼을 구축했던 것이죠.

디즈니플러스는 2019년 디즈니가 출시한 OTT서비스로 7500편 이상의 TV 시리즈와 500편 이상의 영화가 서비스될 예정입니다. 디즈니플러스에서만 볼 수 있는 오리지널 작품도 대기 중입니다. 한국에서는 2021년 하반기 출시 예정입니다.

저는 이런 관점에서 LG전자와 LS를 유심히 지켜보고 있습니다. LS는 에너지 패러다임의 핵심 역할을 할 전력 케이블과 구리 자산을 확보하고 있는 기업입니다. 미래 에너지 변화 시대에서 어떤 가치를 만들지는 이 회사의 리더십에 달려 있다고 봅니다.

LG전자는 전기자동차 전장 부품의 핵심을 모두 갖고 있는 기업입니다. 특히 미래 스마트 모빌리티 세상에서 주동자가 될 혁신의 단초를 갖고 있죠. LG전자가 스마트 모빌리티 생태계에서 어떤 자리를 찾아갈지, 단순히 OEM이나 ODM으로 갈지 또는 서비스 회사에서 플랫폼 회사로 진화할지 주목해봅시다. 이 역시 훌륭한 리더십에 달려 있습니다.

1교시 자본가의 사고를 하라

2교시 절대 가격이 아니라 가치를 보라

3교시 투자는 '시간'과 '확신'의 문제다

4교시 생각의 파괴가 여전히 필요하다

5교시 소비를 투자로 바꿔라

6교시 단계를 따르고, 분산 투자하라

7교시 '내가 갖고 싶은 기업'을 사라

8교시 주식은 '안 파는 것'이 기술이다

제2부

존리의 주식 수업

모두가 경제로부터 독립하는 그날까지

1교시

자본가의 사고를 하라

돈을 위해 내가 일하는 것이 아니라 돈이 나를 위해 일하게 해야 한다.
Make your money work harder than you.

내 인생을 바꾼 새로운 길에 들어서다

사람들은 '자본주의가 내 인생과 어떤 관계가 있는가'에 대해 깊이 생각하지 않습니다. 심지어는 학교에서도 잘 가르쳐주지 않아요. 그러다 보니 공부 열심히 해서 좋은 대학 나오고 좋은 직장에 들어가면 다 잘될 거라고 생각하며 살죠. 사실은 저 역시도 크게 다르지 않았습니다.

저의 첫 직업은 회계사였습니다. 제가 들어간 뉴욕의 회계법인은 많은 이들이 선망하는 곳이었고, 회계사만 5만 명 가까이 되는 세계에서 가장 큰 규모의 회계법인이었습니다. 저는 그곳에서 '파트너'가 되겠다는 마음으로 성실하게 일했고, 열심히 커리어를 쌓아갔습니다. 파트너가 된다는 것은 일반 기업으로 치면 임원급이 되는 것입니다.

그런데 1980년대 말 미국 경제가 어려워지면서 사회적으로 해고에 대한 불안이 커졌습니다. 어떤 직종에서든 '핑크 슬립(Pink slip)'이라는 해고 편지를 받는 것에 대한 두려움이 팽배하던 시절이었지요. 저는 그 공포를 이겨내기 위해 다른 방법을 모색했고, 우연한 기회를 통해

핑크 슬립
미국에서 해고통지서를 일컫는 말입니다. 미국 자동차회사인 포드에서 유래된 표현으로, 노동자들이 업무 평가를 받을 때 흰 종이에 받으면 '통과', 분홍색 종이에 받으면 '해고'였다고 합니다. 이때부터 핑크색 종이가 '해고'를 뜻하는 아이콘이 되었고, 불경기 때마다 월가에서 유행하는 말이 됐습니다.

펀드매니저라는 새로운 길에 들어서게 되었습니다. 그리고 그 길은 제 인생을 바꿨습니다. 지나고 생각해보니 저는 운이 좋은 사람이었네요.

저는 펀드매니저가 되고 나서야 비로소 세상을 보는 다른 눈을 뜨게 됐습니다. 노동만이 아니라 자본을 통해서도 돈을 버는 방법이 있다는 것, 자본주의 사회에서 어떻게 생존하고 어떻게 행복한 삶을 누리는가는 결국 자본주의의 본질을 제대로 이해하며 살아가느냐에 달려 있다는 것을 깨닫게 되었기 때문입니다.

바로 그 '자본주의의 본질'에 대한 이야기부터 시작해보겠습니다.

자본주의의 본질을 이해한다는 것

어떻게 살아야 편안한 삶이 보장되는 걸까요? 열심히 공부해서 좋은 대학 나와 월급 꼬박꼬박 나오는 안정적인 직장에 들어가면 편안하고 부유한 삶을 누리며 살 수 있을까요?

자본주의 사회에서는 크게 두 종류의 사람이 있습니다. 하나는 노동자, 다른 하나는 자본가입니다. 노동자와 자본가는 돈을 버는 방식이 다릅니다. 노동자는 자신의 노동(시간)과 기술 등을 자본가에게 제공하고 그 대가를 받습니다. 자본가는 자본으로 노동력을 구매해서 물건을 만들거나 서비스를 제공해 돈을 법니다.

자본주의 사회에서 어떻게 생존하고 어떻게 행복한 삶을 누리는가는 결국 자본주의의 본질을 제대로 이해하며 살아가느냐에 달려 있습니다.

대부분의 사람들은 '돈을 번다'라고 할 때 노동을 해서 대가를 받는 방법을 먼저 떠올립니다. 그러나 자본주의 시스템에서는 자본을 통한 부의 축적이 노동을 통한 부의 축적보다 훨씬 빠릅니다. 월급이 수입의 전부인 사람들은 현실적으로 부를 쌓기가 쉽지 않습니다. 나이가 들수록 돈이 나갈 곳은 늘어나는데, 월급이 오르는 속도가 물가가 오르는 속도보다 빠르지 않기 때문입니다.

언젠가 TV 프로그램에서 굴착기 한 대와 사람 백 명이 대결하는 것을 본 적이 있습니다. 같은 크기의 땅을 어느 쪽이 더 빨리 파는지를 보는 거였지요. 대부분은 백 명이 더 빠를 것 같다고 말했습니다. 그러나 결과는 굴착기 한 대의 완벽한 승리였습니다. 백 명의 사람은 전부 지쳐 나가떨어진 데다 땅을 파놓은 결과물도 비뚤비뚤 엉망이었던 반면에 굴착기 한 대가 한 결과물은 그 속도도 훨씬 빨랐을뿐더러 정사각형 모양으로 반듯했습니다.

우리는 열심히 노동만 해서는 부자가 되기 쉽지 않은 세상에서 살고 있습니다. 그럼 어떻게 해야 할까요? 자본이 자본을 부르는, 돈이 돈을 버는 원리를 이해해야 합니다. 내가 노동하는 시간에 내가 가진 자본에게도 일을 시키는 방법을 찾아야 합니다. 즉, 투자를 해야 합니다. 기업에 투자를 하면 그 기업은 내가 버는 것보다 돈을 훨씬 빠른 속도로 부를 창조합니다.

두 개의 '모자'를 써라

"잠자는 동안에도 돈이 들어오는 방법을 찾아내지 못한다면 당신은 죽을 때까지 일을 해야만 할 것이다."
-워런 버핏

우리는 자본가와 노동자 중에서 한 가지만 선택할 필요가 없습니다. 그 둘을 동시에 택하는 방법은 없을까요?

회사에 취직하고 열심히 일해서 월급을 받는 사람은 노동자이고, 회사를 소유한 사장은 자본가입니다. 모두가 사장이 될 수는 없습니다. 그러나 노동자이면서 자본가도 될 수 있습니다. 그 연결고리가 바로 주식입니다.

예를 들어 내가 한 회사의 직원이라면 나는 내 시간과 노동력을 제공하는 노동자지만, 반대로 주식을 소유할 때는 자본가의 역할도 하는 것입니다. 한마디로 두 개의 '모자'를 쓰는 것과 같습니다. 아침에 나가서 열심히 일하는 것은 노동자의 모자를 쓰는 것이고, 그 회사의 주식을 가짐으로써 자본가의 모자도 쓰는 것입니다.

주식에 투자하면 내가 가진 지분만큼 해당 기업주와 동업자 입장에 서게 됩니다. 내가 삼성이나 애플의 주식을 샀다면 그 기업 임직원이 나를 위해서도 일을 하는 셈이 되죠. 내가 실제로 그 기업에서 일하지 않더라도 기업이 거두는 성과를 나눠 가질 수 있습니다.

자본주의 사회에서 한 가지 모자만 쓰는 건 안전하지 않습니다 그러니 노동자로만 머물지 말고 자본가가 되어야 합니다. 돈을 위해 내가 일하는 것이 아니라 돈이 나를 위해 일하게 해야 합니다. 나보다 '내 돈'이 더 열심히 일하게 만들어야 합니다(Make your money work harder than you).

평범한 사람이 부를 이루는 방법

언젠가 한 투자운용사 업체의 젊은 대표를 만난 적이 있습니다. 나이에 비해 큰 성공을 이룬 사람이었는데, 얘기를 나눠보니 그가 왜 일찍 부자의 길에 들어설 수 있었는지를 알게 됐습니다.

그는 어릴 때부터 '왜 친구의 아빠는 부자인데 우리 아빠는 가난한가'에 대해 깊이 생각했다고 합니다. 그가 얻은 결론은 '생산수단'의 차이였습니다. 친구 아빠에게는 생산수단이 있었고, 자신의 아빠에게는 없었다는 것이죠. 친구 아빠는 상품을 만들어내는 공장과 그 기계를 소유한 자본가였고, 자신의 아빠는 그 공장에서 일하는 노동자였기 때문입니다.

그는 처음부터 직장에 들어가는 것이 아니라 생산수단을 소유하는 사람이 되어야겠다고 마음먹었다고 합니다. 생산수단을 소유하는 방법은 앞서 말했듯 두 가지가 있습니다. 하나는 자기 사업을 하는 것으로, 이는 직접적으로 자본가가 되는 일입니다. 다른 하나는 이미 존재

자본가와 생산수단

자본가는 생산수단을 소유하고 노동력을 사들여 판매 이윤을 얻습니다. 생산수단은 직접 노동을 하지 않아도 돈을 벌 수 있는 수단을 말하며 토지(부동산), 공장, 자원, 원료, 기계, 인프라 등이 이에 해당합니다.

하는 기업의 주식을 사는 것으로, 이는 간접적으로 자본가가 되는 일입니다. 그는 후자를 택했습니다. 자본에게 일을 시키는 데 재능을 발휘할 수 있다고 생각했기 때문입니다.

부자가 되고 싶다면 그처럼 자본가가 되는 방법을 스스로 찾아야 합니다. 저는 그가 '부자 DNA'를 계발한 사람이라고 생각합니다. 머리카락이나 눈동자 색, 얼굴 모양을 결정하는 DNA는 타고나는 것일지라도 부자 DNA는 여러 경험을 통해 후천적으로 기를 수 있습니다. 그는 부자 DNA를 스스로 계발함으로써 자본주의 사회에서 부자가 되는 지름길을 알아낸 것입니다.

저는 우리나라의 젊은 친구들이 자신의 부자 DNA를 계발해나갈 수 있기를 바랍니다. 그래서 청년들을 만날 때마다 "가능하면 취업보다 창업을 하라"고 말합니다. 아이디어가 있다면 무조건 도전해보라고 권합니다. 저에게 책임져줄 수도 없는 말을 한다고 할지 모르겠지만, 저는 이렇게 생각하는 것이 자본주의 사회에서는 더 상식적인 것이라 생각합니다.

물론 어떤 사업이든 리스크는 늘 존재합니다. 하지만 사람들은 그 위험을 지나치게 과장해서 생각합니다. 취업한다고 위험이 없을까요? 취업을 하면 남을 위해 일을 해야 합니다. 남에게 잘 보여야 해고되지 않습니다. 평생 해고되지 않으려고 들이는 노력을 자신을 위해 사용한다면 창업은 생각보다 위험한 일이 아닐 수 있습니다. 자신을 위해 일해야 한다는 걸 배워야 합니다. 설령 취업을 하더라도요.

물론 현실적으로 모든 사람이 창업을 할 수는 없습니다. 강요한다고 될 일도 아니고 모든 사람의 능력이 같을 수도 없기 때문입니다. 마음에 드는 분야에서 직장인으로 일하는 것이 만족스러운 사람도 있고, 사업 아이디어가 없는 사람도 있습니다. 그런 사람은 창업을 하지 않고 간접적 자본가가 되면 됩니다. 즉, 주식을 사는 것입니다.

부자가 되고 싶다면 자본가가 되는 방법을 찾아야 합니다. 어쩌면 취업보다 창업이 부자가 되는 더 빠른 길입니다.

부동산에 대한 집착을 버리자

한국인들에게 여전히 부동산은 매력적인 투자처입니다. 여전히 누가 집을 샀는데 그 앞에 지하철이 뚫렸다더라, 누가 빌딩으로 시세차익이 몇십 억 났다더라 등의 이야기들이 부동산 투자 열기에 불을 지피고 있죠. 여전히 많은 한국인들이 내 집 마련을 꿈꾸고 부동산은 안전한 자산이며 무조건 가치가 오른다는 확신을 가지고 있습니다.

최근 국토연구원이 진행한 투자의식 설문조사에 따르면 국민의 절반가량인 47.7%가 여유자금이 생긴다면 부동산에 투자하겠다고 답변했습니다. 주식에 투자하겠다는 답변은 전체에서 22.4%로 2006년 9.4%에 비하면 엄청나게 성장했지만 여전히 부동산에 비하면 미미한 수치입니다.

많은 사람들의 생각처럼 정말 부동산은 불패일까요? KB국민은행의 통계를 보면 1999년부터 2019년까지 전국 아파트 가격은 168%, 서울만 한정하면 252%의 성장률을 기록했습니다. 동기간 코스피지수는 498포인트에서 2162포인트로 568.5% 상승했고 삼성전자는 이 중 3354%가 올랐습니다. 이런 결과만 본다면 같은 돈을 투자했을 때 주식으로 얻는 수익이 더 큰 것을 알 수 있습니다.

그런데 왜 다들 반대로 생각할까요? 의식주에서 '주'가 주는 안정감도 있겠지만 부동산은 장기로, 주식은 단기로 접근하는 사람들의 마음가짐이 가장 큰 이유라고 생각합니다. 주식은 짧은 기간 동안 사고팔아야 하는 것, 부동산은 쭉 묵혀야 하는 것이라는 사고방식의 차이로 많은 사람들이 주식투자를 단기로 접근했고 이로 인해 낮아진 수익률 때문에 주식은 투자 가치가 떨어진다고 생각한 것입니다. 만약 주식도 부동산과 같이 장기로 접근했다면 이러한 선입견은 많이 해소되었을 것입니다.

우리는 일본의 부동산 버블 사례에 주목해야 합니다. 일본의 부동산 가격은 계속해서 치솟다가 이후 거품이 빠지면서 빠르게 붕괴했습니다. 일본 역시 가계 자산 중 부동산의 비율이 높았고, 이 사건으로 인해 부동산 자산이 안전하지 않다는 것을 깨달았죠. 하지만 부동산 버블을 경험하면서 부동산 자산을 예금으로 옮긴 것은 실수였습니다. 일본은 원금을 지킬 수 있는 예금이 최고의 투자라고 잘못 판단했습니다. 결국 예금의 낮은 금리보다 높은 물가상승률로 시간이 지날수록 원금을 보장하기는커녕 깎아 먹게 되었고 이는 노후파산이라는 결과를 가져왔습니다.

우리나라는 어떻게 해야 할까요? 한국 역시 전체 자산 중 부동산이 70~80%에 달하고 있습니다. 가계부채도 상당하죠. 만약 일본처럼 부동산 자산이 하락하거나 붕괴한다면 우리나라도 심각한 고통을 겪을 수 있습니다. 미래에 고통을 겪지 않으려면 다양한 비중으로 자산을 분산해야 합니다. 부동산 비중을 줄이고 주식의 비중을 늘려놓는다면 예상하지 못한 위험에 보다 유연하게 대처할 수 있습니다.

또 주식은 부동산과 달리 소액으로 투자할 수 있습니다. 부동산과 달리 매일매일 투자가 가능하죠. 현금화도 부동산보다 유리합니다. 부동산만큼 이나 주식투자도 여러 이점이 있습니다. 주식투자의 장점에 대해 충분히 인지하고 하루라도 빨리 부동산 투자가 전부가 아니라는 것을 깨닫는 것이 필요합니다.

주식은 하는 것보다 안 하는 것이 더 위험하다

1970년대 미국에서 전성기를 누렸던 스펜서 헤이우드(Spencer Haywood)

현금 10만 달러와 나이키 주식 10% 중 현금을 택한 스펜서 헤이우드. 이 선택은 결국 인생 최악의 결정이 되었습니다.

라는 유명한 농구선수가 있습니다. 1970년에 MVP를 수상했고, 시애틀 슈퍼소닉스(Seattle SuperSonics) 팀의 전설적 선수였으며 NBA 명예의 전당에도 이름을 올렸습니다.

헤이우드가 한창 명성을 높이고 있을 때, 나이키로부터 후원 제안이 왔다고 합니다. 나이키 운동화를 신고 경기를 뛰면 그 대가로 두 가지 중 하나를 선택해 받을 수 있다는 제안이었죠. 하나는 현금 10만 달러, 다른 하나는 나이키 주식의 10%였습니다. 헤이우드는 에이전트에게 의견을 물었고 이런 조언을 들었습니다.

"작은 기업의 주식은 언제 어떻게 될지 모르죠. 당연히 현금 10만 달러를 선택하는 게 좋을 것 같네요."

그는 결국 주식 대신 현금 10만 달러를 선택했습니다. 그러나 시간이 흐른 후 헤이우드는 그때의 선택이 자기 인생에서 최악의 결정이었다는 것을 깨달았습니다. 그로부터 50년이 지난 지금 나이키의 시가총액은 2100억 달러 정도가 되었습니다. 만약 당시 헤이우드가 10만 달러 대신 나이키 주식 10%를 택했다면, 그 가치는 현재 210억 달러(약 24조 4000억 원)가 되었을 것입니다. 좋은 기업의 주식을 선택해 오랜 기간 투자하면 엄청난 성과를 얻을 수 있음을 극명하게 보여주는 일화라고 할 수 있습니다.

최근 '벼락 거지'라는 말이 회자된다고 합니다. 월급만 모으고 투자를 하지 않아서 하루아침에 거지로 전락했고, 결국 자신만 뒤처졌다는 상대적 박탈감을 느끼게 되었다는 것입니다.

벼락 거지
자신이 버는 돈은 별다른 변화가 없이 그대로인데 부동산이나 주식 등의 자산 가격이 급격히 오르면서 상대적으로 빈곤해진 사람을 자조적으로 가리키는 신조어입니다. 한 순간에 부자가 됐다는 뜻의 '벼락 부자'에 빗대어 자신도 모르는 사이에 갑자기 거지가 됐다는 의미가 담겨 있는 표현입니다.

단순히 주식을 모르고 투자를 모른 채로 끝나는 게 아니라 평생 괴로울 수도 있습니다. 지금 현재도 문제지만, 은퇴와 노후를 생각하면 더더욱 주식투자를 하지 않는 것이 위험할 수밖에 없습니다.

흔히 예금은 안전자산이고 주식은 위험자산이라고 말하는데, 사실은 정반대입니다. 은행에 있는 돈이 가장 위험하고, 주식이 장기적으

로 가장 안전한 자산일 수 있습니다. 지금은 저금리 시대잖아요? 물가 상승률을 따지면 실질적으로는 마이너스입니다. 내 돈이 은행에 있으면 시간이 갈수록 줄어든다는 뜻이죠.

다행스러운 것은 이런 현실을 인식하고 변화를 꾀하는 사람들이 많아지고 있다는 사실입니다. 특히 2020년은 의미가 깊은 해였습니다. 내가 가진 노동력만으로는 힘들다는 것을 절감하고 주식투자를 시작한 사람들이 많아졌고, 이른바 '동학개미운동'의 원년이 되었기 때문입니다. 적당히 일해서는 편안한 노후가 보장되지 않는다는 것, 그동안 너무 투자에 대해 모르고 살았다는 것을 많은 사람이 자각한 해였고, 우리가 모두가 중요한 레슨을 받은 해였다고 생각합니다.

'금융문맹'에서 벗어나야 한다고 계속해서 외쳐온 저로서는 뿌듯한 변화입니다. 거듭 강조컨대, 금융문맹에서 벗어나기 위해서는 자본주의의 원리와 자본의 힘을 제대로 이해해야 하고, 이를 자신의 삶에 적용해야 합니다. 바로 주식을 소유해야 한다는 것이죠.

동학개미운동
2020년 코로나19 사태로 외국인 투자자가 한국 주식을 대거 팔며 주식시장의 급락세가 이어지자 개인 투자자들이 그에 맞서 국내 주식을 대거 매수하는 상황을 '동학농민운동'에 빗대어 표현한 신조어입니다. 코로나19 이후 적극적으로 주식 매수에 나선 개인투자자를 두고 미국에서는 '로빈 후드', 일본에서는 '닌자개미'라고 부릅니다.

저는 사람들이 만나서 주식과 투자에 대한 이야기를 자연스럽게 하는 것, 어렸을 때부터 좋은 투자 철학을 갖도록 계속해서 이야기하는 것이 무엇보다 중요하다고 생각합니다. 굉장히 근본적인 이야기지만, 그것이 결국 우리의 미래를 결정 짓는 것이라고 믿기 때문입니다.

돈을 모르면 돈의 노예가 된다

한국에서는 돈에 대해 이야기하는 것을 많이들 꺼립니다. "돈 좋아하세요?"라는 질문에 누구 하나 속 시원하게 대답을 못 하죠. 직장에서도 일상에서도 돈 이야기를 꺼내는 것은 자칫 무례하고 몰상식하게 보일 수 있다는 인식이 강합니다. 여전히 "행복은 돈으로 살 수 없어요"라는 말이 미덕으로 여겨지는 세상입니다. 하지만 과연 그럴까요? 돈이 많다고 행복한 것은 아니지만, 돈이 없으면 불행할 수밖에 없습니다. 누구도 돈이 없는 삶을 원하지 않으면서 돈 이야기는 꺼리는 아이러니한 세상입니다.

돈과 투자의 중요성에 대해 알리는 저를 돈의 노예라고 폄하하는 분들도 있습니다. 하지만 돈의 노예가 되는 것과 돈을 아는 것은 다른 문제입니다. 오히려 돈의 노예가 된 사람들은 돈을 하찮게 여기는 사람들이 많습니다. 돈을 중요하게 생각하지 않았기에 돈 공부를 소홀히 했고 낭비하는 사람들이 바로 이런 부류죠.

살아가기 위해서는 돈이 필요합니다. 그리고 제대로 일을 할 수 없는 노후에는 더 절실하게 필요하죠. 하지만 돈에 대해 잘 모른다면 우리는 평생 돈에 끌려다녀야 합니다. 하고 싶은 일이 있어도 하지 못하고, 은퇴하고 쉬어야 될 시점에도 돈을 벌기 위해 계속 일을 해야 합니다. 이런 이유로 한국의 노인 빈곤율은 세계 최고 수준입니다.

돈의 노예가 되지 않으려면 어떻게 해야 할까요? 자본주의를 살아가는 우리는 돈에 대해 끊임없이 공부하고 이야기해야 합니다. 좋아하는 일을 해야 성공하는 것처럼 돈을 좋아해야 부자가 될 수 있습니다. 우리는 조금 더 솔직해져야 할 필요가 있습니다.

2교시

절대 가격이 아니라 가치를 보라

'싼 주식을 샀으니 이제 오르겠죠?', '지금 절대 주가가 낮으니 저평가죠?'라고 생각하는 투자자가 여전히 많습니다. 하지만 이런 생각은 눈을 감고 주식시장에 뛰어드는 것과 같습니다.

'절대 주가'는 기업의 가치를 나타내지 못한다, 시가총액이 중요하다

1991년, 스커더 인베스트먼트에서 코리아펀드를 운영할 때의 일화입니다. 당시 한국에서 많은 애널리스트들이 저를 만나려고 방문하곤 했는데, 한번은 굴지의 증권사에 있는 한 애널리스트가 가져온 보고서를 보고 저를 포함한 직원들이 아연실색한 일이 있었습니다.

그 애널리스트의 보고서는 대략 이런 내용이었습니다. 안국화재(현 삼성화재)의 주가가 같은 업종에 있는 경쟁사보다 비싸니 안국화재를 매각하고 다른 경쟁회사 주식을 사는 걸 추천한다는 것이었습니다.

'안국화재가 다른 회사들보다 좋은가, 나쁜가'의 문제가 아니라 시가총액을 비교하지 않은 상태에서 안국화재의 절대 가격이 다른 보험회사보다 비싸다는 논리가 너무 황당했습니다. 저를 비롯한 스커더 인베스트먼트의 펀드매니저들은 '이런 것이 어떻게 리서치인가?' 싶어서 화가 났고, 그 애널리스트는 거의 쫓겨나다시피 회사를 떠났죠.

스커더 인베스트먼트

정식 명칭은 'Scudder, Stevens& Clark, Inc'로 1919년에 설립된 최초의 자산운용사입니다. 스커더 인베스트먼트는 1984년 코리아펀드를 뉴욕에 상장시켰고, 저는 1991년부터 15년 동안 코리아펀드의 펀드매니저로 근무했습니다. 상장 당시 600억 원이었던 코리아펀드의 가치는 2005년에 1조 5000억 원에 육박했습니다.

이제는 이런 애널리스트가 없을 테지만 일반 투자자들 중에는 여전히 당시 안국화재를 바라보던 애널리스트처럼 생각하는 사람들이 많습니다. 기업 가치는 보지 않고 주식의 절대 가격만 비교해서 '싸다, 비싸다'를 얘기하는 것이죠.

현재의 주가만 보고 기업의 가치를 비교하는 것은 불가능하다는 사실을 인정해야 합니다.

지금까지도 많은 사람들이 저에게 이런 질문을 던집니다. "엘지생활건강은 주당 170만 원인데, 너무 비싸지 않나요?", "삼성전자는 지금 사도 되는 가격인가요? 사면 돼요, 안 돼요?" 이때마다 제 대답은 한결같습니다. 저는 엘지생활건강이든 삼성전자든 현대자동차든 네이버든 주식을 사는 기준은 주식의 절대가격이 '싸다, 비싸다'가 아니라 '회사의 가치(펀더멘털, 벨류에이션)'여야 한다고 대답합니다. 이때 시가총액을 살펴보면 회사의 가치를 가늠할 수 있습니다.

펀더멘털

주식에서 펀더멘털은 현재 기업의 사업 건전성을 판단하기 위해 재정 상태를 파악하는 지표를 말합니다. 기업의 실적, 재무 안정성 등을 파악하여 성장 가능성이 있다는 판단 아래 투자를 할 때 펀더멘털 투자를 하고 있다고 합니다.

가격이 아니라 가치를 봐야 합니다. 이것이 제가 강조하고 싶은 두 번째 원칙입니다.

스커더의 펀드매니저가 된 후에야 깨달은 것

고백하자면, 사실은 저 역시도 펀드매니저가 되기 전까지는 주식에 대해 잘 모르고 살았습니다. 대학을 졸업하고 미국 유명 회계법인의 회계사로 근무하게 되었지만 주식에는 문외한이었죠. 회사에 들어가서 처음으로 401k라는 미국의 퇴직연금제도를 접했는데 당시에는 월급의 일정 부분이 의무적으로 주식에 투자된다는 사실만 알았을 뿐 투자를 하고 있다는 생각은 하지 못했습니다.

401k 퇴직연금제도

미국의 퇴직금 관리 제도로 매달 일정 금액을 회사가 적립하면 근로자가 이를 운용해 스스로 투자 결과에 책임을 지는 방식입니다. 국내 퇴직연금 상품 대부분이 원리금보장에 집중되는 반면 미국의 401k 연금은 주식, 채권 등의 비중이 80% 이상을 차지합니다. 401k를 통해 투입되는 막대한 자금은 미국 증시의 안전성을 높이는 주요 요인이죠.

그로부터 7년 후 스커더 인베스트먼트로 이직을 하고 펀드매니저가 되고 나서야 그전까지의 저는 까막눈이나 다름없었다는 사실을 깨달았습니다. 천지개벽의 순간이었죠. 저도 주식을 단순히 사고파는 행

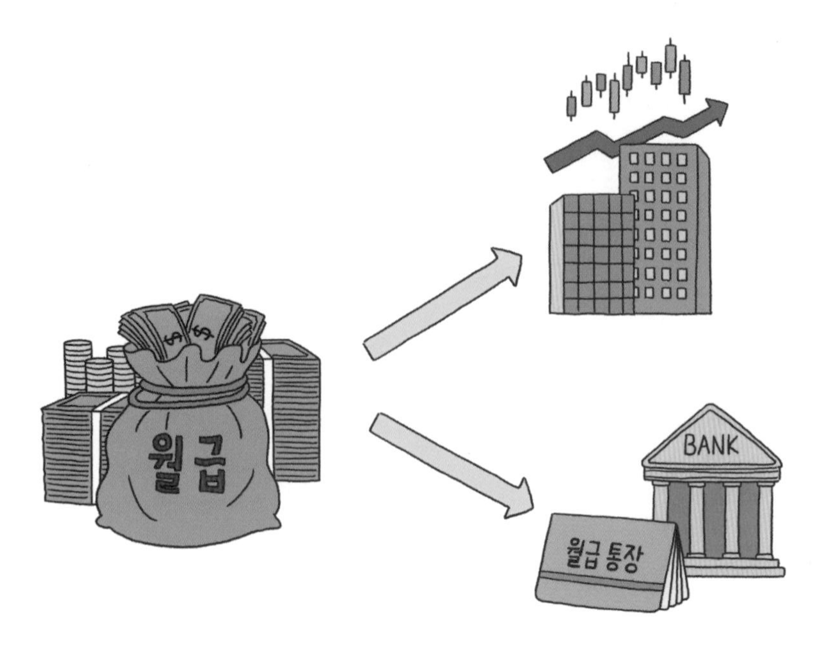

위로만 생각했습니다. 그전까지는 '무릎에서 사라', '정보 듣고 사고, 실제로 그렇게 되면 팔아라' 같은 얘기만 들었기 때문에 주식은 그저 스크린을 보면서 사고파는 것이 전부라고만 알고 있었죠.

그런데 스커더 인베스트먼트 회사는 늘 조용했습니다. 주식에 대해서 샀다, 팔았다 등의 얘기를 하는 사람이 아무도 없었죠. 대신 회의에 들어가면 그들은 이런 얘기를 했습니다. "앞으로 5년이나 10년 후에 어떤 일이 일어날까요? 이번에 새롭게 등장한 인터넷이라는 기술이 어떤 임팩트로 다가올까요?" 등 어떻게 보면 뜬구름 잡는 이야기만 회의실을 가득 채웠습니다. 오랫동안 투자할 기업을 어떻게 고를지를 연구할 뿐 그래프를 보면서 '올랐으니 팔자'와 같은 이야기는 한 번도 나오지 않았습니다.

저한테는 이 모든 게 신선한 충격으로 다가왔습니다. 제가 지금 강조하고 주장하는 주식투자에 대한 철학과 원칙 등 그 모든 것들은 다

스커더 인베스트먼트에서 배운 것들입니다.

저는 그곳의 유명한 펀드매니저들, 제 옆자리의 펀드매니저 동료들과 함께 점심을 먹으면서, 그리고 그들과 함께 회의를 하면서 자연스럽게 주식과 투자의 본질이 무엇인지 깨달을 수 있었습니다. 어떻게 보면 운이 참 좋았죠.

투자의 본질은 사고파는 기술이 아닙니다. 오래 함께할 기업을 찾고 분석하는 것이 투자의 본질입니다.

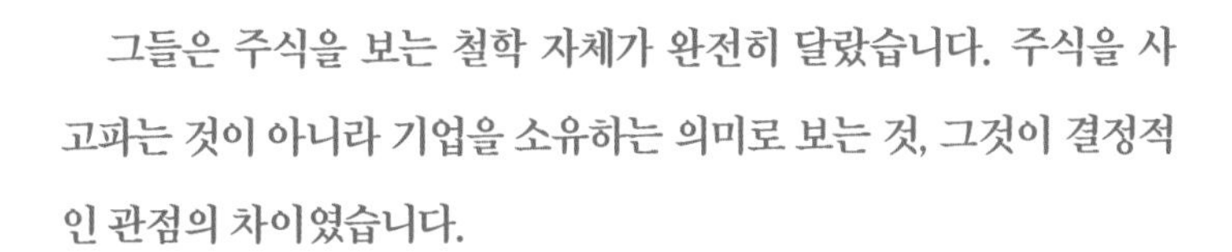

그들은 주식을 보는 철학 자체가 완전히 달랐습니다. 주식을 사고파는 것이 아니라 기업을 소유하는 의미로 보는 것, 그것이 결정적인 관점의 차이였습니다.

코리아펀드를 운영하던 중 한국에 왔더니 이곳의 사정은 미국과 완전히 달랐습니다. 당시 한국은 자산운용이라는 것이 이제 막 태동하고 있었고, 펀드가 만들어지는 시기였습니다. 당시에는 '3투신'이라고 국민투신, 한국투신, 대한투신이 있었는데, 어떻게 보면 제 경쟁자들이었죠.

그런데 신기하게도 경쟁사들이 만든 펀드는 목표 수익률을 달성하면 바로 사라졌습니다. 펀드매니저들이 당장 보여지는 단기 수익률에만 급급하다 보니 어느 정도 일정 수익률이 올랐을 때 바로 없애고 새로운 펀드를 구성했기 때문입니다.

그러니 저한테는 이들과의 경쟁이 너무 쉬웠습니다. 저는 좋은 기업을 찾아 가만히 가지고 있으면 막대한 수익률이 따라왔는데 대부분의 경쟁자들은 단기적으로 올라갈 기업만 찾고, 조금만 올라도 바로 없애버리니 장기 국면에서는 수익률이나 안정성 측면에서 코리아펀드가 유리했죠.

주식투자를 공부하는 가장 좋은 방법은 소액으로 일단 시작하는 것입니다. 소중한 내 돈을 어디에 넣을지를 고민하기 시작하면 자연스럽게 안정적이고, 견고한 기업을 찾게 될 것입니다.

안타까운 것은, 그때로부터 30여 년이 지난 지금도 여전히 많은 사람이 사고파는 주식투자에만 몰두하고 있다는 사실입니다. 전혀 발전이 없는, 실패할 수밖에 없는 투자를 아직도 하고 있는 것이죠. 방송에서는 전문가가 나와 180곡선이 어떻고 하는 이야기를 아직까지 합니다. 심지어는 주식투자를 한 번도 안 해본 사람이 주식 이야기를 하는데 저는 이런 일들이 너무 신기할 따름입니다.

제가 메리츠에 처음 와서 듣고 제일 놀랐던 것은 트레이더(Trader) 직원이 방광염에 걸렸다는 얘기였습니다. 실시간으로 매매 시스템을 보면서 트레이딩을 하느라 화장실도 못 가서 그렇다는 게 참 슬프면서도 안타까운 일이었습니다. 그건 투자를 하는 것이 아니라 고객의 돈으로 투기를 하는 것과 다름없었습니다. 그래서 저는 그전까지 해왔던 방식을 모두 중지시켰습니다. 물론 그 트레이더도 더 이상 방광염에 걸릴 일이 없어 굉장히 행복해했습니다.

주가를 보지 말고 가치를 찾아라

벤저민 그레이엄(Benjamin Graham)은 증권 분석의 창시자이자 가치투자의 아버지로 알려져 있습니다.

워런 버핏의 스승 벤저민 그레이엄은 저서 『현명한 투자자』를 통해 투자(Investments)와 투기(Speculation)에 대해 말했습니다. 기업의 가치와 주식의 가격을 구분해서 가치보다 가격이 낮은 것을 사면 투자이고, 둘을 구분하지 못하거나 가격만 보고 사면 투기라고 한 것입니다.

주식의 가격은 매일 시장에서 형성되고 실시간으로 확인이 되니 누구나 알 수 있습니다. 하지만 기업의 가치는 쉽게 드러나지 않습니다. 그래서 많은 사람이 기업의 가치를 찾는 일에 몰두합니다. 미국의 주식투자 역사도 그 가치를 어떻게 찾아낼 것인가에 대한 연구와 함께 해왔습니다.

그런데 우리는 주식시장에서 기업의 가치를 찾으려는 노력보다 주가만 보고 매매하는 행태를 훨씬 더 흔히 볼 수 있습니다. 서점에만 가

도 단기간에 수익을 내는 법을 알려준다는 책들이 차고 넘치죠. 차트를 보여주며 쌍바닥이니 골든크로스니 말하며, 이러저러한 차트 패턴이 나오면 곧 상승한다는 뜻이니 매수하라는 조언들이 가득합니다. 홈트레이딩 시스템(HTS)만 봐도 앞으로의 주가 움직임을 예측할 수 있다는 툴들이 엄청나게 많습니다. 주가의 변동폭을 바탕으로 한 것도 있고 추세나 파동, 거래량, 심리를 분석하는 것들도 있습니다.

하지만 그러한 '기술적 분석' 툴들이 아무리 정교하고 논리적이라도 여기에는 기본적인 오류가 있습니다. 기술적 분석은 과거의 모습을 보고 미래를 예측한다는 것입니다. 차트는 단지 주가가 그렇게 지나왔음을 보여주는 발자국일 뿐입니다. 그것이 미래에도 재현될 확률이 높다고 하지만 정말 그렇게 될지는 누구도 알 수 없죠. 그런데도 많은 사람들이 이런 기법들을 적용하여 주식을 사고팔면 단기 고수익이 가능하다는 환상에 빠지곤 합니다.

물론 몇 번은 들어맞을지도 모릅니다. 하지만 들어맞았을 때 결과

HTS
Home Trading System의 약어로 투자자가 투자회사에 방문하지 않고도 집에서 주식 매매를 할 수 있도록 돕는 프로그램을 뜻합니다. 핸드폰으로 하는 것은 MTS라고 합니다. 매매수수료가 저렴하고 손쉽게 시세를 확인할 수 있어 최근 많은 투자자들이 MTS를 이용하고 있습니다.

기술적 분석
주가, 거래량 등 과거 주식시장의 차트 데이터를 바탕으로 시세를 예측하는 것을 의미합니다. 과거의 데이터를 계량화, 도표화해 미래를 예측하는 것으로 차트를 기반으로 분석합니다. 반대로 기업의 펀더멘털, 가치를 판단하는 것을 기본적 분석이라고 합니다.

가 더 안 좋아지는 것을 저는 많이 봐왔습니다. 사람들은 잠깐의 성공에서 얻은 달콤함에 빠져 그것을 원칙으로 삼고, 가진 돈을 몽땅 털어 넣을 때까지 사고팔기를 반복하곤 합니다. 결국 주식투자를 하는 게 아니라 주가만 보고 도박을 하는 셈입니다.

주가는 투자의 척도가 될 수 없습니다. 주식을 사야 하느냐 팔아야 하느냐의 기준은 단 하나, '기업의 가치'가 되어야 합니다. 우리는 회사의 가치를 보고 투자해야 합니다. 시가총액, 영업 보고서, CEO의 경영 방식 등을 통해 기업의 가치를 판단해서 투자하는 것이 바로 가치투자입니다.

목표 주가를 설정하고, 주가가 그에 상응한다면 투자를 멈춰야 할까요? 아닙니다. 투자를 멈춰야 할 때는 해당 기업의 투자 가치가 사라질 때입니다.

단기 수익률에 연연해하지 말고 장기적으로 기업이 성장할 것인가를 봐야 합니다. 단기간의 주식 가격이 올라가고 내려가는 것은 관심을 가질 필요도 없고, 사실 알 수도 없습니다. 자꾸 가격을 예측하려고 하는 것은 근본적으로 투자의 목적을 흐리게 만듭니다. 아직도 가격을 맞추는 것이 투자라고 생각하는 것이죠. 그건 인베스터(Invester, 투자자)가 되는 게 아니라 스페큘레이터(Speculator, 투기꾼)가 되는 것이고, 포춘텔러(Fortuneteller, 점쟁이)가 되는 길입니다.

We buy company, not paper

주식시장은 변동성이 심합니다. 매일 쏟아져 나오는 뉴스를 보다 보면 혼란스럽고 걱정스러워지기도 하죠. 미국 금리 인상, 인플레이션 우려, 성장주 하락……. 한 가지도 호락호락해 보이지 않습니다.

하지만 이러한 주식시장의 변동성은 늘 있었습니다. 어제는 반짝 올랐어도 오늘은 갑자기 떨어질 수 있는 것이 주가입니다. 때로는 극심하게 요동치기도 합니다. 1990년대 말 외환 위기, 2008년의 미국발 금융 위기, 그리고 2020년 코로나19 사태 때도 주식시장은 폭락을 경험했고, 앞으로도 이러한 위기는 얼마든지 또 올 수 있습니다. 하지만 자본주의 체제가 지속되는 한 주식시장은 반드시 존재할 것이고, 경제가 성장할수록 주가는 상승하게 되어 있습니다.

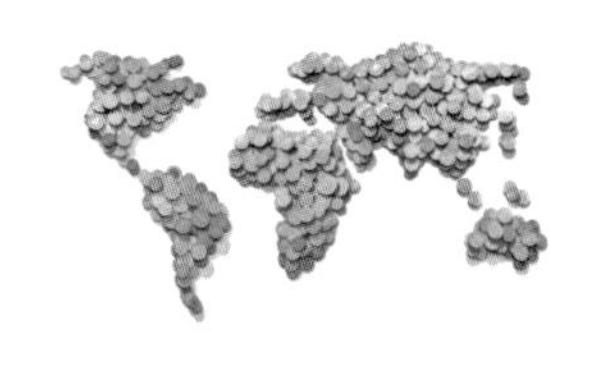

자본주의 사회에서 사람들은 이윤 획득을 위해 상품의 생산과 소비를 반복합니다. 모든 재화에 가격이 매겨져 있는 점, 사유재산이 존재하는 것, 노동력의 상품화 등이 자본주의의 주요 특징입니다.

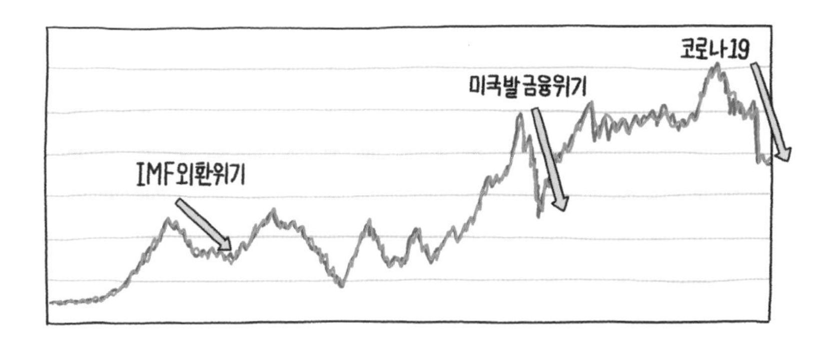

언론이나 일부 증권 전문가들은 지수가 조금만 상승해도 강세장이 왔다고 외치다가도 지수가 조금만 하락하면 비관적 이야기를 쏟아냅니다. 그러나 단기적인 주가 변동에 잠 못 이룰 필요가 없습니다. 회사의 본질적 가치는 며칠 혹은 몇 달 사이에 갑자기 바뀌는 것이 아니기 때문이죠. 제가 책이나 강의에서 늘 강조하는 말이 있습니다.

> **"우리는 종이가 아닌 회사를 삽니다**
> (We buy company, not paper)."

주식투자를 한다는 것은 회사의 일부를 취득하는 것과 같습니다.

즉, 투자한 회사의 일정 지분을 갖는 주인이 된다는 뜻입니다. 주식을 영어로 에쿼티(Equity), 즉 지분이라고 말합니다. 어떤 회사의 주식을 사는 것은 그 회사의 지분을 취득한다는 뜻이고 이는 그 회사와 동업하는 것과 같습니다.

여전히 한국에서는 주식을 위험자산으로 분류합니다. 하지만 미국에서 주식투자는 장기간 수익을 만들고 노후를 준비하는 수단으로 여겨지죠. 한국의 많은 투자자가 주식을 사고팔아 단기간에 목돈을 만드는 것을 투자의 목적으로 여깁니다. 그래서 단기적인 변동성에도 쉽게 흔들리고 쉽게 흥분하는 것이죠.

주식을 위험자산으로 만드는 것은 투자자들의 마인드에 달려 있습니다. 단기간의 수익률에 일희일비하지 않는다면 주식은 얼마든지 안전자산이 될 수 있습니다.

최근 들어 부쩍 이런 말을 하는 사람들이 많아졌습니다.

"몇 개월 전에 주식투자를 시작했는데 벌서 10%나 벌었어요. 왜 진작에 안 했는지 모르겠네요."

주식에 투자해서 이익을 봤다고 하니 물론 좋은 일이지만, 저는 이런 말을 들으면 오히려 철렁합니다.

저는 주식투자가 수익률 게임이 되어서는 안 된다고 생각합니다. 주식투자의 목적은 10%나 20% 같은 단기적인 수익을 달성하는 것이 아니라 장기적으로 10배, 20배의 가치를 창출하는 것이 되어야 합니다. 그런데 이를 제대로 이해하지 못할 때 혼란이 옵니다. 주식을 단순히 사고파는 걸로 생각하고, 제로섬 게임이자 두뇌 게임이라고 생각하는 것입니다.

제로섬 게임이란 한쪽의 이득과 다른 쪽의 손실을 더하면 0이 되는 게임을 말하며 내가 이득을 취하려면 손해를 보는 쪽이 반드시 필요합니다. 하지만 주식은 승자와 패자가 존재하는 제로섬 게임이 아닙니다.

내가 투자한 회사의 경영진과 직원들이 열심히 일해서 나에게 돈을 벌어다주는 것, 그것이 주식투자의 본질입니다. 주식을 사고팔아서 얻는 차익을 생각하는 것이 주식투자의 본질이 아니라는 이야기입니다. 그런데 우리는 너무도 당연하다는 듯이 주식을 사고팔면서 돈을 벌려고 합니다.

주식투자의 본질은 좋은 기업에 오랫동안 투자하는 것이고, 그렇게 되면 수익률은 저절로 따라오게 되어 있습니다. 그러나 순서가 뒤바뀌면 실패할 확률이 커집니다.

'지금 팔아야 될까요?'라고 묻는 사람들에게

코리아펀드를 운용하던 시절, 포항제철(현 POSCO)의 주식을 상당량 매수한 적이 있었습니다. 당시 우리나라의 철강 산업이 급속도로 발전하고 있었고, 포항제철이 철강 업종에서 국내 1위 기업이어서 펀더멘털이 아주 좋다고 판단했기 때문입니다. 포항제철은 높은 수익률과 성장률, 저평가라는 삼박자를 고루 갖추고 있었습니다.

그런데 포항제철 주식을 매입한 후 전혀 예기치 못한 사태가 터졌습니다. 1989년, 한국산 철강 제품에 대한 미국의 보호 장벽으로 포항제철 수출길에 문제가 생긴 것입니다. 당시 포항제철에 투자했던 대부분의 투자자들은 반덤핑이 어떻고, 철강 가격이 어떻고 하면서 주식을 팔았습니다.

반덤핑
덤핑이란 상품을 국내 가격이나 생산비보다 싼 가격으로 수출하여 해당 시장을 점유한다는 뜻의 경제 용어입니다. 그리고 반덤핑이란 물건을 수입하는 수입국이 국내 산업을 보호하기 위해 덤핑 물품에 고율의 관세를 부과하여 수입을 규제하는 조치를 의미합니다. 이러한 조치는 수출 업체의 판매 약세, 이익 감소로 이어집니다.

이런 상황에 대해 저 역시도 고민이 많았습니다. 오래전부터 포항제철에 투자하고 있었기에 당장 매도해도 수익은 올릴 수 있는 상황이었지만, 계산했던 기업의 적정 가치에는 미치지 못했기 때문입니다. 저는 스커더 인베스트먼트의 철강 애널리스트에게 자문을 구했는데, 그의 말은 대략 이랬습니다. "포항제철의 원가 구조는 전 세계의 철강회사 중 가장 월등하다. 모든 철강회사들이 망해도 포항제철은 살아남을 것이다. 그러니 팔 이유가 없다."

저는 곧바로 포항제철의 펀더멘털에 대한 재평가를 해봤습니다. 포항제철은 여전히 세계에서 철강을 가장 싸게 만드는 회사였고, 설비투자도 가장 현대적이었습니다. 한국의 자동차·조선업의 활황으로 꾸준히 수요가 창출되고 있는 데다가 무서운 속도로 발전하고 있는 중국의 수요도 폭발적으로 늘어날 것이 확실해 보였습니다. 기업 가치에 비한다면 주가는 여전히 턱없이 낮았죠.

아무리 봐도 포항제철은 탁월한 경쟁력을 갖고 있었습니다. 반덤핑 이슈로 주가가 일시적으로 흔들리는 것은 전혀 문제가 없다는 결론에 이르렀죠.

좋은 기업의 주가가 일시적인 악재로 인해 하락한다면 그때가 오히려 사야 할 때일 수도 있습니다.

자신이 투자한 기업이 튼튼한 펀더멘털과 경쟁력을 갖췄다는 사실을 잘 인지하고 있다면 갑작스러운 주가 하락에도 의연해질 수 있습니다.

저는 오히려 포항제철 주식을 공격적으로 추가 매수했고, 제가 코리아펀드를 떠났던 2005년까지 한 주도 팔지 않으며 15년 이상 보유했습니다.

포항제철의 수익률은 얼마나 됐을까요? 1991년 1월 3일의 포항제철 주가는 3000원이었습니다. 그리고 2005년 포스코의 주가는 20만 2000원으로, 절대 주가만 비교해도 15년 동안 67배가 뛰었습니다. 그 이후 2007년에는 76만 5000원으로 최고가를 찍기도 했습니다.

포항제철의 수익률 추이

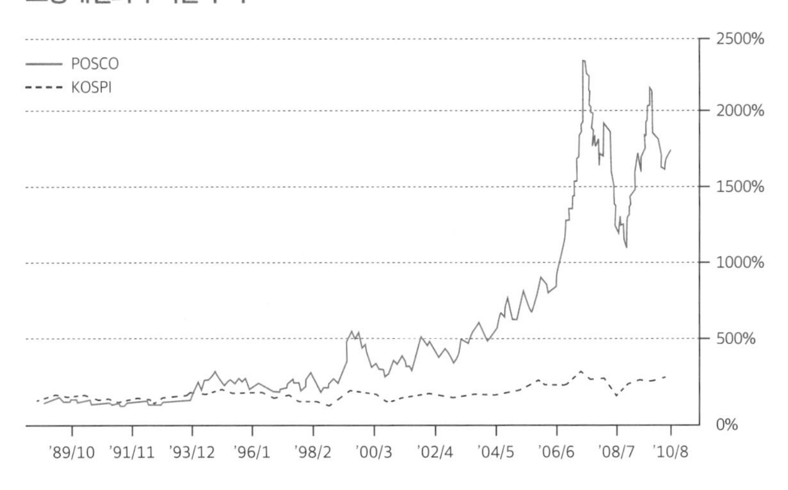

이 사례를 통해 제가 말하고 싶은 것은 하나입니다. 팔아야 하는가, 말아야 하는가의 기준은 '기업의 펀더멘털이 여전히 좋은가?'에 있다는 것, 불안할 때는 기업의 펀더멘털을 조사하면 이겨낼 수 있다는 것입니다.

시장을 보지 말고, 기업을 봐야 합니다. 자신이 투자한 기업이 여전히 돈을 잘 벌고 있다면 주가가 떨어져도 걱정할 필요가 없습니다.

3교시

투자는 '시간'과 '확신'의 문제다

투자는 결국 돈을 버는 것이 목적이지만 그 목적을 잠시 잊는 것이 좋습니다. 주식을 돈을 버는 수단으로만 접근하면 실패할 확률이 높아집니다.

잊어버리는 것도 나름 효과적인 투자법이다

주식으로 큰돈을 번 사람은 두 가지 경우 중 하나라는 말이 있습니다. 하나는 투자한 것을 아예 잊어버리고 있다가 많은 세월이 흐른 후에 알게 된 경우이고, 다른 하나는 오랜 시간 다른 나라에 이민을 갔다가 돌아온 경우입니다. 우스갯소리지만, 이 말이 시사하는 의미는 매우 큽니다. 바로 큰돈을 벌고 싶다면 주식을 사서 오래 갖고 있어야 한다는 교훈이죠.

그러나 아직까지도 한국에서는 주식투자를 단기간에 큰돈을 버는 수단으로 바라보는 게 너무 강합니다. 제가 아무리 장기 투자가 중요하다고 얘기하고, 이를 어느 정도 인지하고 있어도 실제로 자신의 투자에서 실천하는 사람은 많지 않습니다. 단기, 테마 투자로 큰돈을 번 이야기를 주변에서 수시로 듣다 보니 장기 투자를 고수하기가 어려워지는 것이죠.

그런 사람들에게 제가 해주고 싶은 말이 있습니다. 전설적인 투자자 앙드레 코스톨라니가 남긴 말입니다.

"나는 장기적으로 성공한 단기 투자자를 본 적이 없다."

워런 버핏도 버크셔 헤서웨이 주주에게 보내는 서한에서 이런 말을 했습니다.

"만일 어떤 주식을 10년 동안 보유하지 않을 거라면, 단 10분도 그것을 가질 생각을 하지 마라."

워런 버핏은 버크셔 해서웨이의 주주들에게 한 해의 투자 실적을 정리한 일종의 투자 보고서와 편지를 매년 보내고 있습니다. 1965년부터 지금까지 매년 작성되고 있는 주주 서한을 통해 워런 버핏의 투자 노하우를 엿볼 수 있죠.

지금이 아니라 10년 후를 보라

한번은 스웨덴과 노르웨이에 가서 투자자들한테 프레젠테이션을 한 적이 있는데 그때 그들과 나눴던 대화가 꽤 인상적이어서 아직도 기억이 납니다.

"당신의 '인베스트 호라이즌(Investment horizon, 투자 시계)'은 어떻게 되나요? 투자를 하면 보통 얼마 동안 투자합니까?"라고 질문하자 저는 "우리는 장기 투자를 해야 한다고 생각합니다"고 대답했습니다. 그러자 그들은 웃으며 반은 농담처럼 "우리는 기본 10년은 투자합니다. 그러니 당신에게 투자하면 우리는 10년 후에 만나는 거죠"라고 말한 것이 기억에 오래 남더군요.

주식과 유사한 형태의 경제 활동은 고대 로마시대에서도 찾아볼 수 있지만 공식적으로 설립된 최초의 주식회사는 1602년 설립된 네덜란드 동인도 회사로 알려져 있습니다. 항로를 통한 대규모 무역의 시대가 열리자 한 번의 무역으로 엄청난 수익이 창출되기 시작했죠. 사람들은 투자금을 모아 배를 띄우고, 추후 배가 돌아왔을 때 발생하는 수익을 투자금 비율에 따라 균등하게 나누기 시작했는데 이것이 바로 주식의 시작이었습니다.

하지만 항로가 험난해서 배 열 척을 보내면 한 척만 돌아오기도 하고, 그 한 척이 돌아오기까지 10년의 시간이 걸리기도 했습니다. 하지만 그 한 척이 돌아올 때면 큰돈을 벌 수가 있었죠. 사람들은 한 척이라도 돌아오길 바라는 강한 믿음으로 투자했고, 그렇게 주식회사와 투자라는 개념이 탄생했습니다.

주식투자에 성공하느냐 실패하느냐는 유망하다고 판단한 회사의 주식을 산 다음 어떻게 행동하는가에 달려 있습니다. 대다수는 매수한 순간부터 매도 가격을 저울질하기 시작합니다. 그리고 주식투자를 잘

한다는 주변 사람에게 질문합니다. "언제, 어떤 가격대에 매도하는 게 좋을까요?"라고 말이죠.

매일매일의 주식 가격을 맞추는 것은 아무리 투자의 고수라도 불가능합니다. 불가능한 일을 맞춰서 수익을 올리려고 하는 것은 무의미한 일이죠. 시간 낭비일뿐더러 수수료를 생각하면 손실로 이어질 가능성이 훨씬 더 큽니다.

언제, 어느 가격대에 팔겠다는 생각 자체는 투자가 아닙니다. 기업의 가치를 판단해 투자를 한다면 지금의 절대 주가가 낮다, 높다는 큰 의미가 없습니다.

주식투자로 높은 수익률을 올리려면 기업의 기본 가치에 근거해서 투자해야 하고, 장기적으로 투자해야 합니다. 그냥 상투적으로 하는 말이 아니라 실제로 그렇습니다.

제가 코리아펀드를 운용하는 15년 동안 코리아펀드의 펀드회전율은 연간 15%를 넘지 않았습니다. 연간 15%를 넘지 않았다는 것은 1년 동안 전체 펀드 자산 중 종목을 교체한 비율이 15%라는 뜻입니다. 다른 말로 표현하면, 일단 주식을 사면 길게 7~8년은 보유했다는 이야기입니다. 그럼에도 불구하고 코리아펀드의 수익률은 오히려 코스피 상승률 대비 연 평균 10% 이상 꾸준히 초과했습니다.

펀드회전율
일정 기간 동안 해당 펀드의 펀드매니저가 얼마나 자산을 사고팔았는지를 보여주는 지표로 펀드 운영 보고서를 통해 확인할 수 있습니다. 회전율이 100이라면 1년 동안 포트폴리오를 모두 교체했음을 의미하고, 0이라면 한번도 교체하지 않았음을 의미합니다. 보통 가치주를 추종하는 펀드의 회전율이 낮은 편입니다.

사람들이 단기 투자에 집착하는 것은 너무 많은 뉴스와 정보 속에서 주관적으로 생각할 여유가 없고, 기업에 투자하면서도 기업을 보는 것이 아니라 주식 시세의 흐름만 보기 때문입니다. 매일 주가만 확인하기 때문에 투자한 기업이 구체적으로 어떤 사업을 하는지, 실제로 수익을 내는 기업인지 아닌지, 경영진은 어떤 사람들인지는 잘 알지 못합니다. 그게 중요하다는 걸 알면서도 실제로 알아보고 공부하는 데 게으른 것이죠.

좋은 주식은 짧은 기간 동안에는 손해를 볼 수 있더라도 장기적으로 오르게 되어 있습니다. 그게 자본주의의 원리입니다. 제가 산 주식

이 앞으로 5년, 10년, 20년 후에 10배, 100배가 된다면 지금 10% 싸게 사거나 비싸게 사는 것은 중요하지 않습니다. 삼성전자, SK텔레콤, 삼성화재, 아모레퍼시픽 등은 과거 10~20년 동안 10~100배 오른 주식들입니다. 그런 주식을 10% 올랐다고 팔아버렸다면 얼마나 낭패일까요. 이런 종목들은 앞으로도 분명히 있을 것입니다. 다만 그 열매를 향유할 수 있는 건 장기 투자자들뿐이죠.

매매 수수료
주식을 매수, 매도할 때는 위탁매매 수수료, 유관기관제비용 수수료가 부과되고 증권거래세는 매도할 때만 부과됩니다. 위탁매매 수수료는 증권사마다 다르고 HTS냐 MTS냐에 따라서도 다르게 책정되니 비교해보고 수수료가 낮은 증권사를 선택하는 것도 좋습니다.

단기 매매로는 절대 돈을 벌 수 없는 이유

주식을 단기적으로 매매하는 것을 피해야 할 이유 중 하나가 바로 수수료 문제입니다. 주식을 매매할 때는 각종 수수료가 붙습니다. 매매 수수료와 세금을 합쳐 수익의 0.5%를 내야 한다고 가정해봅시다. 만일 200번 거래를 한다면? 수수료 총액은 0.5%×200=100%, 즉 원금만큼 수수료가 나가는 것입니다.

매매를 자주 할수록 수수료는 눈덩이처럼 불어납니다. 이는 마치 카지노에서 도박을 하는 것과 비슷합니다. 누구나 잭팟을 터뜨리는 꿈을 꾸지만, 사실 카지노에서 잭팟을 터뜨릴 확률은 수백만 분의 일에 가깝습니다. 잭팟을 터뜨리는 한 명의 행운아를 위해 수많은 카지노 방문자가 돈을 잃는 상황이죠.

이론적으로 카지노에서는 누구도 돈을 벌 수 없습니다. 어떤 카지노든 고객이 이길 확률보다 카지노 측이 이길 확률을 항상 2%포인트 높게 해놓기 때문이죠. 다시 말해, 카지노에 가서 게임에 한 번 베팅할 때마다 베팅 금액의 2%가 카지노 측의 수익으로 돌아간다는 이야기입니다. 이는 주식 거래를 할 때마다 거래 금액의 일정 비율을 매매 수수료로 내는 것과 다르지 않습니다.

매도할 때만 부과되는 0.25%의 증권거래세는 하루에도 여러 번 매도를 하는 단타 투자자들에게는 여러모로 불리할 수밖에 없는 제도입니다.

2%포인트면 크지 않다고 생각할 수 있지만, 이 수치는 사실 엄청난 차이를 불러옵니다. 10번 베팅하면 20%이고, 20번 베팅하면 40%를 손해 보기 때문에 게임을 자주하는 사람일수록 카지노 업체를 유리하게 해주는 것이죠. 주식도 마찬가지입니다. 자주 사고팔수록 수수료가 더 많이 붙어 투자자는 결국 손해를 볼 수밖에 없습니다.

예를 들어 어떤 사람이 1000만 원의 돈으로 하루에 한 번씩 주식을 사고팔 경우를 생각해봅시다. 거래일로 계산할 때 열 달이면 거래횟수가 200번이 됩니다. 열 달이면 원금만큼 매매 수수료가 나간다는 말입니다. 미수까지 사용해서 하루에 한 번 이상 매매하는 사람들도 있는데 대부분의 경우 얻은 수익보다 나간 수수료가 더 많을 것이라고 추측합니다.

이쯤 되면 증권사 수익을 위해 주식투자를 하는지 자신의 수익을 위해 주식투자를 하는지 헷갈릴 정도입니다. 빈번한 매매를 한다고 생각되는 사람은 1년에 수수료를 얼마나 지불했나 한번 계산해보세요. 확인해보면 깜짝 놀랄 것이라고 장담합니다.

돈을 벌기 위해서는 주식을 자주 사고팔 이유가 없습니다. 그렇기에 주가를 예측해서 시세차익을 얻으려는 단기 투자는 매우 위험하죠. 하지만 장기적으로는 주가를 예측할 수 있습니다. 주식의 가격은 언젠가는 그 회사의 적정 가치에 수렴하게 되어 있기 때문이죠. 좋은 회사라면 언젠가는 꼭 오릅니다.

투자는 예측 가능한 것이어야 합니다. 예측 불가능한 요행에 기대는 것은 투자가 아니라 투기입니다. 하지만 여전히 많은 사람들이 말로는 투자를 한다고 하면서 실제로는 투기를 하고 있습니다. 주식투자로 성공하는 사람보다 실패하는 사람이 훨씬 많은 이유가 여기에 있습니다.

진짜 투자는 씨앗을 심는 일입니다. 싹이 나고 자라서 열매를 맺기를 기다리세요.

10년, 20년 뒤 내가 투자한 기업이 망한다면?

기업의 이익을 계속 창출해야 합니다. 하지만 시장의 변화, 기술의 변화 등으로 예상치 못한 일이 발생하여 이익을 창출하지 못한다면 아무리 탄탄한 기업이라도 갑자기 도산할 수 있습니다. 종목이 상장폐지가 되어 하루아침에 휴지 조각이 된 사례를 우리는 주변에서 심심찮게 볼 수 있죠. 그렇다면 하나의 의문이 듭니다. 만일 어떤 기업에 10년, 20년을 투자했는데 그 기업이 예상치 못한 일로 망한다면 어떻게 되는 것일까요? 이 말을 다르게 해석하면 장기 투자는 답이 아니라는 걸까요?

"삼성전자를 지금부터 쭉 가지고 있으면 무조건 이익이겠죠?"라고 제게 질문하는 사람들이 많습니다. 정답은 저도 모릅니다. 한국 주식들의 저평가가 빠르게 해소되면서 옛날의 몇십 배 수익률을 기대하기가 어려워진 것이 지금의 현실입니다.

투자의 승패는 누구도 예측할 수 없습니다. 빨리 망하는 기업이 있는가 하면 100년 넘게 가치를 유지하는 기업도 있죠. 국내에는 삼성전자, 포스코가 미국에는 제너럴 일렉트릭(GE), 마이크로소프트가 이런 기업에 속합니다. 우리는 이런 기업을 찾아 장기 투자해야 합니다.

시장에는 언제나 기회가 있습니다. 오래 보유하면 꾸준히 상승하는 삼성전자, 포스코와 같은 기업들은 늘 존재하고 있죠. 다만 아직 발견되지 않았을 뿐입니다. 중요한 것은 시장을 비관적으로 바라보지 않고 오래가는 주식이 있다는 확신을 하는 것입니다. 그래야 가치 있는 주

미래에도 가치가 있는 주식을 사서 장기 투자하세요. 여기서 핵심은 '가치'와 '장기'입니다.

식을 찾고 보유할 수 있습니다. 짧은 시간을 들인 판단으로는 이런 주식을 찾을 수 없습니다. 그리고 골라서 매수했다고 끝이 아니라 꾸준히 관찰하고 오랜 시간 투자해야 합니다.

앞으로 어디에서 '가치'가 생길까를 묻는다면

"내가 10년 전에 어떤 주식을 사서 안 팔고 계속 있었는데 마이너스 30%가 됐거든요……." 이렇게 말하는 사람이 충분히 있을 수 있습니다. 무조건 오래가지고 있다고 가치가 올라가는 것은 아니기 때문이죠. 중요한 것은 가치가 올라갈 주식을 찾아서 그런 주식에 투자하는 일입니다.

그렇다면, 앞으로 어디에서 가치가 생길까요? 이 답을 찾으려면, 당연히 공부를 통해 펀더멘털에 기초한 투자를 해야 합니다. 제가 코리아펀드를 높은 수익률로 운용한 비결도 다른 데 있는 게 아니었습니다. 사실은 굉장히 심플한 방법이었죠.

아직도 생생히 기억 나는 풍경이 하나 있습니다. 제가 미국에 있었던 80년대는 이제 핸드폰을 들고 다니는 시대가 열릴 거라는 얘기가 심심찮게 나올 때였습니다. 그런데《뉴욕타임스》에 이런 내용의 기사가 실렸습니다. '사람들이 모두 핸드폰을 들고 다니는 시대는 100년 후에나 가능한 일이다'라고 말이죠.

장소에 구애 받지 않고 집으로, 다른 사람의 자동차로 직접 전화를 거는 것은 혁신이었습니다. 저는 부자가 아니더라도 누구나 이동 전화를 사용하는 미래를 상상했습니다.

그러나 불과 몇 년 후에 카폰이라는 자동차 전화가 나왔습니다. 비록 차가 있어야 했지만 이동하면서 통신이 가능한 시대가 열린 것입니다. 당시에는 모두가 공중전화를 쓰던 때였기 때문에 카폰은 부의 상징으로 통했습니다. 무척 획기적인 물건이었죠.

저는 이러한 광경을 보면서 이동통신이 엄청난 시장이 될 것이라고 생각했습니다. 제가 코리아펀드를 운용하며 한국이동통신(현 SK텔레콤)을 처음 샀을 때가 91년도였는데, 그때 한국이동통신의 1년 매출이 100%씩 늘어났습니다. 저는 '진짜 새로운 시대가 열렸구나' 하는 생각에 흥분을 감출 수 없었죠. 주식이라는 개념, 투자라는 개념을 이해하고 있다면 이런 상황에서 흥분하지 않을 수 없을 것입니다.

제가 당시 그 가치를 얼마나 높게 봤냐면, 믿어지지 않겠지만 한때 코리아펀드 포트폴리오의 40%를 한국이동통신에 실었을 정도였습니다. 그래서 SEC(Securities Exchange Commission, 미국증권거래위원회)에서 연락이 오기도 했습니다. 한국에는 '10% 룰'이 있는데, 당시 미국에서도 그런 유사한 규정이 있었습니다. 저는 왜 한 가지 종목 비중이 높은 펀드를 구성했냐는 질문에 "코리아펀드는 다양성을 위한 펀드가 아니라 매니저의 확신으로 투자하는 펀드이며, 한국이동통신에 40%를 투자하는 것은 철저히 매니저의 확신에 의한 것이다"라는 이유로 예외 신청을 했고 허가를 받았습니다.

10% 룰
기관투자자가 경영 목적이 아닌 투자 목적으로 특정 기업의 지분을 10% 이상 보유할 시 이를 다음 분기 첫째 달 10일까지 공시해야 하는 제도를 말합니다.

그렇게 투자한 것이 한국이동통신입니다. 저는 당시 3만 원에 주식을 샀는데, 10년 정도 지나니 한 사람이 두 개씩 핸드폰을 가지는 시대가 되었습니다. 이후 이제는 그 성장이 둔화가 되겠다 싶은 시기가 오자 주가가 440만 원 정도일 때 팔았습니다. 무려 140배 수익을 올렸던 사례여서 여러 미디어를 통해 많이 알려지기도 했죠.

또 한 가지 사례가 있습니다. 제가 아는 미국의 큰 투자가는 보험업에 굉장히 관심이 많아서 각 나라의 보험업이 어떻게 발전해왔는지 다 꿰고 있었습니다. 그래서 그는 지속적으로 보험업종에만 투자하고 있었는데 한국의 보험회사를 보고 자기 눈을 의심했다고 합니다. '정말 이 가격이 맞나?' 싶었다는 것입니다. 가치에 비해 굉장히 낮게 평가되고 있다는 이유였죠. 그래서 그는 한국의 보험회사 주식을 대량으

한국이동통신의 수익률 추이

로 매수했고, 결과적으로 10여 년 후에 엄청난 돈을 벌었습니다.

그의 비결도 심플합니다. 그는 기다릴 줄 알았습니다. 한국 보험회사 주식이 굉장히 저평가 되어 있었는데, 그게 단시간에 올라갈 거라고 보지는 않았습니다. 그리고 그에게는 10년 정도 기다릴 용의가 충분히 있었던 것입니다.

> **결국 주식투자는 '시간'과 '확신'의 문제입니다. 이를 이해하는 사람과 이해하지 못하는 사람이 갖는 부의 차이는 실로 엄청난 것입니다. 그러나 한국에서는 주식투자를 단순히 '정보'라고 말합니다. 정보는 그 자체로 아무 의미가 없습니다. 그런데도 많은 투자자들이 자신은 정보가 부족하기 때문에 투자를 못한다고 생각합니다.**

'앞으로 세상은 어떻게 될까?' 이는 거창한 게 아니라 사실 우리 모두가 생각해볼 수 있는 것입니다. 전혀 어려운 게 아닙니다. 이동통신

다음에 무엇이 나왔나요? 인터넷입니다. '말도 안 되는 일'이라 여기던 이동통신이 세상을 바꾼 것처럼 인터넷이 또 새로운 세상을 열었습니다. 인터넷으로 화상통화를 하고, 인터넷으로 쇼핑을 하고, 매시간 우리는 인터넷으로 많은 것을 합니다. 지금의 발전이 누구도 상상할 수 없는 일이었을까요? 아닙니다. 조금만 관심을 갖고 약간의 상상력만 발휘한다면 누구나 알 수 있는 일이었습니다. 다만 당장의 수익만 쫓고, 확신이 없다 보니 놓치게 되는 것이죠.

이처럼 가치는 누구나 충분히 예측할 수 있는 것에서 찾을 수 있습니다. 이를 자신의 투자와 연결하지 못하는 것일 뿐입니다. '가치를 창출하는 데가 어딘가?' 이 질문을 계속해서 따라가다 보면 답은 충분히 찾을 수 있습니다. 많은 사람들이 지나고 나서야 '아, 나도 그때 그거 알았는데……, 그때 그렇게 했으면 좋았을 텐데……' 하고 후회합니다. 그런데 왜 그때 그렇게 못했을까요? 당시에는 '정말 이게 될까? 그렇게 될까?'라고 생각하는 데서 멈췄기 때문입니다. 생각을 확신으로 만들지 못한 것이죠.

투자자는 결국 가치를 연결해서 그 의미를 찾는 사람입니다. 숫자가 아닌 주변 환경, 산업의 변화에 늘 관심을 보여야 합니다.

다시 질문을 던져봅시다. '앞으로 어떤 세상이 올까?' 이 질문의 답은 하나가 아닙니다. 수많은 가능성이 존재하죠. 이를테면, 지금은 사람의 수명이 길어졌으니까 헬스케어 분야에서 가치를 찾을 수 있을 것입니다. 저 역시도 헬스케어는 충분히 큰 시장이 될 수 있고, 큰 부가가치가 일어날 수 있을 거라고 봅니다.

이렇게 생각을 확장시켜 나가는 것이 주식투자입니다. 상상력을 키우면서 거기에 내 자본과 노력, 아이디어를 투여하는 것이죠. 어떻게 하면 되느냐, 말하자면 스티브 잡스한테 동업을 하자고 전화할 필요가 없는 겁니다. 그저 우리는 주식을 사기만 하면 됩니다.

테크닉은 다를 수 있어도 철학은 다르지 않다

주식투자에서는 다른 사람의 생각을 따르기보다는 자신만의 투자 철학을 정립하고 믿음을 갖는 것이 정말 중요합니다. 저는 알려지지 않은 좋은 주식을 발견하면 앞서 얘기했듯이 흥분이 됩니다. 다른 사람들은 아직 좋은 주식이라고 여기지 않은 주식을 남보다 먼저 발견했다는 사실에 기쁨이 솟는 것이죠. 저는 이런 흥분감을 주는 주식에 장기 투자합니다. 그렇게 하면 성공적인 투자를 경험하게 됩니다.

저 같은 전문적인 펀드매니저만 그럴 수 있는 것이 아닙니다. 개인 투자자들도 얼마든지 이런 기쁨을 누릴 수 있습니다. 단, 다른 사람의 의견에 의존해서는 절대 흙 속의 진주를 발견하는 기쁨을 누릴 수 없다는 사실은 분명합니다.

많은 사람들이 전문가는 자신보다 주식에 관해 더 많이 알고 있다는 선입견을 갖고 있습니다. 그들이 조금 더 투자 경험이 많고, 훈련이 되어 있을 수는 있어도 그들은 모든 주식에 관심을 가질 수 없습니다. 오히려 당신이 관심을 가지고 꾸준히 지켜보는 기업에 관해서는 전문가보다 당신이 더 많이 알고 있을 가능성이 높습니다. 그러니 전문가의 말이라고 무조건적으로 의존하진 마세요.

무엇보다, 본질적으로 그들은 당신의 투자를 도와줄 수 없다는 점을 깨달아야 합니다. 그들과 당신은 주식투자에 관한 철학 자체가 다를 수 있습니다. 이를 테면, 증권사 직원은 고객이 계속 매일매일 주식을 사고팔기를 원할지도 모릅니다. 고객의 거래 수수료가 수입의 원천인 까닭에 이는 지극히 자연스러운 일이죠.

비단 증권사만이 아닙니다. 저가에 미리 사놓은 주식을 고가에 팔아서 수익을 올리려는 측도 적극적으로 뉴스와 매스컴을 활용합니다. 이미 주가가 기업 가치에 근접해 있거나 기업 가치보다 비싼 주식을 팔기 위해 호재 뉴스를 내보내기도 하고 매수세가 많은 것처럼 시세를 조작하기도 합니다. 이런 사실을 알고 나면 왜 투자를 자기 스스로 결정해야 하는지 알 수 있습니다.

전문가의 의견을 듣는 것은 무척 중요하지만 그들이 골라주는 종목, 리딩은 피하는 것을 추천합니다. 스스로 발견하고 투자한 종목이 상승하는 기쁨만큼 투자의 원동력이 되는 것이 없습니다.

증시 뉴스에서 의도적으로 멀어질 필요가 있습니다. 뉴스를 너무 신경 쓰지 말고, 누군가의 조언에도 너무 귀 기울이지 말아야 합니다. 너무 많은 정보들은 오히려 혼란을 부추길 뿐입니다.

'소문에 사서 뉴스에 팔라'라는 월가의 주식 격언처럼 뉴스만을 보고 주식을 사고파는 것은 무척 위험합니다. 뉴스에 나올 시점에는 해당 내용이 이미 주가에 반영되어 있을 확률이 높기 때문이죠.

제가 아는 어떤 사람은 스스로 찾아낸 방법으로 주식투자에 뛰어들어 큰 성공을 거뒀습니다. 그는 슈퍼마켓이나 대형마트의 진열대에서 가장 좋은 위치에 진열되어 있는 물건을 만든 회사에 집중했습니다. 특히 신제품이 들어와서 지속적으로 좋은 자리에 놓이는 것을 발견하면 확신을 가지고 그 회사에 투자했습니다. 소비자의 반응이 좋은 상품을 만드는 회사에 투자하면 성공 확률이 높아질 수밖에 없습니다. 잘 팔리는 물건을 만드는 기업을 찾고 투자해 부자가 된 것입니다.

투자 테크닉은 다를 수 있어도 철학은 동일합니다. 그러니 자신의 철학으로, 자신의 확신으로 투자하세요. 그것이 우리가 잊지 말아야 하는 또 하나의 원칙입니다.

돈을 벌고 싶다면 잠시의 망각도 필요합니다.
지금이 아니라 10년 후를 기다린다는 느긋한 마음의 투자는
수익에도, 정신 건강에도 더 좋습니다.

4교시

생각의 파괴가 여전히 필요하다

여전히 많은 학생들이 좋은 대학을 가기 위해 공부하고, 이후 좋은 직장에 취직하는 것만을 목표로 합니다. 모두들 이 모든 과정의 궁극적인 목표로 부자를 꿈꾸지만 정작 돈이 무엇인지, 돈을 어떻게 벌어야 하는지에 대한 교육은 부족한 것이 지금의 현실입니다.

돈을 다루지만 돈에 대해 알지 못하는 사람들

1996년, 저를 포함한 스커더의 펀드매니저들이 기업 탐방을 위해 한국을 찾았습니다. 스커더는 예비 투자자의 자격으로 기업을 방문하여 기업의 영업활동과 향후 계획을 듣는 기업 탐방을 세계 최초로 시도했던 회사이기도 합니다.

그때 방문했던 대기업에 우리는 이런 질문을 했던 것으로 기억합니다. "왜 이렇게 과잉 투자를 하죠? 이쪽은 사양 산업인데 왜 투자를 하는 건가요? ROI(Return On Investment, 투자자본수익률)가 어떻게 되나요?"

그러나 돌아온 대답은 굉장히 실망스러웠습니다. "우리는 시장점유율이 중요한 지표입니다. 시장점유율 몇 %가 되는 게 우리의 목표죠"와 같은 아리송한 대답들이었죠.

당시 한국의 대기업들은 하나같이 비슷한 대답을 했습니다. 수익은 생각하지 않고 오로지 매출과 시장점유율만 바라보고 있었습니다. 심

ROI(투자자본수익률)
기업의 성과를 확인할 때 가장 기본이 되는 지표로 기업의 순이익을 투자액으로 나누어 구합니다. 숫자가 클수록 투자 대비 수익성이 크다는 뜻으로 해석할 수 있습니다.

지어 ROI가 무엇인지 모르고 있던 곳도 있었죠. 당시 한국을 방문했던 스커더의 펀드매니저들은 미국에 돌아가서 조용히 한국 주식을 팔기 시작했습니다(저는 코리아펀드를 운용하고 있었기에 한국 주식을 다 팔 수는 없었습니다). '한국은 절벽을 향해 가는 기차'라고 판단한 것이죠.

저는 이 에피소드가 한국 사회에 뿌리박힌 '장기적인 철학의 부재'를 보여주는 단면이라고 생각합니다. 제가 미국에서 느낀 것과 한국에서 본 것에는 굉장히 큰 생각의 차이가 존재했습니다. 투자를 어떻게 보는가의 차이, 왜 어떤 사람들은 돈을 벌고 어떤 사람들은 돈을 벌지 못하는가의 차이 등은 우리 사회에 널리 퍼져 있는 '금융문맹' 문제와도 맞닿아 있습니다.

저는 한국에 온 이후 줄기차게 '금융문맹에서 벗어나야 한다'고 이야기해왔습니다. 조금씩 달라지고 있지만, 여전히 부족합니다. 저는 더 많은 사람이 생각의 파괴를 경험해야 한다고 주장합니다. 이 문제에 대해 좀더 짚어보겠습니다.

대한민국 모두가
금융문맹에서 벗어날 때까지

증권회사에서 35년을 일하고 은퇴한 분이 이런 말을 했습니다. "저는 자랑할 게 딱 한 가지밖에 없네요. 35년 동안 주식투자는 한 번도 안 했다는 것이죠."

저는 이 얘기를 듣고 그야말로 아연실색했습니다. 고객한테는 주식에 투자하라고 하면서 자신은 주식에 투자하지 않은 게 과연 자랑일까요? 앞뒤가 맞지 않는 말입니다.

경제학은 어떤 학문보다 우리의 삶에 맞닿아 있습니다. 이론으로만 공부한 경제학과 실제 자본주의 사회에 적용하며 공부한 경제는 다르게 느껴질 수밖에 없습니다.

심지어 외국에서 공부하고 온 경제학 교수조차도 '주식투자는 하면 안 된다'고 말합니다. 이론만 공부하고 논문만 쓰고 온 것일 뿐 진짜 자본주의에 대한 공부는 못한 거라고 볼 수밖에 없었습니다.

한번은 "○○증권은 마켓 타이밍을 잘합니다"라는 라디오 광고를 듣고 놀란 적이 있습니다. 마켓 타이밍이라는 것은 주가나 지수의 상승과 하락을 예측하는 투자를 말하는 것인데, 어떻게 이런 가격 맞추기를 잘한다고 대놓고 광고를 할 수 있는 건지 의문이었습니다. 주가나 지수의 등락은 누구도 예측할 수 없습니다.

또 하나 더, 코스피지수가 3000을 막 넘었을 즈음 어느 신문사의 기자와 인터뷰를 했는데 저는 그때 이런 얘기를 했습니다.

"코스피 3000에 연연할 이유가 없습니다. 다만 자본주의에 대한 믿음이 중요합니다. 한국 주식시장은 1980년에 코스피 100에서 시작됐습니다. 30년 동안 30배가 된 거죠. 그럼 앞으로 어떻게 될까요? 언젠가는 1만, 2만도 되지 않을까요?"

1980년 100에서 시작한 코스피지수는 1989년 3월 31일 1000, 2007년 7월 25일 2000, 2021년 1월 6일 3000을 달성했습니다.

그런데 다음 날 기사 타이틀을 보고 깜짝 놀랐습니다. 제가 얘기한 맥락은 온데간데없이 '존리가 코스피 1만까지 간다고 했다'는 식으로 나온 것입니다. 황당했던 기억입니다.

금융문맹은 마치 전염병과도 같습니다. 잘못된 금융지식이 사회에 전염병으로 퍼지면서 많은 사람의 생각을 흐리게 하고, 가난과 경제적 결핍을 고착화시킵니다. 한국이 고성장을 지속했음에도 경제적 · 사회적으로 여러 문제가 심화되는 것은 근본적으로 금융문맹 때문입니다. 우리는 미국 연준 의장을 역임한 경제학자 앨런 그리스펀의 이 말을 다시 한번 기억할 필요가 있습니다.

"문맹은 생활을 불편하게 하지만 금융문맹은 생존을 불가능하게 만들기 때문에 문맹보다 더 무섭습니다."

저는 결국 이 모든 것이 교육의 문제라고 생각합니다. 우리는 좀더 '펀더멘털'한 교육을 해야 합니다. 아이들에게 돈에 대한 철학을 가르쳐야 하고, 금융에 대한 이해를 제대로 가르쳐야 합니다.

일본은 금융문맹이 가장 심각한 국가입니다. 최고령 국가임에도 국민들이 투자와 금융에 대한 지식이 부족해 노후준비를 제대로 갖추지 못한 나라 중 하나입니다. 일본인들의 자산 중 약 80%가 은행 예금이나 부동산에 묶여 있습니다. 이들은 주식투자로 얻은 수익은 정당한 노동의 대가가 아니라며 꺼려했습니다. 돈이 나를 위해 일한다는 개념을 이해하지 못하고 단순히 불로소득이라고만 여겼고 주식에 투자하는 것을 부끄러워했죠. 때문에 여유자금이 자본시장으로 들어가지 못해 생긴 '잃어버린 10년'이 '잃어버린 30년'이 되는 지금까지도 침체에서 벗어나지 못하고 있습니다.

잃어버린 10년
1991년부터 2001년까지 일본의 극심한 경기 침체 기간을 일컫는 말로 당시 수많은 기업과 은행이 도산했으며 경제성장률은 0%에 수렴했습니다. 이후에도 일본이 경기 침체에서 벗어나지 못하자 20년, 30년으로 숫자가 바뀌기도 했습니다.

일본을 이렇게 만든 건 일본의 엘리트 그룹입니다. 저는 일류대학을 나와서 '공부만' 잘한 사람들의 편협된 시각이 일본을 망친 것이라고 생각합니다. 미국의 엘리트 그룹은 모두 '월스트리트'에 있는데, 일본의 엘리트 그룹은 실제로 투자한 경험이 없는 관리들입니다. 그럼 우리나라는 어떻게 가야 할까요?

금융을 알아야 하고, 금융을 살려야 합니다. 저는 대한민국 모두가 금융문맹에서 벗어날 때까지 이 얘기를 계속하려고 합니다. 금융문맹에서 탈출하는 일은 지금 무엇보다 중요합니다. 그리고 이는 생각보다 어렵지 않고 거창한 이론도 필요 없는 일입니다. 금융 용어가 어려워 보일 수는 있지만 대부분은 상식적인 수준에서 벗어나지 않습니다. 누구나 간단한 금융 지식과 라이프스타일의 변화를 찾아내는 눈, 그리고 일상에서의 실천력만 있으면 금융문맹에서 벗어날 수 있습니다.

자본주의를 이해하고, 자본이 일하게 만드는 원리를 깨달으며, 잘못된 지출을 줄이고 이를 투자로 이어질 수 있게 하는 용기만 있으면 누구나 금융문맹에서 벗어날 수 있습니다.

한국은 세계 최고의 투자 시장이 될 것이다

모두가 아시다시피 저는 오래전부터 많은 사람들에게 주식투자의 중요성을 말하고 다녔습니다. 예전에는 '왜 주식 같은 투기를 하라고 말하냐!'며 비판받기도 했는데 요즘은 시대가 달라졌음을 체감합니다. 주식투자를 도박으로 여기는 사람들도 여전히 많지만 주식을 인생에서 꼭 필요한 공부로 여기는 사람들도 많아졌습니다. 하지만 이중에서는 여전히 의문을 품는 사람들도 있습니다. 과연 한국이 투자하기에 안전한 시장이냐는 의문입니다.

저는 전문투자자의 입장에서 한국 주식에 투자할 것을 적극적으로 권장하는 편입니다. 제가 한국에서 태어나서가 아니라 한국 투자에 대한 확신이 있기 때문입니다. 예전에는 외국 투자자들에게 한국 투자에 대해 말하면 '북한을 말하는 것이냐, 남한을 말하는 것이냐'라는 질문을 받을 때도 많았습니다. 그만큼 외국에서 봤을 때 우리나라는 존재감이 미미했죠. 하지만 지금은 다릅니다. 외국 투자자들이 한국 주식에 깊숙이 들어와 있죠. 한국 경제에 대한 낙관론자도 많습니다. 이렇게 변화하게 된 이유는 무엇일까요?

저는 한국 사람의 근면성과 영리함 덕분이라고 생각합니다. 누구나 이런 점을 인정할 것입니다. 빠르고 책임감 있게 맡은 바 일을 해내는 한국인의 특성은 외국에서 높게 평가받고 있습니다. 물론 치열한 경쟁에서 따라오는 피로감도 있지만, 한국 특유의 경쟁심과 열정은 경제를 이끄는 주요 원동력으로 작용하고 있습니다.

또 빠른 정보 통신 기술도 중요한 요소입니다. 한국은 예전부터 지금까지 엄청나게 빠른 인터넷 속도를 자랑하고 있습니다. 이 기술만큼은 어느 나라에도 뒤지지 않는 1위로 선두를 달리고 있죠. 인터넷 통신 기술은 미래를 이끌 핵심 기술입니다.

그런데 일본과 중국 사이에서 낀 샌드위치 국가이다 보니 이로 인해 우리나라는 역사적으로 힘든 고난을 겪기도 했습니다. 지금도 경제, 정치적으로 압박을 겪을 때도 많죠. 하지만 이런 고난과 경쟁을 통해 한국은 끊임없이 성장했고 지금도 멈추지 않고 있습니다. 일본이라는 높은 기술력을 가진 국가를 앞지르고 있고, 중국이라는 거대한 소비시장을 옆에 두고 있습니다. 이러한 점은 외국에서 봤을 때 엄청난 투자 이점입니다.

한국은 무궁무진한 발전 가능성이 있고 언젠가 세계 최고의 투자 시장이 될 자질이 충분합니다. 한국은 투자하기 불안한 시장이라는 생각의 파괴를 깨야 합니다.

테슬라의 배터리데이를 보면서

배터리데이
일론 머스크가 테슬라의 비전과 사업 계획을 주주들에게 공개적으로 발표하는 연례행사이자 일종의 주주총회를 의미합니다. 전기차에서 배터리가 중요한 역할을 담당하므로 '배터리데이'라고 불립니다.

2020년 9월, 테슬라는 투자자들에게 신기술과 전망을 발표하는 '배터리데이' 행사를 열었습니다. 저는 이 행사를 지켜보면서 여러 생각이 교차했습니다.

전 세계가 촉각을 곤두세우며 이 행사에 관심을 가졌습니다. 테슬라 홈페이지와 유튜브를 통해 행사가 생중계되었고 전 세계에서 약 26만 명이 지켜봤다고 합니다. 한 기업의 행사를 전 세계 사람들이 볼 수 있도록 하다니 정말 놀랍다는 생각이 들었습니다.

이날 테슬라의 주주들이 회사에 대한 비판도 하고, 노동자들의 권리에 대해서도 말하고, 환경에 대한 이야기도 하는 등 자유롭게 토론하는 모습이 무척 부러웠습니다. 왜 한국은 이렇게 하지 못할까요? 주차장에서 주주총회를 하는 아이디어가 실현될 수 있다는 것, 이런 새로운 이벤트에 전 세계 사람들이 열광하는 것도 굉장히 부러웠습니다.

한국도 이런 방향으로 가야 하지 않을까요?

저는 이 행사를 보면서 우리가 배울 수 있는 것들이 많다고 생각했습니다. 자동차 회사들은 '테슬라를 이기려면 어떻게 해야 될까' 하는 점을 생각할 수 있을 것이고, 투자자들은 '1년에 50만 대밖에 안 만드는 테슬라가 어떻게 지금과 같은 시가총액을 유지할 수 있을까?' 하는 점에서 얻을 시사점이 많다고 봤습니다.

테슬라의 성장세를 벤치마킹하고 싶다면 그들의 신기술과 사업 방향 등에만 주목해서는 안됩니다. 우리는 테슬라가 왜 이런 비전을 추구하는지, 어떤 부가가치를 생성하는지에도 주목해야 합니다.

> **주식투자를 하면서 늘 이런 점에 대해서 깊이 생각했습니다. 투자로 시작했지만 결국 우리나라 산업이 어떻게 가야 될 것인지까지 생각이 미치는 겁니다. 그리고 이는 하나의 문제로 귀결됩니다. 대한민국 교육 시스템이 바뀌어야 한다는 것입니다.**

아이들을 '박스'에서 꺼내야 한다

아직도 한국의 많은 부모들은 자녀를 월급쟁이로만 키우려고 합니다. 공부 잘해서 좋은 대학 들어가는 게 우선이고, 졸업하고 나면 공무원이 되거나 대기업에 들어가길 바라고 있죠. 그게 힘들다면 중소기업에라도 들어가야 한다고 생각합니다. 자녀가 혹시라도 자기 사업을 한다고 하면 위험하다고 말리는 것이 한국의 부모들입니다.

기업에 속하는 것을 욕심내기보다 자신이 직접 기업을 만드는 방법을 고민해봅시다. 많은 사람들이 어려운 길이라고 생각하지만 의외로 대기업 취업보다 쉬운 길일 수도 있습니다.

물론 자식이 잘되기를 바라는 마음에서 비롯된 것이지만 안타깝게도 이는 성공이 보장되는 코스가 결코 아닙니다. 서울대에 들어가면 부자가 될 확률이 높아질까요? 절대 그렇지 않습니다. 서울대에 수석으로 들어간 아이는 그 타이틀이 자신이 가진 대단한 자산이라고 착각하기 때문에 그걸 절대로 못 버립니다. 공무원이 되거나 대기업에 취직하면 부자가 될까요? 이 역시 아닙니다. 그저 평범한 월급쟁이가

스스로 선장이 되도록 돕는 교육이 자리잡아야 합니다. 지금의 교육 시스템으로는 혁신, 가치 창출, 성장 등의 아이디어를 만들어낼 수 없습니다.

될 수 있을 뿐입니다.

부자가 되고 경제적 자유를 만끽하고 싶으면, 모범생이 아니라 '모험생'이 되어야 합니다. 이것도 해보고, 저것도 생각해보고, 다른 무엇이든 해봐야 부자가 될 기회와 더 가까워질 수 있는 법입니다. 그러려면 아이들을 어렸을 때부터 실컷 뛰어놀게 해줘야 하고, 다양한 경험을 하게 해줘야 합니다.

그런데 우리 아이들은 지금 어떻게 자라고 있나요? 실컷 뛰어놀 시간에 학원을 순례합니다. 박스 안에 갇힌 것처럼 종일 건물 안에서 시간을 보내고 있죠. 몸이 갇히면 생각도 갇히기 마련입니다. 아이들을 사교육으로부터 해방시키고 그들의 창의력을 극대화하는 교육을 해야 합니다.

제가 이런 이야기를 하면 학부모들 대부분은 고개를 끄덕입니다. 하지만 실제 삶에서 그걸 깨는 건 쉽지 않습니다. 한국에는 깊은 DNA가 있습니다. 옆집과 비교하며 어떻게든 따라가려고 하죠. 서양 문화는 이와 반대입니다. 서양에서는 오히려 우리 아이가 옆집 아이와 다른 것을 즐거워합니다.

주변 상황과 배경을 중시하는 동양 문화권과 달리 서양 문화권에서는 개인과 개성을 중시합니다. 동양에서는 남들과 다른 행동을 꺼리지만 서양에서는 지향하는 편이죠.

우리는 아이들을 틀에 가두는 교육에서 해방시켜야 합니다. 옆집 아이가 밤 11시까지 학원에 다녀도, 우리 아이는 도서관에서 책 읽고 운동장에서 뛰어놀 수 있게 해야 됩니다. 그러면 아이는 우리 부모는 다른 집과 다르다고 행복해할 것입니다.

제 학창시절에도 교육열은 굉장히 심했습니다. 하지만 제 어머니는 저 스스로 잘할 거라고 늘 믿어주셨습니다. 무엇을 하든 칭찬해주셨고, 한 번도 스트레스를 준 적이 없으셨죠. 제가 친구 집에 놀러 가서 늦게 오겠다고 하면 어머니는 늘 "그래, 그렇게 해"라고 했는데, 오히려 제 친구들이 전전긍긍했습니다. 엄마가 허락할까 안 할까 걱정하면서 말이죠.

저는 친구들을 몰아붙이는 친구 어머니들을 이해할 수가 없었습니다. 제가 친구 집에 놀러 가면 친구 어머니들이 제일 먼저 물어보는 말이 "너 몇 등 하니?"였습니다. 자기 아들보다 제가 공부를 못하면 아들한테 "너 그 애랑 놀지 마"라고 하고, 그 친구보다 잘하면 저를 별로 좋아하지 않는다는 것을 느꼈습니다.

그런데 세월이 많이 지난 지금도 그리 다르지 않은 것 같습니다. 아이를 자신이 원하는 방향으로 끌고 가고 싶어 하는 부모들이 여전히 많습니다. 특히 우리나라는 옆자리의 친구를 경쟁자로 여기는 교육을 합니다. 우리 자녀들의 경쟁자는 국내가 아닌 해외에 있다고 생각해야 합니다. 자녀 옆자리의 친구는 경쟁자가 아닌 협력 상대입니다.

아이들은 훨씬 더 창의적이고 즐거운 교육을 받을 권리가 있습니다. 또한 그렇게 해야만 성공의 길에 더 가까워질 수 있습니다. 부모가 틀에 갇혀 있으면 아이들에게 틀 바깥을 볼 기회를 만들어주지 못합니다. 부모가 먼저 틀에서 나온 후 아이를 틀에서 꺼내야 합니다.

자녀의 미래와 자신의 노후를 한번에 준비하는 법

여기서 짚고 넘어가지 않을 수 없는 문제가 또 하나 있습니다. 바로 어마어마한 사교육비 지출입니다. 부모들은 어쩔 수 없는 지출이라고 생각하지만, 저는 투자 대비 수익률이 가장 형편없는 게 사교육이라고 생각합니다. 많은 부모들이 하는 가장 잘못된 지출이고, 한국이 안고 있는 많은 문제의 근원이라고 생각합니다.

언젠가 만난 한 부부에게 아이들 사교육비로 한 달에 얼마나 쓰느냐고 물은 적이 있습니다. 저는 대답을 듣고 정말 놀랐습니다. "한 달에 150만 원 정도 들어가죠. 그런데 이 정도는 정말 많은 것도 아니에요. 몇 백이 들어가는 집들도 많대요."

저는 이런 상황이 너무나 안타깝습니다. 우리 아이들과 부모의 경제독립을 위해 일해야 할 돈이 수익 창출은커녕 아이들의 경제독립을 가로막는 데 쓰이고 있는 셈이기 때문이죠.

저는 그동안 많은 학부모를 만났고, 늘 이런 제안을 해왔습니다.

"학원을 보내지 마세요. 사교육비를 끊고 그 돈으로 주식을 사세요."

처음에는 '말도 안 되는 얘기'라는 반응이 많았습니다. 심지어 "학원을 보내지 말라고? 정신 나간 양반 아니야?"라는 말도 들었죠. 현실을 모르는 한가한 생각으로 치부하는 사람들이 대다수였습니다. 그런데 방송을 통해서, 책을 통해서 계속 알리고 설득하다 보니 이제는 달라지고 있는 것이 조금씩 체감됩니다. 자녀의 진짜 행복과 성공을 위해서 사교육보다는 경제 교육과 지원이 중요하다는 것을 깨닫는 학부모가 많이 늘고 있는 것이죠.

다시 한번 말하지만 지금이라도 사교육비를 끊고 그 돈으로 자녀에게 주식을 사주거나 펀드를 가입시켜줘야 합니다. 밤 늦게까지 입시

자녀가 남들과 다른 길을 걷게 하는 것은 쉽지 않은 일입니다. 하지만 사교육비에 투자해서 좋은 대학을 가는 것이 성공의 답이 아니라는 사실을 이제는 인정해야 합니다.

학원을 전전하게 할 게 아니라 국내외 주식을 사서 아이와 함께 그 주식에 대한 이야기를 같이 해보세요. 애플이나 삼성 주식을 사서 그 회사들의 전략에 대해 대화할 수 있다면 그게 사교육보다 더 좋은 경험이 될 수 있지 않을까요?

만일 한 달에 150만 원이 사교육비로 쓰이는 대신, 초등학교 1학년 아이의 계좌로 들어가 매달 펀드에 투자된다면 어떨까요? 1년에 10% 수익으로 계산하면 아이가 대학을 졸업할 때쯤이면 10억 원에 가까운 금액으로 불어날 것입니다.

아이가 아무리 좋은 대학을 나와 굴지의 기업에 취직한다 해도 월급은 얼마 되지 않을 것입니다. 그 월급을 모아서 언제 10억 원을 모을까요? 부모는 부모대로 돈이 없을 것이 뻔하죠. 사교육비에 다 써버렸을 테니 말입니다.

1970~1980년대 코닥은 필름전성기 시절 축적한 어마어마한 수익을 바탕으로 신기술 발달에 매진했고 디지털 카메라 기술을 제일 먼저 개발했습니다. 하지만 코닥은 이 기술을 더 발전시키지 않고 필름만 고집했고 그 결과 2012년 파산을 맞았습니다. 지금의 전성기가 지속될 수 있다고 여겼으나 그것은 오판이었죠.

우리는 이제 과감해져야 합니다. 필름 카메라 시장에서 점유율 90% 이상을 가졌던 코닥은 디지털 카메라가 등장한 후 무너졌는데, 아이러니하게도 디지털 카메라를 제일 먼저 개발한 기업이 코닥이었습니다. 과감하게 변화를 했어야 하는데 필름 카메라를 포기할 수 없었던 것이죠.

우리는 과감하게 자녀의 사교육비를 끊고, 그 돈을 주식에 투자해야 합니다. 그것이 자녀와 자신의 미래를 한번에 해결하는 방법입니다.

우리 아이들을 박스에서 꺼내야 합니다.

사교육보다 경제 지원을 통해

물고기를 주는 것이 아닌 낚시를 하는 법을 알려주는 교육이 필요합니다.

지금이라도 사교육비로 나의 노후와 아이의 미래를 위해 투자하세요.

5교시

소비를 투자로 바꿔라

사람은 살아가는 내내 소비를 멈추지 않습니다. 그래서 소비는 익숙하지만 투자는 그렇지 않죠. 투자를 소비처럼 경험하지 않았기 때문입니다. 일상의 소비를 투자로 치환한다면 소비가 익숙한 것처럼 투자도 익숙해질 것입니다.

평생 쓰기만 한 사람은 모으는 사람을 이길 수 없다

'흙수저'는 웬만해선 부자가 되기 힘들다고들 합니다. 하지만 저는 그렇게 생각하지 않습니다. 흙수저가 부자가 되는 모습은 주변에서 수없이 봤지만, 금수저가 평생 부자로 사는 것은 오히려 많이 보지 못했기 때문입니다.

금수저는 돈을 쓰는 데 익숙하고, 돈을 아낄 줄 모르기 때문에 정말로 큰 부자가 아닌 이상 평생 쓰기만 하다가 잘못되는 경우가 많습니다. 결국 부자로 태어나는 게 중요한 것이 아니라 부자가 되는 습관이 중요한 것입니다.

세상에는 두 부류의 사람들이 있습니다. 부를 창조하는 생활을 하는 사람과 부를 파괴하는 생활을 하는 사람들입니다. 필요 없는 지출을 줄여서 노후를 위한 투자를 일찍 시작하는 사람들이 전자라면, 반대로 자신의 수입보다 과도하게 지출하는 사람들이 후자입니다. 당신은 부를 창조하는 사람인가요, 부를 파괴하는 사람인가요? 부자는 자산을 취득하면서 즐거움을 누리지만, 가난한 사람들은 부채를 취득하면서 즐거움을 얻습니다.

이제 우리는 재산을 취득하는 즐거움을 누려야 합니다. 소비하는 습관을 줄이고, 투자하는 습관을 가져야 합니다.

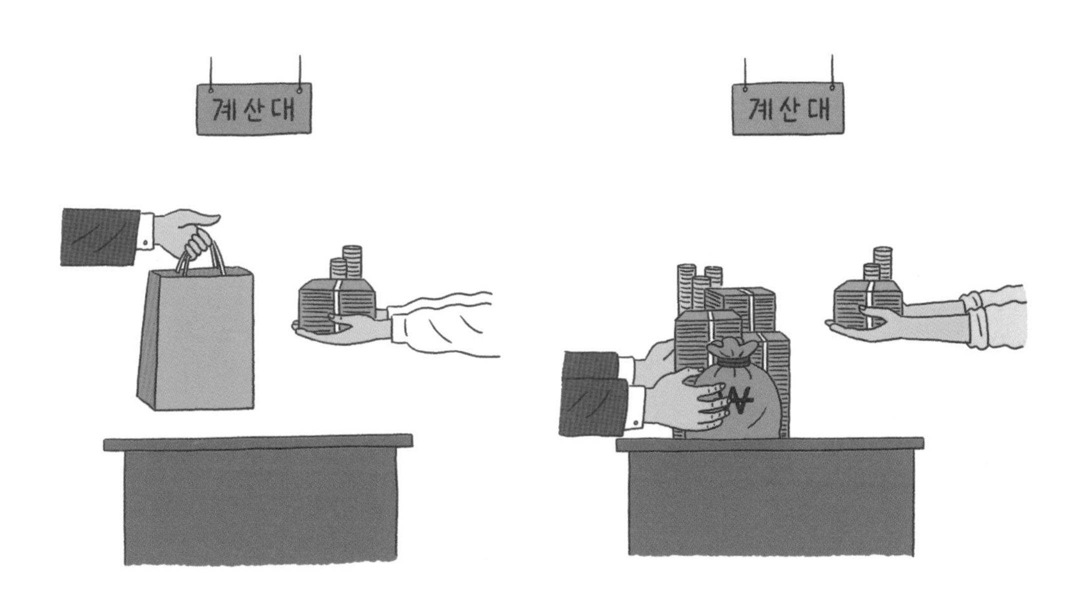

Pay yourself first!

제가 한국에 와서 신기했던 것 중 하나가 사람들의 씀씀이가 굉장히 크다는 거였습니다. 월급이 적어서 투자를 못한다며 한탄하는 사람들은 많은데, 그런 말을 하는 사람들 중에는 비싼 승용차를 타고 비싼 가방을 들고 다니는 사람들이 숱하게 많았습니다. 이들은 부자처럼 보이

부자가 되고 싶다면 말을 멈추고 실천합시다. 가장 먼저 선행되어야 할 것은 보여주기식, 자기만족식의 소비를 멈추는 것입니다.

기 위해 부자의 길에서 점점 더 멀어지고 있었습니다. 그런 모습들을 보고 있자면 그들의 미래가 어떨지 걱정이 앞섭니다.

무조건 돈을 쓰지 말라는 것이 아닙니다. 1000만 원을 가지고 1억 원을 만든 다음에 100만 원짜리 명품을 사는 것은 이해할 수 있습니다. 하지만 1000만 원을 가지고 있을 때 100만 원짜리 명품을 사는 건 잘못된 습관입니다. 이 순서의 차이가 큰 경제적 어려움을 낳는 원인이 됩니다.

우리는 부자처럼 보이지 말고 진짜 부자가 되어야 합니다.

"Pay yourself first!"

미국에서 흔히 주고받는 말입니다. 돈이 생기면 그 돈을 쓰기 전에 '자신에게 먼저 지불하라'는 뜻입니다. 이를테면, 월급이 300만 원이라고 했을 때 30만 원은 무조건 나의 노후를 위해서 투자하는 것입니다.

우리 모두 이제부터 매일 조금씩 부자가 됩시다. 어제보다 오늘 조금 더 부자가 되자는 마음으로, 라이프스타일에 과감한 변화를 줘야 합니다. 나 자신을 위해 먼저 돈을 지불한(투자한) 다음에 다른 소비 항목들의 우선순위를 정해 남은 돈을 쓰세요. 그러다가 돈이 떨어지면, 거기에서 멈춰야 합니다.

'욜로(YOLO, You Only Live Once)족'보다는 '파이어(FIRE, Financial Independence, Retire Early)족'이 됩시다. 지금 당장, 낭비하는 돈을 투자로 바꿔보세요.

파이어족
조기 은퇴를 목표로 소비를 극단적으로 줄이며 은퇴 자금을 마련하는 이들을 일컫는 용어로 2008년 금융위기를 겪은 고학력 고소득 계층으로부터 시작되었습니다. 최근 한국에서도 30대 은퇴를 목표로 소비를 줄이고 투자를 고민하는 파이어족이 늘고 있습니다.

하루 만 원의 소비를 투자로 바꿔보자

"저는 여유자금이 없어서 투자를 하고 싶어도 할 수가 없어요"라는 말에 저는 "그렇지 않아요"라고 대답합니다. 여기서 여유자금은 '다 쓰고 남은 돈'을 말하는 게 아닙니다. 소비를 하기 전에 '노후를 위해 미리 떼어놓는 돈'이 여유자금입니다. 현재의 소비를 최대한 줄여 미래를 만드는 자금이죠.

쓸 데 다 쓰고 남는 돈으로만 투자하려 한다면 당연히 투자할 돈은 하나도 남지 않을 것입니다. 무의식적으로 되풀이하는 낭비성 지출, 특히 자기 만족을 위한 소비를 투자로 전환해야 합니다. 돈이 일을 해서 벌어주는 돈을 경험한 사람들은 돈을 절대 헛되게 쓰지 않습니다. 소비에서 얻는 만족보다 더 큰 만족을 얻을 수 있기 때문이죠.

소비에서 얻는 만족이 투자로 얻어지도록 생각을 전환해 보세요.

20대라면 수입의 10%, 30대는 15~20%, 40대는 25~30%, 50대는 30~40%, 60대는 50% 이상을 여유자금으로 미리 떼어두는 것이 좋습니다. 나이가 많을수록 더 많은 여유자금을 비축해야 하는 이유는 간단합니다. 노후까지 남은 기간이 길지 않기 때문이죠. 조만간 수입이 없어지고 미리 준비해둔 노후자금으로만 생활해야 되기 때문에 나이가 많아질수록 더 절박한 마음으로 가능한 한 많은 부분을 여유자금으로 비축해야 합니다.

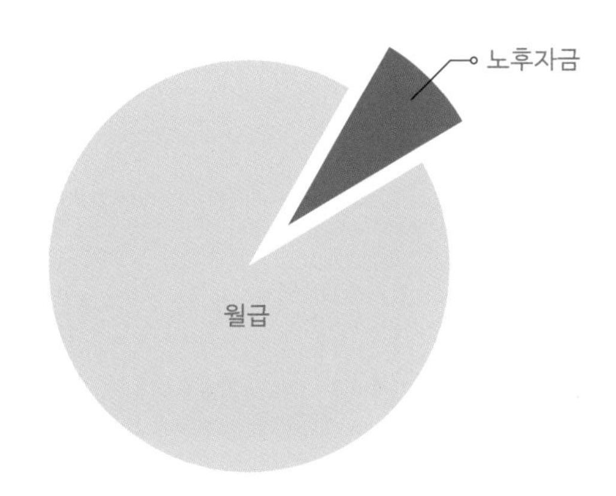

그리고 이 여유자금을 은행에 예적금으로 묶어두는 것이 아니라 주식이나 주식형 펀드에 투자해야 합니다. 적은 돈이라도 괜찮으니 증권계좌에 미리 입금해두고 1주, 2주씩 사 모읍시다. 가게에서 물건을 사듯이 일상적으로 주식을 사는 것이죠.

가족들의 생일, 입학, 졸업, 기념일 등 이벤트가 있는 날, 주식이나 펀드를 선물하는 건 어떨까요? 두고두고 의미 있는 선물이 될 것입니다.

주식투자 경험이 없어서 두렵다면 하루에 1만 원씩 주식형 펀드에 투자하는 것도 방법입니다. 하루 1만 원이라는 돈이 훗날 든든한 버팀목으로 돌아올 것입니다.

주식형 펀드
자산 구성 중 60% 이상이 주식에 투자된 펀드를 말합니다. 주식에 투자된 비율이 50~60%라면 주식혼합형, 50% 미만이라면 채권혼합형이라고 합니다.

절대 빚내서 투자하지 마라

강연에 갔을 때 이런 질문을 받은 적이 있습니다.

"주식투자를 하고 싶기는 한데, 저는 빚이 좀 있거든요. 그럼 빚을 다 갚고 나서 주식을 하는 게 좋을까요? 아니면 계속 빚을 갚아나가면서 주식투자도 같이 하는 게 좋을까요?"

이런 경우 내가 진 빚이 어떤 빚인지 파악하는 것이 중요합니다. 빚에는 좋은 빚과 나쁜 빚이 있습니다. 좋은 빚은 내 재산을 늘리기 위해 지는 빚입니다. 예를 들어 살고 싶은 집을 사기 위해 은행에서 대출을 받는 것은 좋은 빚입니다. 대부분 부동산을 담보로 대출을 받기 때문에 이 빚은 이자율도 낮습니다. 보통 이런 성격의 빚을 레버리지(Leverage)라고 부릅니다.

레버리지
타인 자본, 즉 부채로 투자해 수익률을 극대화시키는 투자 방법입니다. 보통 낮은 이자로 자금을 빌려와서 수익성 높은 곳에 투자해 대출 이자보다 높은 이익률을 창출하는 것이 목적입니다.

하지만 비싼 물건을 사기 위해서, 여행을 가기 위해서 진 빚은 나쁜 빚에 속합니다. 그런 빚은 이자율도 높을 수밖에 없고, 내 재산을 늘리는 것이 아니라 갉아먹습니다. 나쁜 빚은 무조건 먼저 갚아야 합니다.

요컨대, 소비를 위해 진 빚들은 가능한 한 빨리 갚은 후 투자를 시작해야 하고, 아파트를 사기 위해 진 빚이라면 예정된 스케줄대로 갚아나가면서 주식투자를 하면 됩니다.

중요한 것은 주식투자는 절대 빚으로 하면 안 된다는 점입니다. 주위를 보면 대출을 받아서 주식에 투자하는 이들을 꽤 많이 볼 수 있습니다. 그러나 여유자금이 아니라 이렇게 빚을 내서 주식투자를 하면(저축으로 모은 돈이더라도 조만간 사용해야 할 돈이라면 그건 여유자금이라고 볼 수 없습니다) 오래 보유할 수가 없습니다. 심리적으로 더 쫓기게 되기 때문입니다. 차트의 움직임에 일희일비하고, 민감하게 반응하게 되니 결과적으로 실패할 확률이 더 큽니다.

여유자금으로 투자해야 원치 않는 시점에 주식을 팔아야 할지도 모른다는 압박감에서 벗어날 수 있습니다. 주식을 샀는데 대출이자가 부담이거나, 당장 현금이 필요하면, 장기 투자를 하고 싶어도 팔게 될 일이 분명 생깁니다. 이런 경우 대부분이 몇 년 후에 자신이 팔았던 주식이 더 높은 가격으로 오른 것을 보고 땅을 치며 후회합니다.

되도록 투자하고 잊을 수 있는 돈이어야 합니다. 그래야 조바심 내지 않는 안정적인 투자가 가능합니다.

연금만큼은 꼭 이해하고 활용하라

지금 직장인이라면 아마도 회사에서 퇴직연금을 들고 있겠죠? 그러나 대부분의 직장인은 자신의 퇴직연금이 DC형(확정기여형)인지 DB형(확정급여형)인지도 잘 모릅니다. 회사의 경영진조차도 여기에 관심이 없는 경우가 태반이죠.

노후준비의 필수인 연금제도에 대해선 누구나 꼭 이해해야 합니다. 연금제도는 크게 공적연금과 사적연금으로 분류됩니다. 공적연금은 익숙하게 알고 있는 국민연금이고, 사적연금은 퇴직연금과 연금저축을 말합니다. 국가 주도하에 가입되고 관리되는 국민연금을 제외하고 사적연금인 퇴직연금과 연금저축에 대해 자세히 짚어보겠습니다.

퇴직연금: DB형과 DC형의 차이

퇴직연금은 근로자의 노후소득 보장을 위해 근로자 재직 기간 중 퇴직금을 금융기관에 적립하고, 이 재원을 운용하여 근로자가 퇴직할 때 연금 또는 일시금으로 지급하는 제도입니다. 이때 금융회사에 적립되는 금액을 기업이 운용하느냐 개인이 운용하느냐에 따라 DB형(확정급여형)과 DC형(확정기여형)으로 나뉩니다.

DB형은 기업이 근로자 급여의 일정 금액을 금융회사에 적립하고 운용하여 확정된 퇴직급여를 지급하는 제도입니다. 보통 직전 3개월

노후 대비를 위한 3층 연금

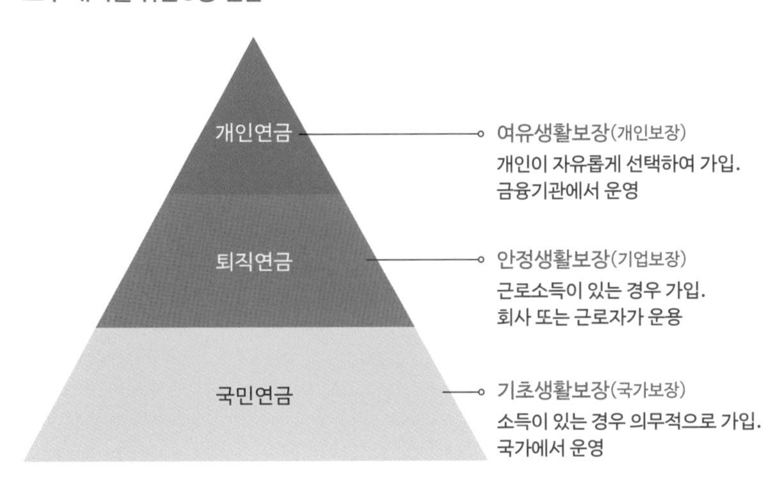

평균임금에 근속연수를 곱해 퇴직금을 계산합니다.

DC형은 근로자가 스스로 적립금을 운용하고 그에 따라 얻어지는 손익을 최종 연금으로 지급받을 수 있습니다. 운용성과에 따라 퇴직 후의 연금액이 DB보다 증가하거나 줄어들 수 있는데 이에 대한 책임은 근로자가 갖는 것이 DC형의 주요 특징입니다.

DC형은 회사가 퇴직금(월급의 8.33%)을 금융사에 적립해주면 근로자가 이 돈의 운용을 금융사에 지시하고 수익률에 대해 책임지는 것으로, 미국의 401k 제도와 비슷한 방식입니다. 그런데 한국의 근로자들은 원금 손실이 두려워 대부분 DB형을 택하고, 간혹 DC형을 택하더라도 예금 등 원금보장형 상품을 선택하는 경우가 많습니다.

저는 퇴직연금의 일정 부분은 반드시 주식형 펀드에 투자해야 한다고 생각합니다. 워런 버핏도 언급한 복리의 마법을 믿기 때문입니다.

2018년 8월, 미국 DNBC 방송에서 흥미로운 보도를 했습니다. 미국의 기업 퇴직연금제도인 401k 덕분에 백만장자가 된 사람이 1년 만에 41%나 증가했다는 내용이었는데 어떻게 이런 일이 가능했을까요?

인터넷 검색 창에 고용노동부 퇴직금 계산기를 치면 근로자 스스로 퇴직금을 계산해볼 수 있는 홈페이지가 뜹니다. 대략적인 퇴직금을 계산할 때 유용하니 참고하세요.

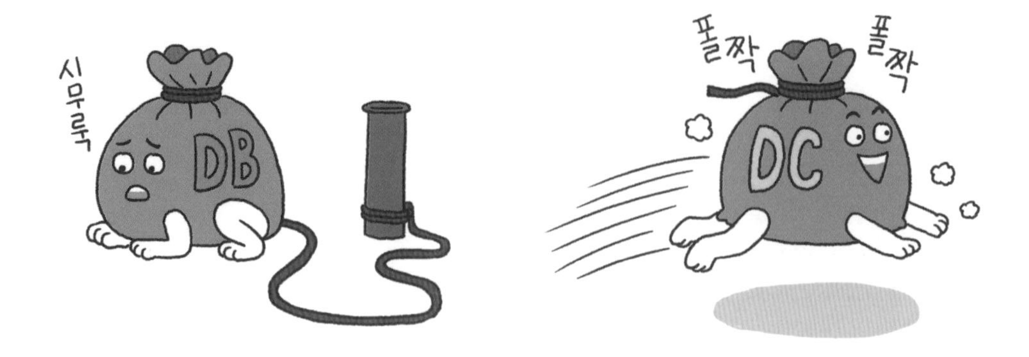

복리의 자산축적 효과는 상상을 초월합니다. 복리란 원금에 붙는 이자에 추가로 붙는 이자를 의미합니다. 워런 버핏은 지금의 부를 이룩할 수 있었던 가장 큰 요인으로 복리의 마법을 말하기도 했죠.

미국의 401K는 40% 이상이 주식에 투자되고, 그중 청년층의 퇴직연금은 대부분 주식이나 주식형 펀드로 운용됩니다. 따라서 자연스럽게 30년 이상 장기적으로 주식투자를 한 직장인 중 복리 효과를 최대로 얻은 이들이 백만장자가 된 것이죠.

한국에서는 퇴직연금 덕분에 부자가 되었다는 얘기를 아직까지 들어보지 못했습니다. 그 이유는 퇴직연금에서 주식에 투자하는 비중 차이 때문입니다. 한국의 퇴직연금은 90% 이상이 원금보장형 상품에 투자되고, 주식에 투자되는 비중은 5%가 채 되지 않습니다. 원금 보장을 선호하는 성향과 잘못 운용되는 퇴직연금제도, 제도에 대한 이해와 금융지식의 부족이 초래한 안타까운 현실입니다.

OECD 주요국의 퇴직연금 자산 중 주식의 비중(2018년 기준)

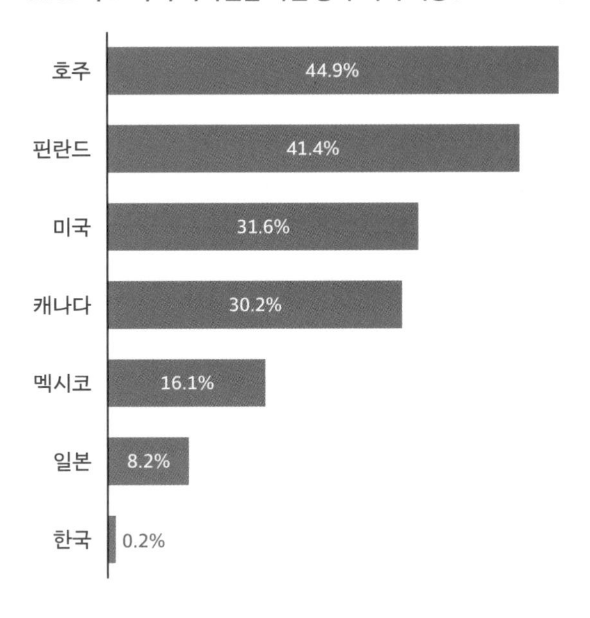

연금저축은 필수다

국민연금과 퇴직연금만으로는 노후준비가 충분하지 않습니다. 여기서 개인이 추가적으로 선택할 수 있는 방안이 연금저축입니다. 연금저축은 금융기관에 따라 크게 두 가지로 나뉘는데 하나는 보험회사의 연금저축보험이고, 다른 하나는 증권회사나 자산운용사의 연금저축펀드입니다. 노후 준비를 위해 제가 추천하는 것은 연금저축펀드입니다. 수수료가 가장 저렴하고 다양한 투자가 가능하다는 장점이 있기 때문이죠.

먼저 연금저축보험에 대해 간단히 설명하겠습니다. 연금저축보험은 사업비 명목으로 매월 7~10%의 금액을 제하고 난 나머지 금액을 적립금으로 운용합니다. 세액공제가 가능한 상품으로 1년에 최대 400만 원 한도로 16.5%까지 공제받을 수 있습니다. 이때 공제율은 총 급

소득공제와 세액공제
소득공제는 세금 부과에 기준이 되는 소득 자체를 줄여주는 것을 의미합니다. 반면 세액공제는 이미 산정된 세금에서 일정액을 차감해주는 것으로 소득공제보다 세금 차감 효과가 큽니다.

여에 따라 달라집니다. 연금저축보험은 수익률을 고려할 때, 가입한 후 원금에 도달하려면 최소 7년, 평균 10년 이상이 소요됩니다. 또한 납입 기간과 횟수를 모두 채워야 하죠. 그래서 가입자들 중에는 여러 이유로 2회 이상 보험료를 납입하지 못해 중도해지하는 이들을 흔하게 볼 수 있습니다.

반면 연금저축펀드는 중간에 납입하지 못하더라도 문제가 되지 않습니다. 장기적으로 고수익을 추구할 수 있고, 자유로운 포트폴리오를 구성할 수 있습니다. 실제로 연금저축 상품 수익률 평균치 비교를 보면, 연금저축펀드가 7.75%(세액공제 후)의 수익률로 가장 높게 나타났습니다.

연금저축보험과 마찬가지로 세제 혜택이 있습니다. 해마다 1800만 원까지 납입할 수 있는데, 이 중 400만 원(50세 이상인 경우, 600만 원)까지는 13.2~16.5%의 세액공제를 받을 수 있습니다. 또한 이 연금을 운용해서 생긴 이익에 대해서도 연금 수령이 시작되기 전까지는 세금을 부과하지 않습니다.

연금저축보험과 연금저축펀드 모두 중도 해지 시 그동안 공제받았던 연말정산 혜택을 모두 반납해야 합니다. 그러니 급하게 돈이 필요하더라도 해지는 신중해야 합니다.

사실 연금저축펀드만 잘해도 노후 준비는 충분합니다. 해마다 1800만 원은 적어 보여도 막상 금액을 맞추기가 쉽지 않습니다. 부부가 따로 하면 벌써 1년에 3600만 원이죠. 이 최대 한도를 채우기만 해도 노후 준비는 얼추 갖춘다고 볼 수 있습니다.

개인형 퇴직연금, IRP

연금저축펀드와 함께 IRP까지 추가로 할 수 있다면 금상첨화입니다. 개인형 퇴직연금인 IRP는 회사에서 가입하는 퇴직연금과 달리 재직 중에도 개인의 노후를 위해 자율적으로 가입하거나 퇴직 시 받은 일시금을 계속해서 적립, 운용할 수 있는 제도입니다. 근로자, 자영업자, 공무원 등 소득이 있는 사람이라면 누구나 가입이 가능하고, 연금저축계좌와 합산하여 최대 700만 원까지 세액공제 혜택을 받을 수 있습니다. 700만 원 납입 및 16.5% 세액공제 시 최대 115만 5000원의 절세효과도 가능하죠.

6교시

단계를 따르고, 분산 투자하라

투자에도 순서가 있습니다. 투자가 두렵다면 펀드부터 시작하기를 권합니다. 편견만 깬다면 펀드는 초보 투자자들에게 유용한 선생님이자, 체계적인 투자 수단이 되어줄 것입니다.

실패가 두렵다면 단계별로 시작하자

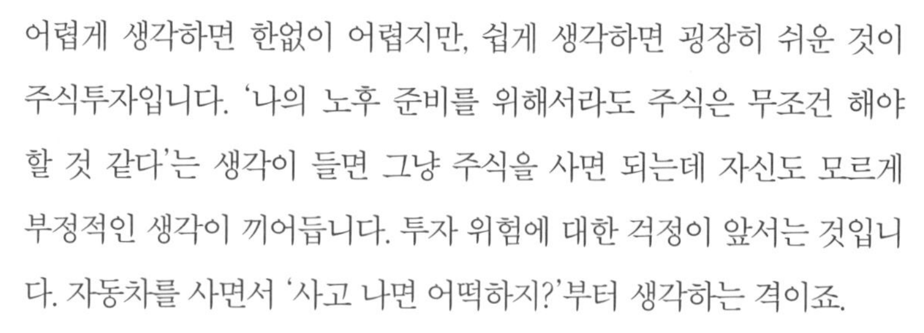

어렵게 생각하면 한없이 어렵지만, 쉽게 생각하면 굉장히 쉬운 것이 주식투자입니다. '나의 노후 준비를 위해서라도 주식은 무조건 해야 할 것 같다'는 생각이 들면 그냥 주식을 사면 되는데 자신도 모르게 부정적인 생각이 끼어듭니다. 투자 위험에 대한 걱정이 앞서는 것입니다. 자동차를 사면서 '사고 나면 어떡하지?'부터 생각하는 격이죠.

이렇게 생각하면 절대 부자가 될 수 없습니다. 부자가 되고 싶다면 긍정적인 마인드를 가져야 합니다. 우리 부모님이 부자가 아니고, 부모님이 나한테 유산을 남겨준 게 아니어도, 내가 부자가 될 수 있는 희망을 주는 것이 주식이라고 생각해보세요. '나를 부자로 만들 주식이 무엇일까?' 투자는 이 질문에서부터 시작하면 됩니다.

현 상황을 비판적으로 바라보는 시각도 물론 필요하지만 경제 성장, 기업에 대한 긍정적인 믿음이 투자할 때 필요합니다. 신뢰가 가지 않는 기업에 투자하는 것은 불가능합니다.

그런데 순서와 단계는 있습니다. 투자가 처음이라면 펀드부터 시작해보세요. 가장 우선적으로는 앞서 얘기한 퇴직연금, 연금저축펀드부터 필수적으로 들고, 주식형 펀드도 들어보고 이후 여유가 생기면 개

단계별 투자 추천표

별 주식투자를 하는 것입니다.

사실 국내만 해도 2000여 개 이상의 주식이 있기 때문에 어떤 주식을 사야 할지 처음에는 막막할 수밖에 없습니다. 너무 많은 주식이 오히려 투자의 첫 발을 떼기 힘들 게 만드는 원인이 되는 셈이죠.

그래서 주식투자에는 관심이 있지만 시간적 여유가 없고, 훈련이 되어 있지 않은 초보자라면 펀드(주식형 펀드)부터 시작하면 어떨까요? 펀드에 투자하면 어떤 주식을 살지, 또 언제 사고팔 것인지 고민할 필요가 없어집니다. 매일, 매월 적은 금액이라도 내가 하고 싶은 만큼 일정액만 투자하면 되고, 자연스럽게 여러 주식에 골고루 분산 투자도 할 수 있습니다.

특히, 아이의 첫 투자를 펀드부터 들어주면 여러모로 좋습니다. 요즘 현명한 부모님들은 자녀 명의로 펀드를 들어주고 정기적으로 오는 펀드 운용 보고서를 자녀와 함께 보면서 펀드매니저가 3개월 동안 어떤 일을 했는지 이야기를 나누곤 합니다. 펀드매니저가 디즈니를 더 샀는지, 맥도날드를 더 샀는지, 왜 그렇게 했는지를 말입니다. 아이가 '내 돈이 이렇게 투자되고 있구나!' 느낄 수 있다면 이보다 훌륭한 금융 교육이 없겠죠?

자녀 명의로 된 적금, 펀드, 주식 등은 모두 증여세 대상입니다. 미성년자 자녀의 경우 10년 마다 2000만 원, 성년부터는 5000만 원까지 증여세 공제가 가능하니 참고로 알아두세요.

초보 투자자가 펀드를 잘 고르는 법

펀드는 어떻게 골라야 할까요? 어떤 점을 잘 살펴보고 고르는 것이 좋을까요? 이건 아주 중요한 문제입니다.

첫째, 수수료와 보수를 중요하게 살펴봐라

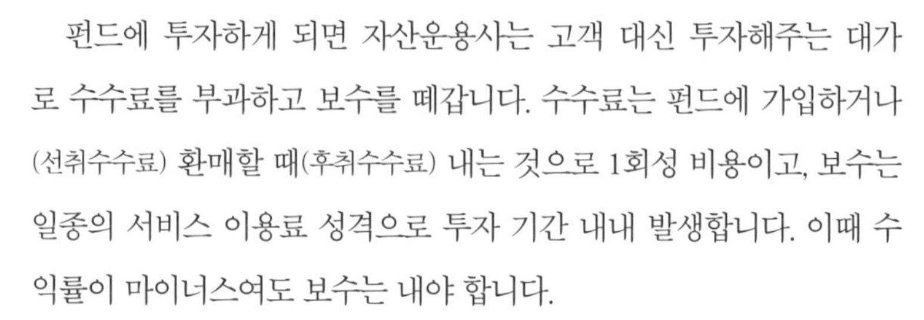

펀드에 투자하게 되면 자산운용사는 고객 대신 투자해주는 대가로 수수료를 부과하고 보수를 떼갑니다. 수수료는 펀드에 가입하거나(선취수수료) 환매할 때(후취수수료) 내는 것으로 1회성 비용이고, 보수는 일종의 서비스 이용료 성격으로 투자 기간 내내 발생합니다. 이때 수익률이 마이너스여도 보수는 내야 합니다.

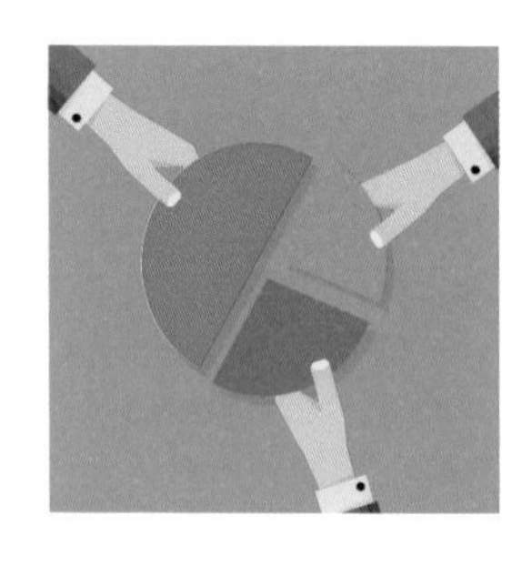

펀드 보수는 크게 펀드를 운용하는 자산운용사에 지급하는 운용보수, 은행과 보험사 등 판매회사에 지급하는 판매보수, 가격 계산 및 인출 등의 비용으로 지급하는 사무관리 회사보수로 나눠집니다.

보수는 보통 1년에 1% 내외입니다. 펀드 수익률이 10%라 할 때 1%가 보수 명목으로 차감되는 것입니다. 그런데 별 거 아닌 것 같은 이 비용이 사실은 따지고 보면 굉장히 비쌀 수도 있습니다. 1%와 2%는 엄청난 차이입니다. 1%씩 20년이면 20%죠. 복리까지 따지면 훨씬 커집니다.

그러니 이왕이면 수수료나 보수가 저렴한 펀드를 고르는 것이 좋습니다. 펀드는 종류마다 비용 체계가 다른데, 펀드의 '클래스'가 무엇인지를 보면 대략적인 비용을 판단해볼 수 있습니다. 여기서 클래스란 펀드에 적용되는 다양한 수수료 · 보수 체계를 구분하는 표시로 보통 펀드 이름에 A, C, E, S 등으로 붙는 것을 말합니다. 판매수수료 부과 여부 및 판매 경로, 기타 조건 등에 따라붙는 알파벳이 달라지는데 대표적인 A, C, E 클래스의 특징을 간단히 살펴보겠습니다.

A 클래스는 선취수수료와 연간 보수가 모두 부과되는 펀드이고, C 클래스는 선취수수료는 없지만 연간 보수가 다소 높게 부과되는 상품입니다. E 클래스는 인터넷을 통해 가입 가능한 펀드로 보통 선취수수

료와 보수가 저렴한 편이죠. 자신의 투자 스타일과 맞는 펀드 클래스를 찾아서 투자를 시작해보세요.

A, C, E 클래스 비교 분석표

유형	특징	추천
A 클래스	선취수수료 부과 연간 보수 부과	수수료를 뗀 금액으로 투자를 시작하기에 2년 이하 단기 투자에 불리. 장기 투자자에게 추천
C 클래스	선취수수료 없음 연간 보수 다소 높게 부과	운용기간에 비례해 연간 보수 측정. 투자 기간에 따라 연간 보수 높게 부과되기에 장기 투자에 불리. 2년 이하 단기 투자자에게 추천
E 클래스	온라인으로 상품 판매 선취수수료, 연간 보수 저렴	각 증권사 온라인 사이트에서 판매하는 펀드

둘째, 펀드를 운용하는 자산운용사를 잘 골라야 한다

주식을 고를 때 그 회사의 경영진과 철학을 중요하게 봐야 하는 것처럼 펀드 역시 마찬가지입니다. 단순히 유행에 따라 펀드를 만들고 있는지, 가치 있는 기업을 찾아내 장기적으로 펀드를 운용하고 있는지 살펴보세요. 또 펀드를 운용하는 펀드매니저가 회사를 자주 옮겨 다닌 사람이라면 운용 철학 역시 여러 번 바뀔 가능성도 높습니다.

앞서 펀드회전율 지표를 얘기했는데, 이게 척도가 될 수 있습니다. 다시 설명하면, 회전율 100%라고 하는 건 쉽게 말해 1년 동안 펀드 포트폴리오가 다 바뀐다는 것을 의미합니다. 즉, 평균 투자 기간이 1년이라는 얘기죠. 회전율이 10%면 평균 투자 기간이 10년, 20%면 평균 투자 기간이 5년 정도 된다고 볼 수 있는데 어떤 펀드는 회전율이 500%, 1000%가 되기도 합니다. 주식을 계속 사고판다는 뜻이겠죠. 이런 펀드는 피하는 것이 좋습니다.

금융투자협회가 운영하는 펀드다모아 홈페이지(kofia.or.kr)를 통해 펀드의 수익률을 한눈에 비교해서 볼 수 있습니다. 주식형, 채권형, 혼합형 등 유형별 펀드를 수익률 상위 50개로 모아 보여주니 간편합니다. 각각 펀드의 자산운용보고서를 통해 펀드회전율도 살펴볼 수 있으니 펀드를 가입할 때 참고해서 살펴보세요.

한 가지 중요한 것은 단기간의 수익률을 가지고 판단하는 것을 지양해야 한다는 것입니다. 많은 사람들이 펀드를 고를 때 단기간의 수익률을 중요하게 보는 경우가 있습니다. 하지만 수익률보다 중요한 것은 펀드를 운용하는 회사의 철학입니다.

셋째, 펀드매니저나 운용사의 직원들이 자신들의 펀드에 투자하고 있는지를 확인해보라

이는 운용사나 펀드매니저가 고객들의 이해관계와 일치하는지를 보라는 것입니다. 이런 정보는 어떻게 알 수 있을까요? 물어보면 됩니다. 그런데 이런 걸 물어보는 사람이 거의 없습니다. 미국에서는 운용사가 펀드를 팔 때, "당신들의 돈은 여기에 얼만큼 넣었는가?" 하는 질문을 으레 받습니다. 자신들은 해당 펀드에 돈을 안 넣으면서 고객 돈을 받는 것은 이해가 안 되는 일이지 않을까요?

그들이 말하는 좋은 펀드라면 자신들의 돈도 넣는 게 당연합니다. 그리고 펀드매니저의 돈도 그 펀드에 들어가 있다면, 고객이 그 펀드를 훨씬 더 신뢰할 수 있을 것입니다. 이제는 펀드를 사기 전에 꼭 한 번 물어보세요. "당신도 여기에 돈을 투자하고 있나요?"라고 말이죠. 아마 펀드매니저가 굉장히 놀라워하지 않을까요? '아, 이 분은 굉장히 똑똑한 투자자구나!'라고 생각할지 모릅니다.

본인이 파는 음식을 싫어하는 요리사를 본 적이 있나요? 펀드도 마찬가지입니다. 좋은 펀드라고 생각한다면 펀드매니저 역시 투자하는 것이 당연합니다.

펀드와 투자에 대한 갖가지 오해들

"주식에 직접 투자하기는 아무래도 힘들어서 펀드를 할까 싶은데요. 솔직히 펀드가 매력적인 투자로 느껴지지는 않아요. 옛날에 펀드 들었다가 큰 손해를 봤던 기억도 있고요."

펀드 투자 상담 시 종종 나오는 이야기입니다. 1999년 '바이 코리아'로 대표되는 펀드 붐이 일었을 때, 2000년대 중반 중국 주식형 펀드가 인기몰이를 했을 때를 떠올려봅시다. 당시 큰 수익을 얻은 사람들도 있지만 큰 손실을 입은 사람들도 상당히 많았습니다. 펀드 투자에 대한 기억이 안 좋을 수밖에 없는 일이었죠.

하지만 과거의 기억으로 아직까지 펀드 투자의 장점을 보지 못하고 꺼려한다는 것은 안타까운 일입니다. 펀드는 단일 종목에 투자하는 위험, 특정 시기에 투자하는 위험을 줄여줍니다. 투자자가 적정한 수익을 얻는 데 도움을 주기에 여러모로 유용한 투자상품이죠.

2007년 10월에 차이나펀드에 몰린 돈은 약 14조 원에 달했습니다. 소위 말하는 중국 펀드 광풍의 시기였죠.

지금은 아무것도 없이 무턱대고 주식에 투자하겠다는 사람이 갑자기 너무 많아졌습니다. 무엇이든 단계가 있는 건데, 순서가 바뀐 것처럼 보입니다. 전체적인 내 몸의 상태를 보고 운동을 시작해야 하는데 무턱대고 무거운 바벨부터 들어올리겠다는 것과 무엇이 다를까요?

투자에 대해 공부하기 어렵다면, 운동 시작 전 트레이너에게 상담을 받는 것처럼 전문가를 통해 컨설팅을 받을 수도 있습니다. 자산 배분을 어떻게 할지, 몇 퍼센트를 주식에 넣을지, 포트폴리오를 어떻게 하면 좋을지 등을 상담 받는 것이죠. 그게 펀드 투자입니다.

투자에 대해서든, 펀드에 대해서든 잘못 알고 있는 게 너무 많습니다. 무조건 '펀드는 안 좋아, 펀드로는 잘 못 벌어. 개별 주식을 해야 빨리 벌지'라고 생각하는 것이죠. 급하니까 빚을 내서 투자하고, 리딩방에 의존하고, 매체에서 어떤 종목이 좋다고 하면 거기에 휩쓸리고…… 혼란만 계속 더하는 일입니다.

언젠가 강연에서 누군가가 제게 이런 말을 했습니다.

"존리 대표님 말을 듣고 삼성전자 주식만 꾸준히 사고 있어요."

투자를 꾸준히 하고 있다는 것은 좋은 일인데, 여기서 잘못된 게 한 가지 있습니다. 바로 한 종목만 사는 일입니다.

아무리 좋은 회사를 골라서 투자를 한다고 해도 실패할 확률은 늘 있습니다. 잘못 판단했을 수도 있고, 예측하지 못한 환경이 펼쳐질 수도 있죠. 투자란 항상 리스크를 동반합니다. 그 위험을 완화시키는 장치이자 실패를 최소화시키는 방법이 바로 분산 투자입니다.

한두 종목에 장기간 투자했는데 손실을 보았다고 말하면서 장기 투자하면 안 된다고 하는 것도 잘못된 생각입니다. 장기 투자 역시 분산 투자의 일환입니다. 장기 보유했을 때 10배, 20배 혹은 100배 벌 수 있는 주식이 포트폴리오에 있다면, 나머지 몇 종목의 손해는 충분히 만회할 수 있습니다. 때문에 위험을 완화시킬 수 있도록 15~20개의 종목에 분산 투자를 해야 합니다. 처음부터 15~20개 종목을 한꺼번에 사는 것이 아니라 한 종목씩 늘려가면 됩니다.

사는 주식마다 수익이 나는 것은 불가능한 일입니다. 어떤 투자의 대가도 할 수 없는 일이니 우리는 무조건 분산 투자를 해야 합니다.

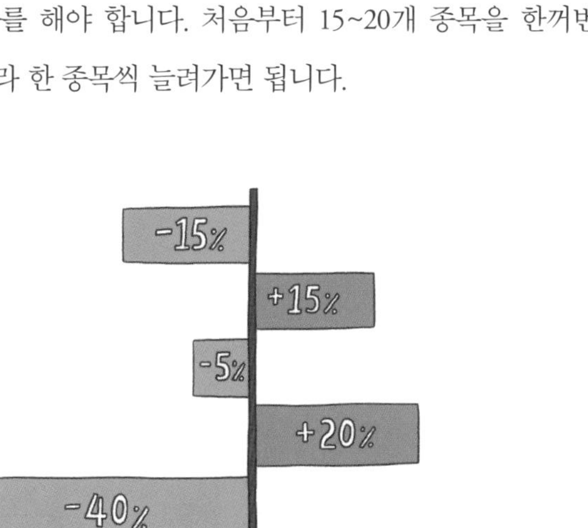

초보자라면 이렇게 분산 투자하라

분산 투자의 톱다운과 보텀업

분산 투자는 톱다운(Top down)과 보텀업(Bottom up), 두 가지 스타일로 접근할 수 있습니다.

톱다운 스타일은 투자하고 싶은 분야나 비중을 미리 정해두고 하는 것입니다. 예를 들어 헬스케어에 무조건 투자해야 한다고 생각하면 전체 포트폴리오에서 헬스케어를 30%로 잡고, 또 반도체 업종에 20%, 플랫폼 비즈니스에 20%, 이런 식으로 정하는 것입니다.

보텀업 스타일은 내가 투자하고 싶은 회사를 먼저 고르는 것입니다. 셀트리온이 좋아 보여서 5%, 카카오가 좋아 보여서 5%, 이런 식으로 투자를 합니다. 그렇게 해서 나중에 구분해보니 '헬스케어 비중이 18%가 되었네' 하고 섹터별 비중이 나오는 것입니다.

저는 보텀업 스타일입니다. 사실 대부분의 사람들이 이 스타일로 투자를 하는데, 문제는 분산을 잘 안 합니다. 그래서 위험해지는 것이죠.

분산 투자를 하는 3가지 방법

분산 투자에 대해서도 다각도로 생각해볼 수 있습니다.

① 업종의 분산

분산 투자라고 하면 가장 먼저 떠올리는 방식이 이것입니다. 주가가 언제 오르고 언제 내릴지 알 수 없듯이 어떤 업종이 상승하고 어떤 업종이 하락할지도 알 수 없습니다. 그래서 경기민감주(경기에 민감한 업종)를 포트폴리오에 담았다면 경기와 무관한 업종도 담아서 위험을 분산하는 것이죠.

경기민감주
경기와 밀접한 관련이 있어서 경기 변동에 따라 주가가 크게 오르내리는 기업의 주식을 말합니다. 대표적으로 자동차, 반도체, 건설 등이 있고 반대인 경기방어주로는 전력, 가스, 식료품 등이 있습니다.

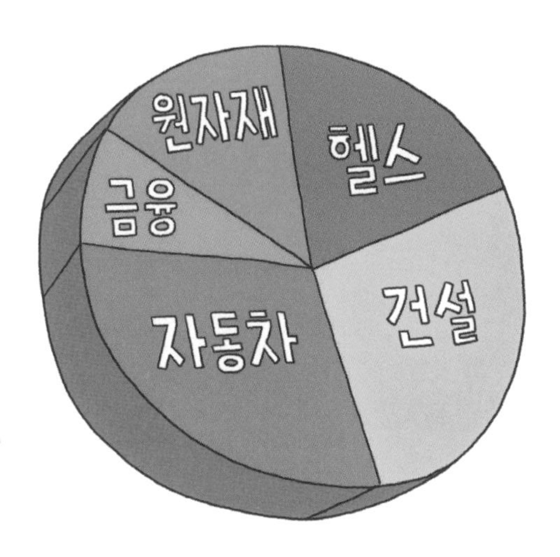

시장이 상승하거나 하락할 때 모든 종목이 한꺼번에 오르고 내리는 일은 거의 없습니다. 그래서 업종별로 분산해서 주식을 산 후 장기간 보유하다 보면, 갖고 있는 종목들이 앞서거니 뒤서거니 하면서 상승하는 즐거움을 볼 수 있을 것입니다.

② 지역의 분산

한국 주식만이 아니라 미국, 중국, 동남아 등 다른 나라의 주식에도 투자함으로써 위험을 분산하는 전략입니다. 요즘에는 해외 주식에 대한 투자가 대중화되었기 때문에 대부분의 증권사 HTS에서도 쉽게 거래를 할 수 있습니다. 해외 기업 분석이 어렵다면 해외에 투자하는 펀드에 가입하는 것도 좋은 방법입니다.

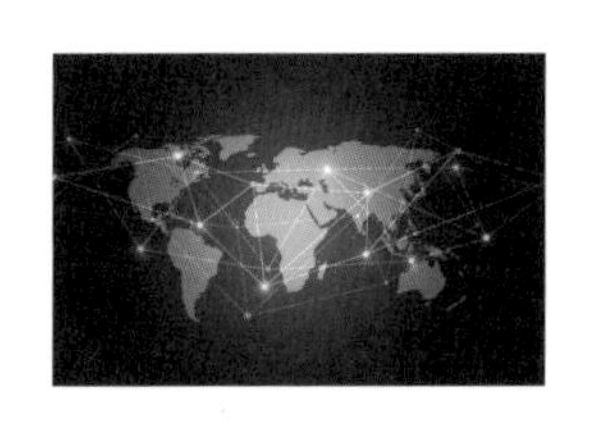

IMF와 같이 국가를 흔드는 경제 위기가 발생할 때 해외로 분산해서 투자를 해놓았다면 국내 투자로 얻는 손실을 만회할 수 있어 안전할 것입니다.

③ 시간의 분산

매월 적립식으로 투자하는 것입니다. 주가가 높으냐 낮으냐와 상관없이 정해진 시기에 정해진 금액만큼 사보세요. '급여일에 무조건 10%

는 떼어서 펀드에 투자한다'는 식으로 자신만의 규칙을 정해두는 것입니다. 앞서 강조했듯이 처음에는 펀드로 시작하는 것이 좋습니다. 적은 돈으로 분산 투자가 가능하기 때문입니다.

주가가 오르든 내리든 일정액의 주식을 사면, 주가가 상승할 때는 수익률이 높아져서 좋고 주가가 하락할 때는 주식을 싸게 살 수 있어서 좋습니다. 또 상승했을 때 주식을 사서 하락할 때 파는 위험에서도 벗어날 수 있습니다.

무엇보다 시간의 분산은 어릴 때부터 시작하는 것이 유리합니다. 장기 투자의 효과를 최대한 누릴 수 있기 때문이죠.

한 살이라도 어릴 때, 지금 바로 시작하라

'이제부터 제대로 투자를 해야지'라고 마음먹어도 늘 어려운 것이 시작입니다. 두려움 반 귀찮음 반으로 차일피일 미루죠. 주식에 직접 투자를 하든, 펀드로 투자를 하든 가장 중요한 것은 지금 당장 시작해야 한다는 것입니다.

이미 투자를 시작했다면, 제대로 된 투자 철학을 바탕으로 투자하고 있는지 점검해볼 필요가 있습니다. 각종 매체에서 매일같이 쏟아져 나오는 주식 관련 뉴스는 혼란만 더합니다. 그러다 "무슨 종목을 사라, 팔아라" 같은 유혹에 흔들려 잘못된 투자의 길로 빠지는 것이죠.

물론 세상 돌아가는 소식은 중요합니다. 하지만 스스로가 뉴스에 끌려가지 않고, 뉴스를 끌고 가려면 올바른 투자 철학이 선행되어야 합니다.

이제부터 바로잡으면 됩니다. 커피 한 잔, 담배 한 갑, 아이 학원비 등을 아낀 1만 원, 10만 원, 50만 원으로 시작하세요. 오랜 시간 동안 눈덩이처럼 굴려주는 복리 효과를 최대한 얻으려면, 일찍 투자를 시작해서 오래할수록 유리합니다. 그러니 가장 유리한 사람은 노후까지의 시간이 가장 많이 남은, 갓 태어난 아이겠지만 그렇다고 우리가 늦은 것은 아닙니다. 마음먹은 지금 당장 시작하세요.

물론 아이의 투자는 부모가 시작해줘야 합니다. 아이가 태어날 때, 백일잔치 때, 돌잔치 때, 명절에 어른들로부터 돈을 받을 때가 의외로 많습니다. 그 돈만 꼬박꼬박 투자해도 아이가 성인이 될 때쯤이면 큰 자산으로 불어나 있을 것입니다.

투자하기에 늦은 때란 없습니다. 분명한 것은 오늘이 내일보다 유리합니다.

미룰수록 돈이 일할 수 있는 시간은 줄어듭니다. 100세 시대입니다. 오늘 투자한 돈은, 당신이 30세라면 앞으로 70년을, 40세라면 60년을 일할 것입니다. 한 살이라도 어릴 때, 지금 바로 투자를 시작해서 당신의 삶을 바꿔보세요.

7교시

'내가 갖고 싶은 기업'을 사라

기업과 동업한다는 생각으로 투자해야 합니다. 동업이라고 접근하면 동업자의 자산이 얼마인지, 가치관은 어떠한지, 미래 가능성은 있는지 등이 자동으로 고민될 것입니다. 투자는 이렇게 접근해야 합니다.

나에게 좋은 기업은 다른 사람에게도 마찬가지다

이제 더 구체적으로 들어가봅시다. 투자할 기업은 어떻게 찾아야 할까요? 제가 좋은 주식을 고르는 방법은 단순합니다. 무슨 특별한 노하우가 있는 게 아니라 누구나 할 수 있는 방법들이죠.

수년 전 저희 회사가 투자했던 기업을 사례로 들어보겠습니다. 당시 한국을 찾는 관광객이 굉장히 많았는데, 특히 중국 관광객들 사이에서 한국 화장품이 엄청난 인기를 누리고 있다는 것을 알게 되었습니다. 그래서 우리는 당시 한국 화장품 기업 중 대표 기업인 아모레를 매집했고, 높은 수익률을 올렸습니다.

중국 관광객이 명동을 장악했던 2015년 아모레퍼시픽 시가총액은 약 24조 2310억 원을 기록하기도 했습니다.

이런 판단과 투자 결정은 펀드매니저만 할 수 있는 일이 아닙니다. 특별한 전문성이 요구되는 일도 아니기에 흔히 생각하는 것처럼 개인 투자자가 절대 불리한 것도 아닙니다. 세상에는 정보가 너무 많아서 문제이지 부족해서 문제가 될 일은 거의 없습니다. 사실 오랜 경험이 있는 펀드매니저들도 투자를 결정할 때 별반 다르지 않은 고민을 합니다.

사람마다 기업을 볼 때 중요하게 생각하는 것은 다 다르겠지만, 제가 보는 몇 가지가 있습니다. 핵심은 '나는 이 회사와 동업하고 싶은가 아닌가'입니다. 동업자를 구한다고 생각해봅시다. 무엇이 가장 중요할까요? 어떤 비전을 갖고 있는 사람인지, 어떤 자질과 능력을 가진 사람인지, 그리고 신뢰할 수 있는 사람인지가 아닐까요?

저는 앞으로 빠르게 변할 세상에 대해 이 회사는 어떤 비전을 가지고 있는지를 주로 봅니다. 회사가 망하지 않고 잘 성장하고 있는지, 빚은 얼마나 있고 이익은 얼마나 되는지, 위기가 왔을 때 버틸 수 있는지를 보는 것이죠. 무엇보다 중요한 것은 회사의 경영진입니다. 결국 경영진의 철학이 회사의 비전과 성장을 담보한다고 생각하기 때문입니다.

지금부터 제가 투자하는 기업을 고르는 원칙과 방법에 대해 하나씩 차근히 짚어보도록 하겠습니다.

주변 시장의 변화를 빠르게 파악하는 눈과 함께 올바른 투자 철학을 갖춘다면 개인 투자자도 전문가를 이기는 수익을 낼 수 있습니다.

초점은 '갖고 싶은 기업'에 있다

'내가 이 회사의 주인이라면 너무 좋겠다, 나는 이 주식을 갖고 싶다'는 생각이 들 때가 있습니다. 주식은 이럴 때 사야 합니다. 그런데 대개는 '10만 원 주고 샀는데 12만 원 되면 팔아야지'라는 접근으로 삽니다. 이건 올라갈 거 같아서 산 것이지 갖고 싶어서 산 게 아닙니다.

가령 맥도날드 햄버거를 좋아해서 매일같이 맥도날드에서 햄버거를 사 먹는다고 생각해봅시다. 평생 맥도날드 햄버거만 먹어도 좋겠다는 생각이 들 때 '평생 맥도날드 햄버거를 먹고 싶은 사람이 나 말고 전 세계에 얼마나 많을까? 맥도날드 주식을 갖고 있으면 나중에 큰돈으로 불어나 있겠네'라는 생각으로 자연스럽게 이어지지 않을까요?

여러분이 갖고 싶은 걸 주식으로 사세요. 명품 가방을 사고 싶다면 명품 가방을 파는 회사의 주식을 사는 것입니다. 어려울 게 없습니다.

제가 최근에 받았던 질문 두 가지를 소개하려고 합니다. '투자를 해야 할까, 말아야 할까'에 대한 고민이 들어 있는 질문인데, 이를 바탕으로 '갖고 싶은 기업을 산다'는 것의 의미를 한 번 더 생각해봅시다.

갖고 싶은 마음과 욕심을 구분하라

질문 1

"우리나라가 반도체 산업으로 먹고사는데, 그다음 산업은 뭘까 생각하니 바이오밖에 없는 것 같아요. 그래서 바이오 기업을 갖고 싶

은 마음은 들거든요. 그런데 바이오는 너무 변동성이 크고 위험하잖아요. 예를 들어 카카오라면 '이 기업이 나중에 잘될 것 같아'라는 것은 알겠는데, 바이오는 잘될 수도 있고 안될 수도 있을 것 같거든요."

이 질문을 한 사람은 바이오 기업의 주식을 갖고 싶은 것이라고 볼 수 있을까요? 아닙니다. '너무 변동성이 크고 위험하다, 잘될 수도 있고 안될 수도 있을 것 같다'는 이유로 갖고 싶지 않은 것입니다.

갖고 싶은 마음과 욕심은 구분해야 합니다. 여기서 '바이오 기업을 갖고 싶은 마음이 든다'라고 한 것은 사실 욕심입니다. 그저 돈을 남들처럼 빨리 벌고 싶은 것이죠. '바이오 기업들 많이 올랐네…… 저걸 샀었으면 100% 벌었는데!' 싶은 것입니다. 우리는 이렇게 접근하면 안 됩니다.

주식을 살지 말지에 대한 답을 다른 사람에게 구하고 있다면 이미 답이 나온 것입니다. 자신의 선택에 확신이 없는 주식은 사도 후회, 팔아도 후회입니다.

갖고 싶은 것과 욕심을 구분하지 못하는 사례는 무수히 많습니다. 사실 매일매일 일어나고 있죠. 증권 방송에도 나오지 않나요? 진행자가 "오늘 어떤 종목을 가지고 오셨나요?" 하고 묻고, 전문가라는 사람은 "저는 A라는 종목을 가지고 나왔습니다" 하면서 해당 종목의 현황을 쫙 나열합니다. 이 회사는 어떻고, 무엇을 개발했고 등등 장밋빛 얘기만 나오니 듣다 보면 어서 빨리 매수하고 싶은 마음에 나도 모르게 조바심을 내게 됩니다.

좋게만 이야기하면 사야 될 이유가 만 가지가 됩니다. 반대로, 나쁘게만 이야기하면 팔아야 될 이유가 만 가지입니다. 하지만 내가 사고 싶은 마음이 단순한 조바심인지 아니면 확신인지를 따져봐야 합니다.

홈쇼핑에서 판매하는 물건이 모두 좋아 보이는 것과 마찬가지입니다. 당장 사야 할 것만 같아서 사지만 나중에 후회하고 반품하는 일이 부지기수죠.

그러지 않으면 사고 나서 후회하고, 팔고 나서 후회하고…… 후회만 계속 반복됩니다.

질문 2

"제가 갖고 싶은 주식 중 하나가 엔비디아(NVIDIA)거든요. 엔비디아가 글로벌 GPU(그래픽카드용 칩) 시장에서 80%의 시장점유율을 갖고 있는데, 앞으로 GPU의 수요는 더 많아질 것 같아요. AI에 필요한 병렬 구조에도 GPU가 필요할 거고, 자율주행차에도 시각적 정보를 다 처리하려면 GPU가 필요할 거고요. AI나 자율주행 다 성장하는 산업인데, 하나도 아니고 이 두 산업군에 다 필요한 거니 '이건 완전 다이아몬드 광산인가' 하는 느낌? 이런 것은 갖고 싶은 요건에 해당될까요?"

엔비디아는 컴퓨터, 스마트폰 등에 들어가는 그래픽처리장치(GPU)를 개발·제조하는 전 세계 1위 기업입니다.

바로 이런 것이 갖고 싶은 기업입니다. 이렇게 엔비디아라는 회사에 대해 하나하나 파악하다 보면 파생하는 새로운 회사들을 발견하게 됩니다. 엔비디아와 연관성이 있는 회사나 경쟁자 같은 또 다른 기업들을 알게 되고, 그러다 보면 새로운 투자 기회들이 또 보이게 됩니다. 포트폴리오는 이렇게 늘어나는 것이죠.

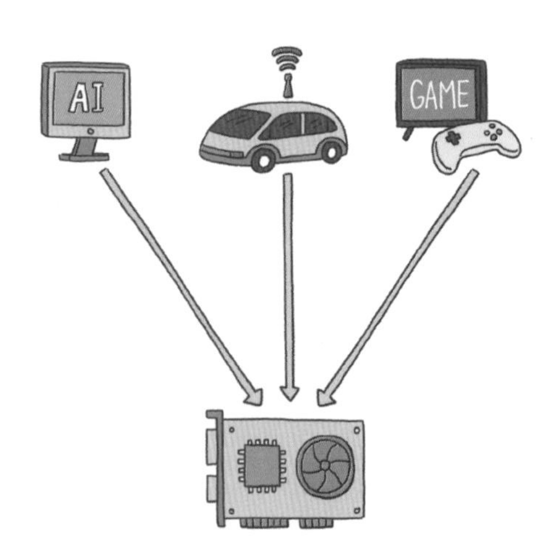

갖고 싶은 기업이 있을 때 반드시 따져봐야 할 것들

어떤 주식을 사야겠다는 마음이 들면, 그 회사에 대해 잘 따져보고 공부해봐야 합니다. 그런데 많은 사람들이 밖으로 드러난 정보만 공부하고 회사에 대해 자세히 알아봤다고 착각합니다.

수많은 투자자만큼이나 수많은 가치판단 기준이 존재합니다. 같은 지표를 보고도 누군가는 매수를, 누군가는 매도 의견을 낼 수 있습니다.

가령 '이 기업은 주주들이 어떻게 구성되어 있나? 국민연금이 갖고 있는 주식인가? 외국인들은 가지고 있나?'를 알아보며 기업의 가치를 판단할 수 있습니다. 국민연금 같은 기관이나 외국인은 개인 투자자와 달리 철저한 분석을 통한 매수가 대다수라 이들의 투자 여부를 통해 해당 기업의 투자 가치를 대략 파악할 수 있습니다.

하지만 이게 척도가 되어서는 절대 안 됩니다. 국민연금 혹은 외국인의 보유 여부만 생각하거나 대략적인 매출 혹은 부채만 간단히 체크해서 이 기업의 편입 여부를 판단할 게 아니라 그 기업에 대해 공부를 해야 합니다.

예를 들어, 회사에 대해 따져보다 보니, 빚이 많은 회사지만 그 빚이 굉장히 빠르게 상환되고 있다는 것을 발견한다면 이는 적절한 투자 시기를 의미하는 것일 수도 있습니다. '이 회사가 옛날에는 나빴는데 좋아지고 있구나'라고 판단할 수 있게 되는 것이죠.

환경의 변화, 트렌드도 중요합니다. 매출액이 늘어나고 있는지 줄어들고 있는지, 이익률이 늘어나고 있는지 줄어들고 있는지도 알아야 합니다. 이익률이 줄어든다면 파는 제품의 경쟁력이 떨어진 건지, 가격 경쟁력이 없어서 그런 것인지를 파악해야 합니다. 장사하는 것과 똑같죠. 커피숍을 차렸는데 옆집에서 계속을 가격을 내리면 나도 내릴 수밖에 없습니다. 그런 비즈니스 모델은 결코 좋은 게 아닙니다.

그렇다면 좋은 비즈니스 모델이란 어떤 것일까?

제가 뉴저지에 살 때는 뉴욕에 있는 회사에 출근하기 위해 매일 조지워싱턴 다리를 건너야 했습니다. 한 번 건너는 데 통행료로 무려 8달러를 냈죠. 저는 다리를 건널 때마다 이런 생각을 했습니다. '이 다리를 내가 가지고 있다면 얼마나 좋을까? 이 회사가 상장되면 얼마나 좋을까?'라고 말이죠.

강을 건너려면 누구나 다리를 건널 수밖에 없습니다. 게다가 통행료는 꾸준히 오릅니다. 다리가 존재하는 한 투자가 계속될 필요도 없고, 경쟁자도 없습니다. 리스크는 크지 않고 수익은 계속되는 이상적인 구조입니다.

주로 독과점 기업이 이에 해당합니다. 시장의 진입 장벽이 높아 소수의 비즈니스가 수익을 꾸준하게 창출할 수 있는 구조입니다.

이런 것이 좋은 비즈니스 모델입니다. 가격 경쟁력이 있고, 가격을 컨트롤할 수 있고, 그 회사만이 가지고 있는 비즈니스 포지션이 있는 것, 저는 이런 관점에서 주식을 살펴봅니다. 그러다 갖고 싶은 기업을 발견하면 바로 투자를 하죠.

그런데 만일 좋은 비즈니스 모델인데도 경영진을 신뢰할 수 없다면? 예를 들어, 다리의 통행료를 징수하는 사람이 돈을 빼돌린다면? 그 회사와는 동업하고 싶지 않을 것입니다.

회사의 진가를 파악하기 위한 방법

저는 스커더에 있을 때부터 기업 방문을 하는 것을 굉장히 중요하게 생각했습니다. 그리고 기업 방문을 하기 전에는 사전에 회사에 대해 따져보기 위해 재무제표를 읽어보곤 했죠.

재무제표에는 회사를 알아보는 데 중요한 내용이 담겨 있습니다. 관심을 갖고 자료를 보면 회사가 좋아질 것인지 나빠질 것인지 정도는 파악할 수 있죠. 주가가 언제 오르고 언제 내릴지는 알 수 없어도, 이 회사가 앞으로 더 좋아질지 어떨지는 초보자도 예측할 수 있습니다. 그렇다면 재무제표에서 무엇을 살펴야 회사가 성장할지를 잘 파악할 수 있을까요?

재무제표에서 봐야 하는 것
: 매출의 성장성, 수익의 지속성, 투자의 효율성

일단 매출 규모와 매출 증가율을 봐야 합니다. 매출은 회사의 영업 환경과 수익 모델을 평가하는 다양한 의미를 내포하고 있습니다. 말하자면 회사에 대한 호기심을 갖는 시작점이 되는 지표입니다.

매출 규모는 회사의 규모와 성장성을 파악하는 지표로 매출 증가율을 볼 때는 최근 것만 볼 게 아니라 일정 기간 동안 지속적으로 증가하는지를 봐야 합니다. 만일 일시적으로 매출이 정체 혹은 감소했다면 꼭 그 원인을 파악해보세요.

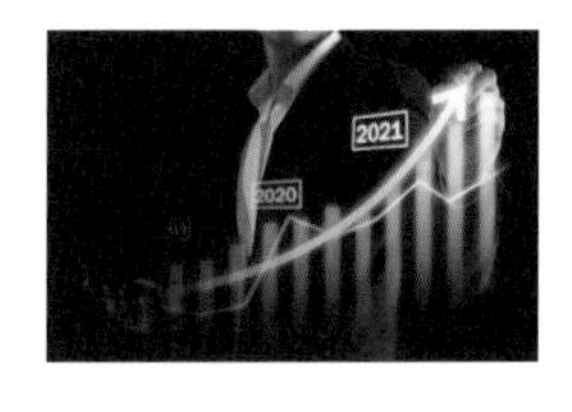

기업의 수익성을 판단할 때는 금액과 기간 모두를 고려해야 합니다. 얼마만큼의 수익을 꾸준히 창출하는지 살펴보세요.

회사의 외형보다 중요한 것은 수익의 지속성입니다. 장기 투자의 성공은 결국 기업이 얼마나 돈을 버는지, 즉 기업의 수익성에 달려 있기 때문입니다.

회사의 수익성은 매출액 대비 영업이익, 순이익, EBITDA(Earnings Before Interest, Taxes, Depreciation and Amortization) 등으로 확인합니다. EBITDA는 '세전영업이익+감가상각비 등 비현금성 비용+제세금'으로 파악하는데 영업이익과 순이익은 특별하게 발생한 이익 또는 손실을 반영하지 않기 때문에 EBITDA를 봐야 영업으로 창출하는 현금흐름을 더 잘 파악할 수 있습니다. EBITDA가 높다는 것은 기업이 돈을 잘 벌고 있고, 기업 내 현금 흐름도 좋다는 의미입니다.

EBITDA
이자, 세금 등의 비용을 빼기 전 순이익을 나타내며 순수하게 기업이 영업활동을 통해 벌어들이는 현금 창출 능력을 보여주는 지표입니다. 기업의 가치를 보여주는 중요한 지표 중 하나입니다.

매출이나 이익 외에도 회사가 어떤 사업에 언제, 얼마나 투자를 하고 있는지도 봐야 합니다. 투자 자금이 큰 경우 투자가 매출과 수익으로 이어져 투자비를 회수하기까지 오랜 기간이 걸릴 수 있습니다. 또한 투자가 일회성으로 그치는 것이 아니라 재투자를 해야 하는 경우도 많죠. 따라서 대규모 투자를 하는 회사라면 일단 투자의 질과 내용, 효용성을 파악할 필요가 있습니다.

가장 중요한 것은 '경영진'이다

앞서 언급했듯이, 저는 투자할 것인가 말 것인가를 결정하는 데 그 회사를 운영하는 경영진이 가장 중요한 요소라고 생각합니다.

매출과 수익을 적절히 유지하며 기업의 가치를 높이는 경영적인 판단은 투자의 본질과도 맞닿아 있습니다. 경영진을 믿을 수 있다면 현재 이익의 상당 부분을 재투자하는 데에도 동의할 수 있습니다. 경영진의 판단대로 성공적인 재투자가 이뤄졌다면, 미래 수익과 주당순자산도 당연히 좋아질 것이고, 미래의 배당도 늘어날 것이니 이는 선순환 구조를 가지며 주가에도 반영될 것입니다.

저는 훌륭한 경영진을 만나면 훌륭한 동업자를 만난 것처럼 기쁜 마음이 듭니다. 그리고 그 회사에 더 많은 투자를 하고 싶어지죠.

그동안 여러 경영자를 만나왔는데, 좋은 경영자들에게는 공통점이 있습니다. 좋은 경영자는 회사를 늘 최상의 상태로 유지하기 위해 노력합니다. 현 시점에서 회사에 가장 중요한 이슈를 정확히 알고 있고, 이에 대한 적절한 대책을 갖고 있습니다.

그런데 의외로 본인 회사의 자기자본이익률(ROE)이 얼마인지 모르는 경영자들이 많습니다. 회사의 수익 구조를 잘 모른다는 얘기죠. 반대로 유능한 경영자는 원가 개념을 정확하게 파악하고, 사업에서 발생하는 비용이 어떤 것이며 매출에서 차지하는 비중은 얼마나 되는지를 잘 압니다. 사업이 어느 정도의 규모가 돼야 안정적인 영업 이익률을 올릴 수 있는지를 알고, 어떻게 해야 그 수준이 될 수 있는지를 파악하고 있습니다. 이런 경영자가 있는 회사의 비전은 밝을 수밖에 없겠죠?

사업에서 큰돈을 들여 경쟁 우위를 확보하려면 그만큼 많은 리스크를 져야 합니다. 하지만 훌륭한 경영자는 리스크를 최소화해서 이길 수 있는 방법을 선택하고, 시장이 그쪽으로 움직이도록 이끕니다.

훌륭한 경영자는 주주들(특정한 대주주가 아니라 전체 주주들)이 무엇을 원하는지도 잘 압니다. 내재가치보다 비싼 값을 주고 자산을 매입하거나 내재가치보다 싼 값에 신주를 발행하는 등의 행위는 해선 안 된다는 것도 잘 압니다. 그건 회사의 가치를 갉아먹는 행동이기 때문입니다.

훌륭한 경영자는 회사의 수익금을 주주들에게 배당하는 것이 좋을지, 자사주를 매입해서 주식가치를 올리는 것이 더 유리할 것인지를

생각합니다. 그리고 상황을 종합적으로 판단해 주주의 이익을 위한 올바른 의사결정을 합니다.

이런 경영자가 있는 회사에는 투자자들이 몰려들 수밖에 없습니다. 투자자들이 신뢰하기 때문에 주식 가치도 올라가고, 이는 곧 시가총액의 증가로 이어집니다. 경영자에 의해 회사의 가치가 올라간다는 것은 분명한 사실입니다.

기업 가치를 평가하는 지표들 : EPS, PER, PBR, ROE, EV/EBITDA

기업의 가치를 판단할 때 자주 쓰이는 몇 가지 지표들이 있습니다. HTS 혹은 인터넷을 통해 해당 기업 개요를 찾아보면 분기별로 업데

이트되는 수치를 쉽게 확인할 수 있습니다. 각 지표가 어떤 의미인지는 알고 있으면 기업이 좋아지고 있는지 나빠지고 있는지를 파악하는 데 도움이 됩니다. 앞에서도 간단히 설명했지만 여기서는 좀더 자세히 지표의 특징을 하나하나 살펴보겠습니다.

여기서 설명하는 지표들은 모두 인터넷으로 쉽게 찾아볼 수 있습니다. 증권사 홈페이지 혹은 네이버 금융의 기업별 종목분석 현황을 찾아보면 해당 지표들의 수치를 알 수 있습니다.

① EPS(Earning Per Share, 주당순이익)

EPS는 당기순이익을 발행주식 수로 나눈 것으로, 기업이 1년 동안 벌어들인 돈이 1주당 얼마인가를 나타냅니다. 만일 1년 순이익이 100만 원이고 주식 수가 1만 주라면 EPS는 100원이 됩니다. 참고로 2020년 12월 기준 삼성전자의 EPS는 3841원이었습니다.

EPS가 높다는 것은 그만큼 기업이 돈을 잘 벌었다는 뜻입니다. 최근 몇 분기 동안 EPS가 꾸준히 늘었다면, 일회성 실적이 아니라 계속 좋아지고 있다고 볼 수 있습니다.

성장성이 높은 업종의 경우 일반적으로 EPS는 낮고, PER와 PBR은 높은 모습을 보입니다. 이익은 작지만 미래에 큰 성장을 할 수 있을 것이라는 기대감에 주가가 움직입니다.

② PER(Price Earning Ratio, 주가수익비율)

PER는 기업의 현재 주가를 EPS(주당순이익)로 나눈 것으로, 주가를 기업의 수익성 측면에서 판단하는 지표입니다. 만일 주가가 1만 원인 기업의 EPS가 2000원이라면 PER는 5가 됩니다. 이 기업의 주식이 EPS의 5배에 팔리고 있다는 뜻이며, 투자 원금을 회수하는 데 5년 정도가 걸린다는 의미이기도 합니다.

PER는 대체로 낮을수록 좋지만, 반드시 그런 건 아닙니다. 성장성이 높은 업종의 경우, 현재의 이익에 비해 주가가 높게 형성되기도 해서 PER가 30, 40 이상이어도 거래될 때가 있습니다. 현재 테슬라의 전기차 판매는 다른 완성차 기업에 비해 미비한 수준이지만 PER는 2021년 7월 기준 718배에 이릅니다.

③ **PBR(Price on Book-value Ratio, 주가순자산비율)**

PBR은 주가를 BPS(주당순자산가치)로 나눈 것입니다. 기업의 순자산에 비해 주식이 몇 배로 거래되고 있는지를 측정한 값으로, 자산가치 측면에서 판단하는 지표입니다. 순자산이란 회사가 영업을 중지하고 청산하고자 할 때 주주에게 분배되는 금액, 즉 기업이 소유하고 있는 자산의 장부상 가치를 말하며, 청산가치라고도 합니다. 만일 어떤 기업의 시가총액이 1조 원인데 보유하고 있는 순자산이 2조 원이라면, PBR은 0.5가 됩니다. 주가가 순자산의 0.5배밖에 되지 않기 때문에 기업은 자산 대비 저평가되었다고 할 수 있습니다.

PBR이 1이라면 현 시점에서 현재가와 주당순자산이 같다는 뜻입니다. PBR이 1보다 낮으면 주가가 기업 자산가치에 비해 저평가된 것이고, 1보다 높으면 주가가 자산가치보다 높게 평가된 것입니다. 단, PER와 마찬가지로 PBR도 무조건 낮아야 좋다고 할 수는 없습니다. 보통 성장성이 낮은 회사들이 낮은 PBR을 유지하는 경우가 많습니다.

④ **ROE(Return On Equity, 자기자본이익률)**

ROE는 순이익을 자기자본으로 나눈 것으로, 기업이 자본을 이용해 어느 정도의 이익을 냈는가를 나타냅니다. 만일 자본이 1000만 원이고 1년에 200만 원의 이익을 냈다면 ROE는 20입니다. 다른 말로 투자대비수익률이라고 부르기도 합니다. 은행으로 치면 이자와 비슷한 개념이죠. ROE는 높을수록 좋으며 최소한 시중금리보다 높아야 투자가치가 있다고 볼 수 있습니다. 다만 ROE가 어떤 방식으로 증가했는지를 봐야 합니다. 분자(순이익)가 증가한 것이 아니라 분모(자본)가 줄어든 경우도 있기 때문이죠. 현금을 과도하게 보유해서 ROE가 낮은 경우도 종종 있습니다. 주주를 위하는 기업이라면 그 현금을 가지고 배당을 하거나 자사주를 매입함으로써 ROE를 높이는 노력을 할 것입니다.

오마하의 현인 워런 버핏은 15~20% ROE를 유지하는 기업에 투자하라고 조언하기도 했습니다.

⑤ **EV/EBITDA(에비타 배수)**

EV/EBITDA는 기업의 시장가치(EV, Enterprise Value)를 세전영업이익(EBITDA)로 나눈 것으로, 기업의 현금 창출력을 나타냅니다. EV는 '시가총액+총 부채-현금 및 유가증권 등의 자산'으로 계산하는데, 어떤 회사를 매수한다고 할 때 얼마를 지불해야 하는가를 의미합니다. 여기서 EBITDA는 '영업이익+감가상각비 등 비현금성 비용+제세금'으로 구합니다.

EV/EBITDA의 숫자가 작을수록 이 회사의 주식 가격은 매력적이라고 볼 수 있습니다. 만일 EV/EBITDA가 3이라면, 3년 만에 투자금액을 전액 회수할 수 있다는 것을 의미합니다. 시가총액이 5000억 원인 기업이 있다고 가정해봅시다. 이 회사의 재무제표를 대략 살펴보니 순이익 1000억 원, 부채가 2000억 원, 유동성 자산이 5000억 원, 감가상각비가 1000억 원, 세금이 500억 원이었습니다. 그럼 이 회사의 EV와 EBITDA, EV/EBITDA는 다음과 같습니다.

| EV : 시가총액(5000억)+부채(2000억)-유동성자산(5000억)=2000억 원

| EBITDA : 순이익(1000억)+감가상각(1000억)+세금(500억)=2500억 원

| EV/EBITDA : 2000억÷2500억=0.8

이 기업은 투자한 금액을 모두 회수하기까지 8개월 정도밖에 걸리지 않기 때문에 투자하기 좋은 기업이라고 볼 수 있습니다. 참고로 2021년 2월 기준 삼성전자의 EV/EBITDA는 6.8입니다.

외국 자본을 투자 기준으로 삼아도 될까?

많은 투자자들이 기업의 가치를 판단하는 잣대로 외국인의 투자 유입 비율을 따지곤 합니다. 증권 거래 프로그램도 외국인 거래 상위 기업을 정리해서 보여주기도 하죠. 하지만 그만큼 외국인의 투자를 부정적으로 바라보는 시선도 존재합니다. 외국인의 대량 매도로 주가가 출렁거리는 뉴스를 우리는 자주 보곤 합니다. 또 의도적으로 주가를 올리고 차익을 실현하는 외국의 작전 세력은 한국의 경제를 혼란스럽게 하는 주범으로 인식되기도 하죠. 그렇다면 우리는 어떤 시각으로 외국인 자본을 바라봐야 할까요?

먼저 한국이 성장하기 위해서 외국 자본은 필수라는 사실을 인지해야 합니다. 외국 자본은 한국보다 좀더 전문화되어 있습니다. 기업이 창업하면서 성장하고 쇠퇴하기까지 다양한 단계에 최적화된 투자 종류가 있습니다. 우리는 이러한 외국 자본을 받아들여 우리의 성장에 이용해야 합니다.

그리고 외국 자본은 대부분 중장기 투자를 목적으로 들어옵니다. 이는 한국에 만연한 단기 투자를 보완해줄 중요한 요소가 됩니다. 중장기 투자를 목적으로 하는 외국인들은 투자 대상에 관한 공부를 많이 합니다. 물론 한국의 투자자들도 예전과는 달리 투자 대상에 관한 공부를 선행하고 있지만 외국 투자자들은 한국만 투자하는 것이 아니기에 다른 나라와의 비교, 과거 사례 연구 등 다양한 자료를 검토한 후 시장에 들어옵니다. 그리고 자신들에게 유리한 법이 있는지도 살펴봅니다. 당연히 부정적인 인식과 법 조항이 있다면 투자를 망설이겠죠?

어떤 선택이든 장단점이 존재합니다. 외국 자본으로 인해 한국 주식시장이 흔들릴 수도 있겠지만 그만큼 자양분이 될 수 있음을 인지해야 합니다. 투자 시에도 이런 점을 고려하여 외국인 투자 여부나 유입 비율을 무조건 믿지 말고 자신만의 가치에 따라 해석하는 자세가 필요합니다.

사례로 보는 투자 전략, 이런 기업에 투자하라!

이제 몇 가지 접근 방식과 함께 구체적인 업종 및 기업 사례를 들어보려고 합니다. 이를 통해 투자하기 좋은 기업을 찾기 위한 힌트를 얻는 데 도움이 되기를 바랍니다.

반대로 가라: 여행주, 은행주

저는 주식에 관한 한 남들과 반대로 가는 것을 선호합니다. 보통 개인투자자의 80%는 손해를 보고, 20%만이 수익을 올린다고 합니다. 이것만 봐도 80%의 사람들이 가는 길에 함께 휩쓸리면 안 된다는 것을 알 수 있습니다.

모두가 안 좋다고 생각할 때 오히려 기회가 있습니다. 코로나19로 가장 영향을 크게 받은 업종이 무엇일까요? 바로 여행사입니다. 이럴 때 여행주를 사는 것입니다. 예를 들어, 어떤 회사가 코로나19로 얼마나 나빠졌는지를 보니 30% 정도 매출이 감소될 것 같고, 3년 동안 갈 것 같다고 생각되는데 주가는 60%가 빠졌다면 적극 매수하는 것입니다.

이런 경우는 여행주 중에서도 1등 기업을 사야 합니다. 매출 감소가 커지면 2등이나 3등은 다 망할 수 있어도, 1등은 망하지 않습니다. 오히려 이런 위기에 1위 기업의 독점력이 강화되기도 하죠. 백신 보급이 되면 그동안 하지 못했던 여행에 대한 욕구가 분출되는 시점이 올 것입니다. 그럼 사람들이 너도나도 기다렸다는 듯이 여행을 갈 테니 안

국내 1위 여행사 하나투어는 코로나19의 여파로 2020년 3월 26600원 최저가를 기록했으나 백신으로 인한 여행 수요 증가 기대감으로 2021년 5월 73900원대까지 상승했습니다.

좋을 때 1등 여행주를 사서 기다리기만 하면 됩니다.

은행도 이와 비슷한 사례에 속합니다. 인터넷 은행이 생겨나면서 은행들의 주가도 많이 내려갔습니다. 그러나 은행이 전부 망하지는 않을 것입니다. 그리고 은행주는 배당을 많이 준다는 장점도 있죠.

이렇게 접근하는 투자자를 컨트래리언(Contrarian) 이라고 합니다. 반대로 생각하는 투자법이죠.

컨트래리언

불황으로 주가가 조정을 받거나 바닥이라고 판단할 때, 가치가 저평가 되었다고 생각할 때만 투자하는 사람들을 말합니다.

진입장벽을 봐라 : 우버 vs 넷플릭스, 테슬라, 카카오

앞서 얘기했듯이, 저는 스커더에서 코리아펀드를 운용할 때 한국이동통신(현 SK텔레콤)에 투자해 크게 성공했습니다. 그때 저는 왜 한국이동통신에 투자했을까요? 한국이동통신 사업은 한번 투자하면 경쟁자가 들어오기 어려운 구조였습니다. 더욱이 계속 새로운 서비스를 추가해서 소비자들에게 판매할 수가 있었죠. 한번 서비스에 가입하면 빠져나가기 쉽지 않습니다.

이처럼 부가가치를 현저히 창출할 수 있거나 진입장벽이 높은 기업이 좋습니다. 아무리 좋은 회사를 골라도 비슷한 기업이 여기저기 나타나면 돈을 벌기가 어렵습니다. 보유하고 있는 경쟁력이 특별하다든가, 강력한 브랜드 인지도를 누리고 있다든가 등의 이유로 경쟁사들이 진입하기 힘든 기업의 투자 가치는 높아집니다.

예컨대, 저는 우버에 대해서는 부정적입니다. 우버의 비즈니스 모델은 경쟁자가 들어오기 쉬운 구조이기 때문입니다. 소프트웨어를 개발하고 운전사만 모으면 되는 사업이기에 누군가 우버보다 조금만 더 좋은 조건과 서비스를 제공하면 우버의 운전사들과 고객들은 바로 옮겨갈 수 있습니다.

반대로, 넷플릭스는 어떨까요? 이 비즈니스는 많은 투자가 필요한 데다 이미 구축해놓은 콘텐츠의 경쟁력 때문에 진입장벽이 높습니다.

테슬라도 비슷합니다. 이미 너무 앞서가고 있어서 이기는 게 쉽지 않습니다. 진입장벽을 견고하게 만든 사업들이죠.

카카오도 그렇습니다. 카카오톡이라는 서비스가 빠르게 시장을 가져갔기 때문에 진입장벽이 높을 수밖에 없습니다. 비슷한 서비스가 나와도 이미 사람들은 카카오톡을 사용하는 데 너무 익숙해져 있습니다. 다른 서비스로 옮겨가려면 카카오톡이 불편해야 하는데 그러지 않은 이상 옮겨갈 이유가 없는 것입니다. 더욱이 이용료도 안 듭니다. 다른 회사가 카카오톡을 이길 수 있는 방법은 아직 없는 것 같네요.

메신저로 시작한 카카오는 현재 모빌리티, 금융, 지역 경제 플랫폼 등 사람이 있는 모든 분야에 자신들의 사업을 확장하고 있습니다. 카카오 없이는 살아갈 수 없는 생태계를 구축하고 있는 것이죠.

메가 트렌드를 따라가라
: 헬스케어, 전기자동차, SK텔레콤

인터넷이 처음 나왔을 때, 이것이 세상을 바꿀 거라는 걸 앞서 이해한 사람은 큰돈을 벌었습니다. 우리는 항상 메가 트렌드를 봐야 합니다. 앞으로 사람들이 무엇에 돈을 많이 쓸 것인지, 어디에 정부나 기업의 많은 투자가 일어날지를 살펴봐야 합니다. 거기에 좋은 기회들이 있습니다.

저는 헬스케어 산업이 주목할 만하다고 생각합니다. 과학의 발달로 수명이 길어졌기 때문에 오래 건강하게 사는 삶을 위한 소비는 많아질 수밖에 없을 것입니다. 또 앞으로는 전기자동차 시장이 커질 수밖에 없는데, 이와 관련해서 SK텔레콤 같은 통신업도 눈여겨볼 필요가 있습니다. 자율주행을 하려면 통신 인프라가 필수적이기 때문에 많은 B2B가 일어날 수밖에 없습니다. SK텔레콤을 단순히 통신업으로 볼 게 아니라 인프라 산업으로 볼 수도 있습니다.

B2B
Business to Business의 뜻으로 기업과 기업 사이의 거래를 의미합니다.

더욱이 통신업은 이동통신이라는 것이 없어지지 않는 한 절대 망하지 않습니다. 게다가 진입장벽도 높습니다. 다른 업체에서 라이선스를 받고 들어올 이유가 없습니다. 통신망을 다 만들어야 하는 데다 마케팅하기도 쉽지 않기 때문이죠.

투자의 기회는 늘 열려 있습니다.

하지만 많은 사람들이 기회를 잡지 못하는 것은

기본에 충실하지 않기 때문입니다.

잠깐의 급상승을 바라는 투자가 아닌, 기업에 집중해야 합니다.

8교시

주식은 '안 파는 것'이 기술이다

많은 사람이 매수매도의 기술이 주식투자에서 무척 중요한 요소라고 생각합니다. 하지만 중요한 것은 매수의 기술일 뿐 투자의 신도 매도 타이밍은 절대 맞출 수 없습니다. 결국 좋은 기업을 사서 잘 갖고 있는 것이 투자의 전부입니다.

주식은 사는 기술만 알면 된다

많은 투자자가 주식을 사는 순간부터 '언제 파는 게 좋을까?'를 고민하기 시작합니다. 적절한 매매 타이밍을 노리는 것이죠. 그러나 그렇게 해서는 절대 큰돈을 벌 수 없습니다. 한 번은 수익을 낼지 몰라도 두 번 세 번 반복되기는 어려운 것이죠. 나중에는 수익을 내기는커녕 지키는 것이 더 어려울 수 있습니다.

흔히 주식투자를 하면 '잘 팔아야 한다'고 생각하지만, 주식은 '파는 것'이 아니라 '사는 것'입니다. 쌀 때 사서 비싸게 파는 것이 아니라 언제나 사는 것이고, 계속 가지고 있는 것이며, 계속 더 사 모으는 것입니다. 주식투자는 '잘 파는' 것이 기술인 것이 아니라 '안 파는 것'이 기술입니다. 우리는 이 기술을 훈련해서 익혀야 합니다.

주식을 파는 것은 언제나 예외 조항이어야 합니다. 시점을 기다리지 말고, 매일 밥을 먹듯이 사세요.

절대 '마켓 타이밍'을 맞추려고 하지 마라
(No timing the market time in the market)

해마다 연말 연초 즈음이면 받는 질문들이 있습니다.

"올해 코스피는 얼마까지 갈까요?"

"지금은 가치주에 투자하는 게 좋을까요, 성장주가 좋을까요?"

"대형주와 소형주 중 어떤 게 더 좋은가요?"

이에 대한 제 답은 당연히 "모른다"입니다. 누가 이 질문에 완벽한 답을 내릴 수 있을까요? 투자를 한다고 할 때 1년은 너무 짧은 시간이고, 미래를 내다보는 것 자체는 불가능한 일입니다.

코리아펀드를 운용할 때 미국에서는 이와 같은 질문들을 받아본 적이 한 번도 없었습니다. 오히려 이러한 질문들이 오고 갔습니다.

"한국도 일본처럼 고령화 시대에 접어들었는데 한국은 일본과 어떤 점이 다른가요?"

"가계부채에 대해 정부는 어떤 정책을 갖고 있나요?"

"한국에 디플레이션 우려가 존재하나요?"

"한국의 지배구조가 좋아지고 있는 건가요?"

이에 대해서는 저도 여러분도 어느 정도 답을 내릴 수 있습니다. 미래를 내다보는 일은 할 수 없어도 기업을 둘러싼 환경이 어떻게 달라지고 있는지를 판단하는 일은 우리가 충분히 할 수 있기 때문이죠.

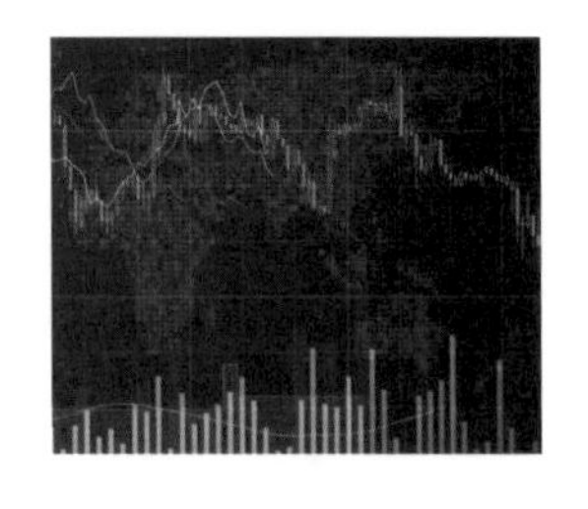

단순히 주가의 움직임만 봐서는 안 됩니다. 인구, 사회, 정치 등 다양한 요소들이 얽혀 주가를 만들고 경제를 형성하고 있습니다.

흔히 시장을 예측해서 투자하는 기술을 일컬어 '마켓 타이밍(Market timing)'이라고 부릅니다. 가격이 오를 것처럼 보이면 사고, 내릴 것으로 예측되면 팔아서 이익을 취하는 것입니다. 시장 상황이 나빠질 거라고 보이면 주식 비중을 줄이고, 좋을 거라고 예측되면 비중을 늘리는 것도 같은 맥락입니다. 전문가들조차도 "이번 주는 상황이 좋지 않으니 주식을 매도하고 현금 비중을 늘리는 게 바람직하다"와 같은 말을 합니다.

언뜻 그럴싸해 보일지 몰라도 이는 현명하지 않은 접근입니다. 마켓 타이밍을 정확하게 포착할 수 있는 사람은 아무도 없습니다. 그런데 모니터 앞에 앉아 주가와 차트를 보다 보면 마치 움직임을 알 수 있을 것만 같아집니다. 미래의 주가를 보고 싶은 대로 보게 되는 것이죠.

내가 사고 싶은 주식이면 이 주식을 둘러싼 모든 신호가 주가의 상승을 예견하는 것처럼 느껴집니다. 그런 이유로 주식을 사지만 주가는 생각한 것처럼 움직여주지 않습니다. 반대로 모든 신호가 하락을 예고하는 것처럼 느껴진다면 주식을 매수한 것을 후회하고 주가의 등락에 따른 불안과 초조함만 가지게 됩니다.

앞서 말한 바 있듯이, 주가의 변동성은 항상 존재합니다. 그런데 사람들은 이 변동성을 자신이 컨트롤할 수 있다고 착각합니다.

변동성과 위험은 구분해야 합니다. 변동성은 주가가 끊임없이 수시로 오르락내리락하는 것(예측 불가능)을 말하고, 위험은 앞으로 일어날 수도 있는 안 좋은 일(예측 가능)을 말합니다. 여기서 위험은 연구하고 공부해서 대비할 수 있습니다. 회사의 재무상태를 공부하고 현재의 투자 방향과 미래 사업성을 판단한 후 '이러저러해서 이 회사는 망할 것 같지 않다'고 생각할 수 있는 것이죠.

그러나 아무리 노력해도 변동성을 줄이는 방법은 없습니다. 변동성을 이기는 방법은 단 하나, '시간'입니다. 시간이 내 편임을 믿고 기다리는 것이죠.

코로나19로 인한 팬데믹 이전에도 사람이 예측하지 못한 사건은 늘 존재했고 이에 주가는 크게 오르내렸습니다. 코로나19로 인해 세계 경제가 이만큼 위기를 맞게 될지 누가 알았을까요?

우리는 기본으로 돌아가야 합니다. 알 수 없는 것에 집중할 것이 아니라 내가 투자한 기업이 잘되고 있는가에만 신경쓰세요.

손절매를 하지 마라

"메리츠자산운용에서는 왜 손절매를 안 해요?" 언젠가 제가 받았던 질문입니다. 제가 가장 이해할 수 없는 용어 중 하나가 바로 '손절매' 입니다. 손절매는 주가가 향후 더 하락할 것으로 예상해 매입 가격보다 낮은 가격에 손해를 감수하고 매도하는 것을 말합니다.

예를 들어, 주식을 10만 원에 샀는데 8만 원이 됐다고 가정해봅시다. 주변에서는 더 떨어질 것 같으니 지금이라도 손절매를 하라고 합니다. 그런데 한번 더 생각해보세요. 그때 그 주식을 왜 10만 원에 샀을까요? 그 주식이 10만 원의 가치가 있어서 산 것입니다. 충분히 회사를 연구해서 좋다고 판단했고 그래서 투자를 했다면, 가격이 하락할 때는 매도할 게 아니라 더 사야 하는 게 맞지 않을까요?

"매수한 주식의 가격이 15~20% 하락하면 과감히 손절매해야 한다"고 이야기하는 것은 투자가 아니라 투기입니다. 주식투자를 '가격 맞히기'로 하고 있다는 반증이죠.

주식투자는 기업의 가치, 펀더멘털을 보고 하는 것이지 '가격 맞히기'를 하는 게임이 아닙니다.

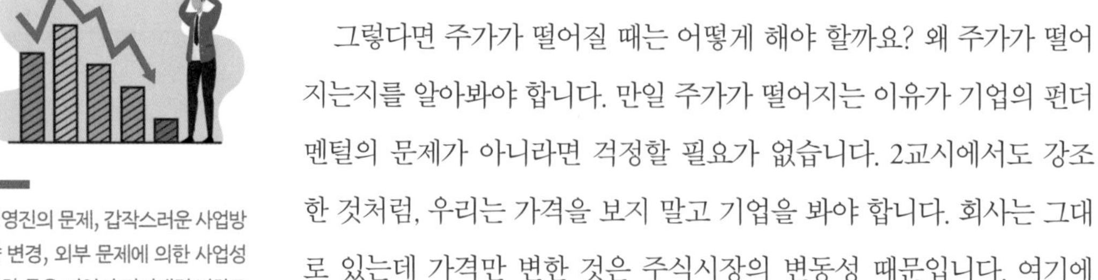

경영진의 문제, 갑작스러운 사업방향 변경, 외부 문제에 의한 사업성 약화 등은 기업의 펀더멘털 변화로 볼 수 있습니다. 이런 경우 시도하는 매도는 손절매가 아닌 투자의 일환으로 볼 수 있습니다.

그렇다면 주가가 떨어질 때는 어떻게 해야 할까요? 왜 주가가 떨어지는지를 알아봐야 합니다. 만일 주가가 떨어지는 이유가 기업의 펀더멘털의 문제가 아니라면 걱정할 필요가 없습니다. 2교시에서도 강조한 것처럼, 우리는 가격을 보지 말고 기업을 봐야 합니다. 회사는 그대로 있는데 가격만 변한 것은 주식시장의 변동성 때문입니다. 여기에 흔들릴 이유는 없습니다.

단, 기업의 펀더멘털에 변화가 왔을 때, 회사의 비즈니스 모델의 변화가 왔을 때 파는 것은 손절매(투기)가 아니라 자신의 판단에 따른 결정(투자)이라고 볼 수 있습니다.

목표 가격이 되었다고 무조건 팔지 마라

장기적으로 투자하다 보면 주가가 떨어질 때도 있지만 팔고 싶을 만큼 올라갈 때도 있습니다. 주가가 오르면 팔고 이익을 실현하고 싶은 생각이 들 수 있죠.

예를 들어, 15만 원의 가치가 있다고 생각하는 주식을 10만 원에 샀는데 이후 15만 원이 됐다면 어떻게 해야 할까요?

목표 가격에 도달했다고 무조건 매도할 필요는 없습니다. 회사가 계속 돈을 잘 벌어들이고 있고, 앞으로 회사의 가치가 더 좋아질 것이라고 판단한다면 팔 이유가 없습니다. 그때는 목표했던 가격도 같이 상승하는 것입니다.

그러나 가격이 올라서 팔고 싶은 유혹은 전문가들도 피해가기가 쉽지 않습니다. 코리아펀드를 운용하던 2008년, 우리 팀은 A라는 주식을 7000원 대에 샀습니다. 그런데 매수한 지 몇 달 후에 가격이 2만 원까지 상승하니 하나둘 고민을 시작했습니다. 몇 명은 팔아서 이익을 실현하자고도 했습니다. 이는 명백히 우리가 정한 원칙에 반하는 것임에도 단기간에 급등을 하니 유혹을 느낀 것이죠.

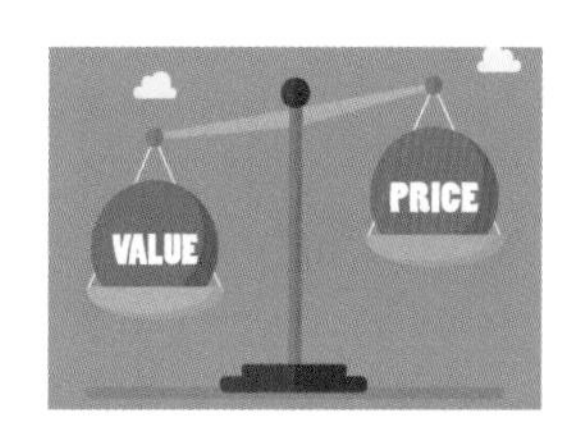

회사의 가치가 사라지지 않는다면 팔 이유도 없습니다. 지금 많이 오른 주가라도 미래에서 봤을 때는 미비한 수준일 수도 있습니다.

이런 때일수록 원칙을 지켜야 합니다. 왜 이 주식을 샀는지 처음으로 돌아가보는 것입니다. 그래서 저는 그들에게 질문했습니다.

"팔자는 근거가 무엇인가요? 가격이 기업 가치보다 비싸서 팔자는 게 아니라 주가가 두 배, 세 배 올라서 팔자는 게 아닌가요? 우리는 고객에게 마켓 타이밍을 쫓지 않는다고 말합니다. 그런데 왜 올랐다는 이유로 팔아야 할까요? 시장이 좋지 않은 상황에서 주가가 오르니 이익을 만들고 싶은 것은 이해하지만 지금 이 기업의 주가가 기업 가치에 비해 비싸다고 생각하나요? 그렇다면 팝시다. 그러나 우리는 이 주식을 처음 살 때 적정 주가를 5만 원이라고 판단했습니다. 그 판단이 달라진 것이 아니라면 이건 파는 게 아닙니다."

우리는 그 주식을 팔지 않고 그대로 보유했고, 이후 그 주식은 5만 원까지 갔던 것으로 기억합니다.

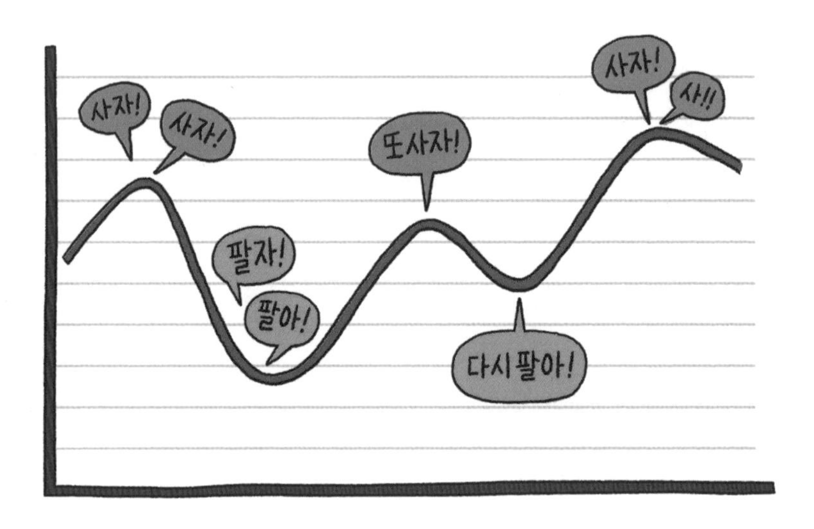

혹자는 이런 질문을 던질 수도 있습니다. "아무리 장기 투자라고 해도 언젠가는 매도해야 되지 않나요?" 맞습니다. 장기 투자라고 해서 무작정 오래 들고 있어야 한다는 것은 아닙니다. 다만 매도 타이밍을 잡으려고 하는 대신 투자한 회사에 관심을 갖고 지속적인 관찰과 연구를 하는 것이 중요하다는 얘기를 하는 것입니다. 살 때 분명한 이유가 있는 것처럼 팔 때도 분명한 이유가 있어야 합니다.

메리츠자산운용의 운용팀은 회사에 있는 시간보다 밖에서 보내는 시간이 더 많습니다. 모니터를 들여다보며 매매하는 것보다 투자한 기업이나 새로운 투자 대상 회사를 직접 찾아가 점검하는 것이 중요하다고 생각하기 때문이죠. 회사에 특별한 변화는 없는지, 매출과 이익이 늘어나고 있는지, 경쟁자가 새로 생겼는지 등을 체크하는 일이 주요한 업무입니다. 그렇게 체크해보고 별문제가 없다면 그 회사의 주식을 매도하지 않습니다.

어떤 기업의 주식이 저평가되어 있다고 생각해서 사두었다면, 그 생각이 틀렸는지 안 틀렸는지만 체크하면 됩니다. 만일 내가 틀렸다면 그때 팔면 되는 것이고 아니라면 계속 보유해야 합니다.

주식투자는 얼마나 오래 책상에 앉아서 모니터 화면을 보느냐가 승패를 좌우하지 않습니다. 회사 밖을 나가서 기업 이야기도 듣고, 사람들의 최근 소비 트렌드도 알아보고, 주변의 목소리에 귀를 기울이는 것이 중요합니다.

주식은 이럴 때만 파는 것이다

장기 투자를 강조하고 있지만 주식을 샀다면 언젠가는 팔아야 하는 순간이 분명히 다가옵니다. 그렇다면, 주식을 팔아야 될 때는 언제일까요?

첫째, 주가가 갑자기 과도하게 폭등할 때

이 회사의 가치를 10조 정도로 판단했는데 갑자기 이해할 수 없는 이유로 100조가 되었다면 팔아야 합니다. 이를테면 공매도 이슈로 일시에 주가가 폭등했던 게임스탑 같은 사례가 그런 경우죠. 주가가 그 회사의 실질 가치보다 갑작스럽게 비쌀 때는 매도를 고려하는 것이 좋습니다.

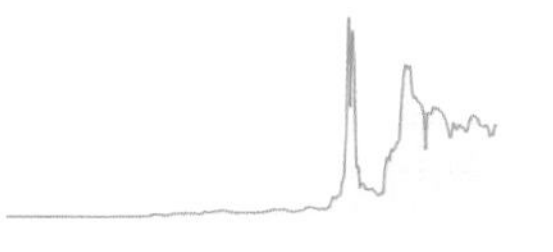

2020년 7월 3.77달러였던 게임스탑의 주가는 2021년 1월 말 483달러까지 치솟았습니다. 회사의 가치에 변화가 있어서가 아니라 공매도 세력에 저항한 개인 투자자의 집단 매수때문이었죠.

둘째, 기업의 펀더멘털이 달라졌을 때

회사의 경영이나 영업에 예상치 못한 문제가 생기는 등의 이유로 회사의 미래 가치가 하락할 것으로 판단될 때가 그런 경우입니다. 만

일 경영진이 갑자기 바뀌었는데 신뢰할 수 없는 경영을 한다거나 지배구조에 심각한 변화가 생기는 등 회사를 장기적으로 보유할 이유가 없어진 경우도 이에 해당합니다.

셋째, 세상이 변했을 때

매입할 당시에는 해당 기업이 가지고 있는 경쟁력이 상당히 좋았는데 여러 가지 이유로 그런 기업들이 더는 경쟁력을 유지할 수 없다고 판단될 때가 있습니다. 이를테면, 전기자동차가 나타나서 엔진을 만드는 회사의 가치가 없어졌다고 생각하면 엔진 만드는 회사의 주식을 갖고 있을 이유가 없습니다. 미국의 30대 기업이었던 코닥이 디지털 카메라가 나오면서 무너졌는데, 이 경우도 그러합니다. 이건 예측 불가능한 게 아닙니다. 디지털 카메라가 나올 거라는 건 다 알고 있었으니까 '코닥은 더 이상 가지고 있으면 안 되겠구나' 하는 것은 생각할 수 있습니다. 그럴 때는 주식을 팔아야 합니다.

넷째, 사고 싶은 더 좋은 주식이 나타났을 때

예를 들어, 디즈니랜드를 좋아해서, 그 주식을 갖고 싶어서 샀는데 디즈니랜드보다 더 좋은 회사가 나타났다면? 더 갖고 싶은 회사의 주식을 사기 위해 기존 주식을 팔 수 있습니다.

투자는 항상 여유자금으로 해야 하는 것이며, 시장을 예측해서 현금 자산을 늘리거나 줄이는 건 좋은 방법이 아니라고 앞서 얘기했습니다. 때문에 다른 좋은 투자의 기회가 생겼을 때 자금을 마련하기 위해 투자했던 주식을 매각해야 하는 상황이 올 수도 있습니다.

늘 일정 부분의 현금 자산을 보유하고 있어야 합니다. 그래야 내가 투자하고 싶은 종목을 발견했을 때 기존 자산을 처분하지 않아도 추가 투자가 가능합니다.

권말부록

강방천&존리가 말하는 주식시장의 미래

대한민국의 자본시장,
무엇이, 어떻게 바뀌어야 할까?

2020년 3월 코로나19가 전 세계 경제를 덮칠 무렵 1400까지 하락한 코스피는 2021년 3월 처음으로 3000을 돌파하며 대한민국 주식시장의 새로운 역사를 열었습니다. 유례 없는 전 세계 경제 위기에도 주식투자를 향한 투자자들의 열망은 최고조였습니다. 신규 주식계좌 개설은 역대 최고치를 기록했고, 사람들이 삼삼오오 모여 주식 이야기를 나누거나 미디어에서 관련 방송을 방영하는 것이 어느새 익숙한 풍경이 되었죠.

지금 대한민국 주식시장은 새로운 변곡점을 맞이했습니다. 이 과정에서 우리가 주목해야 할 부분은 무엇인지, 새로운 변곡점에서 어떤 부분들이 논의되어야 할지 대한민국 투자의 전설 강방천과 존리의 대담을 읽으며 함께 고민해봅시다.

새로운 변화와 희망의 시작점이 된 2020년,
우리는 어떻게 대응해야 할까?

한국 주식시장의 새로운 분기점이 된 2020년

강방천 2020년은 그 어떤 해보다 자본시장에 중요한 분기점이 되었던 해였죠. '주식은 필패, 부동산은 불패'라고 불릴 만큼 왜곡돼 있던 자산시장이 균형을 찾는 과정으로 가고 있는 것 같아요. 코로나19라는 위기와 동학개미운동은 하나의 역사적 전환점과도 같았습니다.

첫 번째 단추는 잘 끼웠으니 이제 두세 번째 단추를 잘 끼워야 할 것 같습니다. 첫 번째 단추를 잘 끼웠다고 옷을 잘 입는 것은 아니거든요. 이때 투자자들의 자세가 더욱 중요합니다. 우리는 인기와 결별하고 좋은 것과 함께해야 합니다. 비법을 찾지 말고 공부를 해야 합니다. 많이 올랐다고 흥분하지 말고 냉정을 찾을 수 있어야 합니다. 떨어지면 두려워할 게 아니라 기회라고 생각할 수 있어야 합니다. 그런 상식이 지배되는 투자라면 두 번째 세 번째 단추도 잘 끼워질 수 있을 거라 봅니다.

존리 저도 2020년이 한국의 국운을 바꾼 해라고 생각합니다. 대한민국에 정말로 많은 문제점이 있었는데, 그로 인해 우리도 모르는 사이 조금씩 추락하고 있었죠. '한국은 엄청난 잠재력이 있는 나라인데 왜 잘못된 방향으로 가고 있을까?' 저는 그게 너무 안타까웠거든요. 그 많은 경제적 성공에도 불구하고 빈부 격차가 심해지고 '헬조선'이라는 말까지 나왔어요. 젊은 사람들이 이유 없이 절망적인 삶을 살고 있었죠. 매스컴도 한 역할을 했고, 정치가들도 그걸 이용했고요. 사람들을 절망하게 만들고, 무기력하게 만드는 교육을 했습니다.

2020년은 그런 부정적인 기운이 가득하던 터널에서 나온 해라고 생각합니다. 진정한 부가 무엇인지, 인생에서 돈과 나와의 관계가 무엇인지, 투자가 무엇인지, 우리나라가 앞으로 어떻게 가야 되는지에 대해 방향을 튼 거예요. 한국이 다시 도약할 수 있는 단초가 된 해였고 '아 나에게도 희망이 있을 수 있구나' 하는 원년이 됐다고 생각합니다.

그러나 한국의 자본주의는 아직 더 성장해야 합니다. 이제 걸음마를 시작한 아이와도 같은 거죠. 아이가 튼튼하게 자라게 하려면 우리는 금융 교육을 해야 합니다.

저는 한국에서 정말로 고쳐야 되는 핵심 중 하나가 시험을 바탕으로 한 교육 시스템이라고 봐요. 상상력을 죽이는 시험에 너무나 많은 사람들이 몰두해 있다는 거죠. 대한민국처럼 좋은 나라가 없는데, 잘못된 교육 때문에 10배 더 잘살 수 있는 게 반으로 줄어든 거예요. 일본식 교육 때문이죠. 모든 걸 무조건 공부 잘하는 걸로 뽑아요. 인재를 구하는 가치조차도 너무 경직된 거예요. 그런데 그것을 공정하다고 얘기하죠.

이를 바꾸려면 정말 사고의 전환이, 대변혁이 일어나야 해요. 그런데 이제 그 토양이 만들어지고 있다는 생각이 듭니다. 대한민국이 정말 잘해야 합니다. 정부의 역할도 중요하고요, 이때 교육이 정말 중요한 역할을 해야 합니다. 교육을 통해 다양한 생각을 가져야 하고, 생각의 파괴가 일어나야 돼요. 저는 이런 시각으로 봅니다.

강방천 저는 늘 '오래 쓸 것에 무한대의 투자를 해라'라고 얘기를 해요. 인생에서 가장 오래 쓰는 건 뭘까요? 건강도 있겠지만 무엇보다 교육이라고 봅니다. 단, 암기식 교육이 아닌 창의적 교육이 오래 쓸 수 있겠죠. 창의적으로 하면 100년 동안, 자기 삶 동안 써먹을 수 있는데 암기식 교육은 오래 못 갑니다.

그런데 2020년을 기점으로 여기에 플러스 하나가 생겼어요. 바로, 위대한 기업과 함께하는 것이죠. 많은 사람들이 주식투자를 시작했잖아요? 저는 위대한 기업과 함께하는 방법을 배워놓으면 아들한테도 가르쳐줄 수 있고, 손자한테도 알려줄 수 있다고 봐요. 위대한 기업과 함께하는 방법을 배우고 무장한다면 세상 어떤 변화 앞에서도 능동자가 될 수 있습니다.

주식시장이 바뀌고 있다, 국민연금과 기관투자의 변화도 필요하다

강방천 2012년도 쯤 국민연금이 우리가 운용하던 자금을 회수한 적이 있어요. 2011년 하반기부터 2012년 사이에 어떤 일이 있었냐면, 유럽 재정위기 때문에 보통주는 올라가고 우선주는 일시적으로 하락한 적이 있어요. 왜냐하면 유럽 사람들이 우선주를 선호해서 많이 보유하고 있었는데 재정위기가 오니까 파는 거예요. 우선주 매도가 크다 보니 상대적으로 보통주는 주가가 올라가고 우선주가 일시적으로 하락한 것이죠. 그리고 이때 우선주의 가격 하락도가 훨씬 커집니다.

지금까지와는 다른 관점이 필요한 국민연금과 기관투자

우리는 예전부터 우선주를 선호해서 당시 운용하고 있던 펀드에도 삼성전자 우선주를 15~20%로 편입하고 있었어요. 그런데 우선주는 떨어지고 보통주가 뜨니까 6개월 정도 전체 수익률이 떨어졌어요. 그러자 국민연금이 자금을 회수한 적이 있습니다.

그때 국민연금 담당자를 찾아가서 지금의 낮은 수익률은 일시적인 우선주 주가 하락으로 인해 수급 문제가 왜곡되었기 때문에 발생한 문제라고 해명했죠. 하지만 국민연금은 단기 성과가 부진하다는 이유로 우리가 운용하는 자금의 3분의 1 정도를 회수해 갔어요.

이런 일이 발생하는 이유는 국민연금의 펀드 평가 방식 때문이에요. 펀드마다 성격이 다르니 각각을 평가하는 방식도 달라야 하는데 국민연금은 주가지수를 상회하는 수익을 추종하는 패시브 펀드(Passive fund)의 잣대로 액티브 펀드(Active fund)를 평가하는 경향이 있습니다.

패시브 펀드는 추구하는 지수로부터 거의 떨어지지 않기 때문에 벤치마크하는 지수를 벗어나지 않는 것이 중요하지만 액티브 펀드는 지수와 상관없이 투자하기에 수익률의 높낮이가 커요. 그래서 단기적으로 투자하기보다 장기적으로 평균 이상의 투자 대상을 찾아 수익률을 높이는 것이 중요하죠.

당시에도 액티브 펀드의 관점에서 보면 에셋플러스의 장기 성과가 좋은데, 국민연금은 패시브 펀드 관점에서 단기 성과만 보고 평가하니 수익률이 안 높다고 판단해 자금을 회수해갔던 것이죠. 각각의 펀드마다 평가 방식이 달라져야 하는데 단기적인 수익률만 따지는 현실이 너무 안타까웠습니다.

그때 제 세 번째 스승이라고 부르는 오비스의 앨런 그레이 회장이 "오히려 우선주를 사 모아야 할 때 우선주를 많이 편입시켰다는 이유로 자산을 회수하고, 평가하는 곳의 투자금은 받지 않는 것이 좋지 않겠냐"고 조언하기도 했습니다.

저는 시장에는 정확하게 속성에 맞는 정체성 있는 펀드가 제공돼야 한다고 생각합니다. 저는 차라리 내 철학과 맞지 않는 방식이라면 투자금을 돌려주는 게 낫겠다고 생각했고, 당시 국민연금 위탁운용자금을 다 반환했습니다. 그게 당시 회자됐던 국민연금 반납 이슈였어요.

존리 저희는 국민연금한테는 한 번도 돈을 받아본 적이 없어요. 사실 국민연금뿐 아니라 많은 기관투자가들한테 돈을 거의 못 받고 있죠.

근본적인 이야기를 짚어보자면, 주식이라는 것을 무엇으로 보는지에 대한 문제예요. 아직도 많은 펀드매니저들, 애널리스트조차도 가격을 맞추는 것이 자신들의 역할이라고 생각해요. 예를 들어 기관투자가들한테 펀딩을 받으려고 하면 제일 먼저 하는 이야기가 실적이에요, 그중에서도 6개월 실적. 6개월 실적이 나쁘면 탈락시키는 거죠.

경주마 세우는 것처럼 5개 기관에 돈을 줘요. 그래서 다섯 경주마가 막 뛰는데 앞의 말이 잘 뛰는 것 같으니까 돈을 더 주는 거죠. 진짜 중요한 것은 이 회사의 장기 투자 기록이고, 어떻게 주식을 고르고 언제 팔고 언제 사는지에 대한 회사의 플랜을 보고 투자를 해야 되는데 그걸 안 봐요.

저희는 외국 투자가들한테 돈을 많이 받았는데, 노르웨이 국부펀드 같은 곳에서 오면 보통 사흘은 만나요. 나만 만나는 게 아니라 우리 회사의 펀드매니저도 만나고, 애널리스트도 만나고, 비영업 부서 직원들까지 만나요. 그래서 이 회사가 얘기하는 철학이 정말 구현되고 있는가 하는 것을 보죠. 자신들의 돈을 맡길 수 있는 파트너가 될 수 있는지를 보는 거예요. 그리고 맡기면 안 바꿔요. 오래 기다리는 거예요. 수익률이 나쁘게 나오면, 나쁜 이유에 대해 설명을 듣고 그게 타당하면 그냥 가는 거예요.

그런데 한국은 아직도 수익률 게임이에요. 몇 퍼센트 이상 빠지면 빼거나 손절매 하거나, 이게 굉장히 심각한 문제죠. 저는 그런 관행에서 벗어나야 된다고 봐요.

'연못 속의 고래'라고 얘기하는데, 그게 진짜 잘못된 표현이거든요. 국내 주식시장 규모에 비해 연기금의 덩치가 커서 움직이기 비좁으니 해외에 투자해야 된다는 논리인데, 그건 한국의 시가총액이 그대로 있어야 한다는 전제예요. 우리는 한국의 주식시장을 바다로 만드는 노력을 해야 합니다.

그건 누가 만들어놓은 걸까요? 한국 사람들이 만든 거예요. 한국 시장은 박스피라서 외국에 투자하겠다고 얘기하죠. 각종 연기금, 대학 기금 등도요. 정치인들은 주식투자 하면 안 된다고 하죠. 퇴직연금에 주식 비중 없죠. 누가 이렇게 만든 걸까요? 우리가 만든 거예요. 우리가 자체적으로 금융개혁 안 한 거고, 자체적으로 주식에 대한 이해를 못한 거죠. 아침부터 저녁까지 '이 주식은 싸다, 이 주식은 비싸다' 같은 쓸데없는 논쟁을 하는 동안 우리나라 시장이 그만큼 혼란스러워진 거예요. 이제는 더 이상 그런 논쟁은 필요가 없다고 생각합니다.

강방천　　국민연금의 현재 운용 자산 중 17% 정도가 국내 주식인 것 같아요. 국내 시가총액이 전 세계 시가총액의 1.5% 정도라는 것에 비추어 봐서 15~17% 정도면 괜찮지 않느냐는 논리적 전개는 가능해요.

하지만 저는 문제라고 보는 게 한국 연기금의 CIO(기금운용본부장) 임기가 너무 짧다는 거예요. 기본 2년에 1년 연장이 가능한데 자산 배분 구성, 운용 비율, 평가 방식 등을 짜기에는 너무 짧은 시간입니다. 임기가 짧으니 당연히 장기보다는 단기 수익률로 성과를 보여줘야겠죠. 5년, 10년 뒤를 바라보는 장기적 관점을 가지고 있는 사람이 대표로 있어야 문제 해결의 실마리를 찾을 수 있을 텐데 지금 현실적으로는 어려운 상황입니다.

존리　　그게 가능하려면 싱가포르 같이 절대적인 독립성이 중요하죠. 정치적인 영향에서도 벗어나야 되고요. 우리는 벤치마킹 할 데가 많아요.

한국시장은 전 세계 시가총액 비중이 1.5%밖에 되지 않는데 국민연금의 국내 주식 비중이 17%면 충분하지 않냐고도 하지만 저는 거기에 큰 오류가 있다고 생각해요. 노르웨이 국부펀드 같은 경우는 오일머니예요. 오일에서 돈을 버는 거예요. 인구 수가 굉장히 적잖아요. 거기는 외국에 투자할 수밖에 없어요. 그런데 국민연금은 자꾸 그런 핑계를 대는 거죠. 다른 외국의 연기금에 비해서 한국 주식이 많은 거라고요.

한국은 산업이 굉장히 많이 발달되어 있잖아요. 노동집약형도 있고, 자본집약형인 캐피탈 인텐시브 같은 것도 있거든요. 예를 들어 철강, 조선, 자동차가 여기 속하죠. 거기에 투자해서 돈과 부가가치를 일으켜 수익률이 5%가 났다고 가정해봅시다. 그런데 국민연금도 테슬라 주식을 사서 5% 수익률을 냈다면 이것을 같다고 봐야 할까요? 같은 5% 수익률이지만 한국 기업에 투자해서 5%가 났을 때는 분명 다릅니다. 한국 기업의 5% 수익률은 이후 기술력 개발에 들어가고, 고용도 창출하죠.

단순히 수익률 게임으로 보면 안 되는 거예요. 연기금은 큰 그림을 봐야 한다고 생각해요. 만약 한국에 공해가 문제가 된다, 환경이 중요하다 그러면 석탄을 많이 쓰는 기업에 투자하지 않는다든가, 기업지배구조가 엉망인 데는 투자하지 않는다든가 하는 큰 그림을 그리면 대한민국이 나가야 될 방향에 대해서 돈이 제대로 역할을 할 수 있는 거예요.

그것을 외면하고 '미국 주식에 투자하니까 수익률이 7% 났고, 한국 주식에 투자하니까 3% 났다. 그러니까 미국 주식이 좋다' 이렇게 말하는 것은 지극히 잘못된 시각인 거죠. 아까 말했듯이 한국 기업의 시가총액 비중이 전 세계에서 1.5%예요. 우리가 10대 강대국이라고 하잖아요. 그런데 주식시장은 왜 저렇게 쪼그라들었을까요? 왜 1.5%를 5~7%로 만들 생각을 안 할까요?

저는 그게 연기금, 대학기금, 퇴직연금 등이 해야 할 역할이라고 생각해요. 1년 동안 국민연금 수익률이 2%다, 다른 데는 3%다 그 게임을 할 때가 아니라 10년 후의 한국이 어떤 모습인지 그림을 그리는 데 국민연금이 엄청난 역할을 할 수 있다는 거예요.

강방천 연기금 관련해서 또 하나 얘기하고 싶은 것은, 사실 저는 기관투자를 잘 안 받아요. 최근에도 제안서가 오는데 일부러 안 받는 이유는 액티브 펀드 매니저를 구한다고 하면서 50%는 코스피200을 카피하고, 50%만 운용하라고 하거든요. 코스피200을 벤치마크하는 패시브형은 패시브적인 운용사에 주고, 액티브형만 우리한테 주면 될 텐데 꼭 같이 묶어서 줘요. 그런데 운용사들은 그걸 의심 없이 받죠. 실은 왜곡된 거예요. 과감하게 '나는 이것만 잘할 테니까 이것만 주세요' 해야 돼요.

그리고 저는 국민연금의 국내 주식 비중이 많다 적다의 문제가 중요한 게 아니라고 봐요. 기본적으로 자본시장의 존재 이유는 희소하고 한정되고 아까운 돈이 효율적인, 꿈이 있는, 괜찮은, 가치 있는 기업과 산업에 배분돼서 결국 이들이 부자가 되게 하는 데에 있거든요.

연기금이 700조든 600조든, 사실은 한정된 돈이기 때문에 오히려 해외에 투자를 하는 것도 맞다고 봐요. 왜냐하면 한국의 산업 기반이 제조업, 하드웨어 중심의 지형에서 이제 서서히 제조가 서비스로, 하드웨어가 빅데이터로 옮겨가는 구조예요. 한국 인구 5000만 명에서 뽑아낸 빅데이터로 시장의 가치를 얼마를 만들어낼까요? 영어 인구만 해도 수십억 명이고, 중국만 해도 수십억 명이잖아요. 그래서 국민연금이 빅데이터 세상이 가져올 훌륭한 기업과 산업에 투자하는 것은 오히려 장려해야 된다고 생각합니다.

우리 기업이 빅데이터의 세계, 플랫폼의 세계, 서비스의 세계로 가면 좋은데, 그렇지 못하다면 해외 투자로 그 세계를 가질 수 있죠. 제가 꿈꾸는 것은 미래의 테슬라든 아마존이든, 주주 명부의 상위 10%, 상위 10개 목록에 우리 국민과 우리 펀드가 있다면 얼마나 행복할까 상상하는 거예요.

대한민국의 고질병, 준비되지 않은 은퇴와 연금

존리 미국에는 401k라는 연금제도가 있죠. 이 제도가 처음 도

노후파산을 피하고 싶다면 지금부터 은퇴와 연금에 대해 생각합시다

입될 때 만해도 미국인들의 연금에 대한 인식은 미흡했어요. 대부분의 사람들이 금융 지식이 없고, 주식에 어떻게 투자하는지를 몰랐어요. 그래서 정부가 영리한 결정을 내린 거죠. 노후 준비가 안 된 인구가 많아지면 미국의 미래가 흔들리고 자본주의의 붕괴까지 일어날 수 있다고 본 거예요. 그래서 제도를 통해 강제로 투자하게 만든 거예요. 그리고 교육을 한 거죠. 누가 그 교육을 했느냐, 자산운용사가 담당한 거예요.

제가 처음 직장에 들어갔을 때 401k 제도를 접했는데, 직원들한테 이를 설명하기 위해 자산운용사들이 회사로 왔어요. 피델리티에서 와서 '우리는 이런 펀드가 있는데 이게 좋고' 하면서 펀드매니저가 설명을 해요. 메릴린치에서도 와서 또 자신들의 펀드를 설명해주죠. 이 설명을 들으면서 직원들 스스로 '아, 이렇게 해야 되겠구나' 하고 알게 되는 것이죠.

그런데 한국에는 그 과정이 없어요. 회사 퇴직연금 선택할 때 보험회사 직원이 회사로 오긴 하죠. 그런데 보험회사는 판매사지 투자를 하는 사람들이 아니잖아요. 수수료를 떼가지만 수익률에 대한 리스크를 지지 않아요. 대부분의 직장인들은 연금제도에 대한 지식이 없으니까 그냥 원금보장형(DB)을 선택해요. 회사 경영진도 직원들의 연금 운용에 관심이 없고요.

저는 자산운용사가 그 과정에 참여할 수 있어야 한다고 생각해요. 자산운용사가 직장인들에게 교육할 수 있는 환경을 만들어줘야 한다고 봅니다.

강방천 연금펀드의 유통 과정은 사업자(판매사)가 사업장(가입 회사)한테 가서, 사업장에서 가입자(개인)로 가는 하향식 구조잖아요. 그런데 저는 지난해 동학개미운동이 역사적 사건이라고 얘기하는 게, 개인들이 주식에 관심이 많아지면서 이제 서서히 '내 연금은 어떻게 됐지?' 하는 깨달음을 갖게 됐다고 보는 거예요. 그래서 가입자가 사업장에 포트폴리오를 요구하고, 사업장에서 사업자로 가는 상향식으로 변화될 수 있다고 봐요. 그게 제2차 유동성이 될 거라는 생각을 해보는 거죠.

또 이런 생각도 해봅니다. 연금펀드 가입자와 펀드를 운용하는 운용사는 목표가 같아요. 수익률이죠. 그런데 사업자들은 목표가 수수료잖아요. 목표가 같은 사람들끼리 만나서 얘기를 할 기회를 만들어주는 거예요. 이를테면 연금박람회를 여는 거죠. 금융위원회가 엉뚱한 데 돈 쓰는 게 아니라 운용사와 협의해서 1년에 한 번 정도 열어보는 거죠.

존리 연금박람회, 그건 정말 좋은 아이디어네요.

강방천 연금박람회를 금융위원회가 주도해서 판매사가 빠진 구조에서 경쟁을 해보자는 거죠. 평형을 잡아보는 기회가 있어야 된다는 생각을 해요. 펀드매니저가 와서 자기 펀드에 대해 설명하는 거예요.

매년 하다 보면 전년에 했던 약속이 이행되는지 알 수 있잖아요. 그럼 가입자들도 알게 되는 거죠. "내 돈을 운용사가 이렇게 관리하는구나!" 하고요.

존리 소비자와 직접 만나게 되는 거죠. 더 중요한 것은 퇴직연금이나 펀드에 대해서 교육할 수 있다는 거고요. 처음에 도입된 의도도 그게 맞는데, 그때 잘못 판단을 한 게 자산운용을 자본금으로 규제를 했잖아요. 국민들의 귀중한 자산인 퇴직연금을 이름도 없고 규모가 작은 자산운용사가 운용했다가 망하게 되면 문제가 될 거라는 지극히 잘못된 시각인 거죠. 자산운용사는 망해도 투자자들의 이익은 전혀 문제가 안 되는데 말이에요.

강방천 어떤 자산운용사가 좋은 운용사인가 하는 질문이 있다면 저는 양보다 질이 중요하다고 답하고 싶어요. 운용사는 좋은 펀드를 만들어내는 기초값입니다. 당연히 좋은 운용사를 고르는 것이 중요하죠. 다만 좋고 나쁨을 판단하는 게 질이 아니라 양이라고 판단하는 경향은 문제라고 봐요.

펀드 운용 규모, 매니저 수, 자본금 등 양적인 측면보다 운용사의 투자 철학과 같은 질적인 측면이 중요하다고 생각합니다. 그래서 오히려 펀드 수가 적은 게 훨씬 좋을 수도 있어요. 소수의 펀드에 집중하고 있다는 뜻이니까요. 회사 전체의 매니저 수도 중요할 수 있지만, 더 중요한 것은 오랫동안 철학을 공유하면서 능력을 검증받은 매니저가 있는지 여부입니다.

운용사는 마치 식당과 같다고 생각합니다. 으리으리한 인테리어와 트렌드에 맞춰 그때그때 메뉴를 바꾸는 식당보다 한 가지 메뉴를 하더라도 자신만의 원칙과 철학으로 꾸준히 운영하는 식당이 좋은 식당이겠죠? 운용사도 마찬가지예요. 이런 운용사가 좋은 운용사입니다.

저는 해석되지 않는 숫자는 죽음의 길이라는 생각을 항상 합니다. 그런데 수많은 지표값들이 책상에서 논의되는 의미 없는 지표값일 뿐이에요. 우리는 의미 있는 지표값을 찾아야 합니다.

존리 갑자기 생각나는 게, 세계 최대 연기금으로 유명한 노르웨이 국부펀드는 돈을 맡길 때 이름 있는 회사는 안 골라요. 오히려 창업한 지 얼마 안 된, 운용 자금이 적은 작은 운용사를 좋아해요. 물론 개개인의 경력은 다 보죠. 그런데 자신만의 철학과 소신을 가지고 투자한다고 하면 좋아해요. 그런 펀드매니저를 선택하는 거죠.

실제로 우리 팀이 미국 회사에서 나와서 온다니까 되게 좋아했어요. '우리가 운용했던 자산이 몇 십조다' 이게 중요한 게 아니라 그동안 우리가 회사를 어떻게 골랐는지, 어떻게 투자했는지에 관심 있는 거거든요.

저는 그들을 참고할 필요가 있다고 생각해요. 한국의 연기금도 지금 굉장히 큰 규모잖아요. 그래서 전 세계 모든 헤지펀드, 자산운용사가 한국 기관의 자금을 받기 위해 노력을 합니다. 그런데 한국의 연기금은 한국의 자산운용사에 맡기기를 꺼려합니다. 저는 연기금이 한국 자산운용사들에게 기회를 주어야 한다고 생각합니다.

외국 기관들은 규모가 워낙 크기 때문에 실제 한국 기관들의 돈을 받아 가도 큰 관심이 없어요. 예를 들어, 노르웨이 국부펀드는 직원이 10명밖에 없는 자산운용사에게 돈을 주면 열정을 가지고 열심히 할 거라는 걸 아는 거예요. 그게 영리한 거죠.

강방천&존리가 말하는 좋은 펀드란 무엇인가

좋은 펀드는 좋은 사람들이 만듭니다

강방천 펀드는 두 가지 힘이 존재해야 돼요. 첫째, '정성의 원칙'. 펀드를 너무 많이 만들면 안 돼요. 정성이 분산되면 안 된다는 거죠. 그리고 두 번째는 '존중'. 자기 펀드는 자기가 존중해야 된다는 거예요. 다른 데 넣지 말라는 거죠. 그래서 저희 회사는 직원들이 급여의 10%를 우리 펀드에 넣는 것을 장려합니다. 5년 전만 해도 그게 안 됐잖아요? 펀드매니저가 자기 펀드에 못 넣는 게 얼마나 한심한 일이에요.

'좋은 펀드를 고른다는 게 뭘까'라는 것을 고민해야 돼요. 한국은 3년여마다 대표가 바뀌잖아요. 대표가 오면 기존 펀드는 관리가 안 되는 사각지대에 놓이는 거예요. 그리고 "요즘 인기는 뭐냐?" 하고 새로 만들어요. 그런 게 쌓여서 누적 펀드 수가 수천 개 되는 거예요.

존리 이해의 일치가 필요하죠. 내 이해와 고객의 이해를 일치

시켜야 돼요. 저도 그게 가장 중요하다고 봅니다. '고객이 잘못되면 나도 잘못된다'는 게 가장 중요한 포인트죠. 외국에서 저희를 평가하러 올 때 제일 먼저 물어보는 것 중 하나가 펀드매니저의 돈이 어디에 투자되어 있는지입니다. 다시 말해 펀드에 얼만큼 믿음이 있느냐고 묻는 거예요. 우리가 마케팅 목적으로 만든 펀드인지 아닌지를 가르는 질문인 거죠.

한국에 와서 제가 놀랐던 일 중 하나가 펀드 이름 옆에 있는 '1호'라는 글자였어요. 그래서 "1호라는 말이 왜 들어간 거죠?"라고 물어봤어요. 그랬더니 "2호가 나와야 되니까요"라는 답이 나왔죠. 아니 어떻게 똑같은 펀드가 2개가 될 수 있는 건지 저는 이해가 안 되는 거예요. 그런데 한국에 있는 직원들은 그저 다른 데도 다 1호 나오고, 2호, 3호, 4호 나오니까 우리도 그렇게 만들어야 된다고 생각하는 거예요.

저는 단호하게 그건 안 된다고 했어요. 한국에 투자하는 펀드는 전략이 같아야지 2개, 3개 나올 수 없는 거예요. 그러면 같은 펀드인데 수익률이 달라져요. A는 1호를 샀는데 수익률이 10%이고, B는 2호를 샀는데 수익률이 5%밖에 안 돼요. 이건 아니라는 거죠.

한국시장이냐 미국시장이냐? 결국은 관점의 문제다

강방천 저는 사실 국내 주식만 하라고 추천하고 싶지 않아요. 제가 보는 관점의 위대한 기업은 한국에만 있지 않거든요. 또 기본적으로 미국은 시장 자체가 커요. '워런 버핏이 30년 투자한다는데 당신은 10년 이상, 20년 투자한 게 없나?'라고 물어보면 '한국은 시장 자체가 다르다'라고 할 수밖에 없어요. 비즈니스 모델의 견고성이 약하다

주식투자의 본질은 한국과 미국이 다르지 않습니다

는 얘기죠.

미국은 한 번 성공하면 망하는 데도 오래 걸려요. 고점에 사도 팔 수 있는 시간을 충분히 준다는 거죠. 그리고 사실 망할 가능성도 적어요. 왜? 다른 나라로 시장을 침투해 가거든요. 그리고 미국에서는 생산 요소에 대한 결합을 더 쉽게 할 수 있어요. 규제가 없어요. 무언가를 창조하면 시장이 받아들일 충분한 근거가 되죠. 노동시장이 유연하고 자본시장은 역동적으로 작용해요. 그래서 미국시장으로 가라고 하는 거예요.

그런 점에서 저는 해외 투자에 대한 세금을 반대해요. 100미터 달리기를 같은 출발선에서 출발해야 되는데 한국 사람은 세금 때문에 10미터 뒤에서 출발하면 당연히 우리가 늦잖아요. 다른 사람들은 전부 다 애플로, 아마존으로 무장되어 있는데 안타까워요. 그래도 한국의 개인 투자자들이 참 멋지게 10미터 뒤에서, 세금을 극복하면서도 미국 주식의 주주가 됐죠. 그건 행복한 거예요. 주주가 되겠다고 마음먹으면 위대한 기업과 함께해야 되고, 위대한 기업은 사실 넓은 시장 그리고 생산 요소에 대한 유연성이 확보된 질서 속에서 나와요.

한국에서 몇 개 기업을 10년 넘게 투자하면 지배 구조가 바뀌어버리고 시장 침투율이 끝나버리는 게 저는 안타까워요. 카카오와 아마존을 비교하면, 아마존이 장기적 PER가 더 높을 거예요. 왜? 한국은 산업적 침투율은 있어도 국가적 침투율은 약하거든요. 아마존은 자율주행 하면서 산업적 침투율도 확보하고 또 미국을 벗어난 지역으로도 침투가 가능하기 때문에 PER 차이가 있죠.

저는 물론 카카오도 좋아하지만, 그런 점에서 미국이든 중국이든 한국을 벗어나는 안목도 중요하다고 보는 거예요. 그게 주식을 보는 질서라고 생각합니다. 위대한 기업과 함께한다는 명제에 외국 주식을 해선 안 된다는 건 없어요. 좋은 비즈니스 모델이 우주에 있다면 우주로 가는 게 주식투자의 본질이에요.

존리 누구나 투자를 해야 하고, 기업과 동업하는 마음으로 장기 투자해야 한다는 것에는 저도 동의합니다. 다만 '어떤 기업과 함께 하느냐'에 대해서는 약간의 견해 차이가 있을 수 있죠.

내가 바라는 세상은 어떤 세상인가? 대한민국이 10년 후, 20년 후 어떤 모습을 보일까 하는 문제에 있어서 여러 가지 고려를 해야 된다고 보거든요. 좋은 기업이냐 나쁜 기업이냐도 당연히 따져야 하지만, 우리나라의 잠재력을 너무 간과하고 있지는 않는가 하는 거죠.

한국은 많은 장점을 가지고 있는 나라예요. 저는 한국인의 성공 의지와 영리함이 주식시장을 통해 발현될 수 있다고 봐요. 미국 주식에 관심을 갖지 말라는 게 아니라 한국에도 투자할 때가 많다는 거죠.

또 하나는, 주식시장에 자금이 들어와야 우리 다음 세대가 창업을 할 때 거기에 자금이 수혈될 수 있어요. 한국의 국민연금 같은 공적인 자금은 적어도 우리나라가 20년 후에 어떤 모습을 보일까에 중점을 두고 투자해야 된다는 게 저의 생각이에요. 단순히 수익을 높이는 게 아니고 근본적인 깊은 생각이 필요한 거죠.

물론 한국 주식시장에는 여러 가지 문제들도 여전히 있어요. 기업 지배구조의 문제도 그렇고, 여전히 관치가 많고 이해가 안 되는 규제도 많아요. 그러나 반대로 보면, 그런 것들 때문에 주가가 안 오른 거예요. 많은 사람이 '한국 주식시장은 10년 동안 박스권에 있지 않았냐?' 하는데, 저는 그게 너무 좋은 뉴스로 들리는 거예요. 박스에서 나오기만 하면, 박스 안에 스프링이 있어서 튕겨 나갈 수 있는 거죠. 대한민국이 2020년에 엄청난 역사적인 순간을 맞이했다고 생각하는 이유가 거기에 있어요.

한국 주식이냐, 미국 주식이냐는 중요한 것 같지 않아요. 그보다 근본적인 것, '내가 왜 한국 주식에 투자해야 될까?'를 고민하는 거죠. 한국시장도 선진화가 될 거라는 믿음, 그게 있다면 한국 주식이 좋다고 생각합니다.

대한민국 자본시장 어떻게 바뀌어야 하는가

존리 제일 중요한 것은 결국 우리나라의 가장 기본적인 교육 시스템을 바꿔야 한다는 데에 있어요. 저는 당장 바꿔야 된다고 봐요. 앞으로는 우리가 알고 있는 직업의 70%가 없어질 거예요. 변하는 속도가 엄청나게 빨라요. 100년의 것이 5년 안에 바뀌거든요. 그런데 지금 우리의 교육은 이런 환경에 맞는 인재를 발굴할 수 있는 교육이냐는 거죠. 그것부터 시작해야 한다고 봐요.

지금부터는 과감해져야 합니다. 아이들 수능 시험 보는 데 왜 온 국민이 에너지를 쏟나요? 저는 우리나라 교육이 꼭 '아이들의 창의성을

더 나은 미래로 나아가기 위해 어떻게 바뀌어야 할까?

어떻게 하면 빨리 없앨까, 어떻게 하면 더 괴롭힐까, 어떻게 하면 세상 사는 게 더 힘들어질까'에 가 있는 것만 같아요. '주인이 되라'고 하는 게 아니라 '노예가 되라'는 교육을 해요. 무조건 취직해라. 좋은 대학 가라. 온 국민이 선착순 게임을 하고 있는 거예요. 저는 여기에서 많은 한국의 문제가 생겼다고 생각해요.

100명이 있는데 5명을 위해서 95명이 희생되는 사회가 됐어요. 95명들도 다양한 관점에서 보면 다 잠재력과 순발력과 폭발력이 있는데 한국의 교육 시스템은 95명에게 '너는 루저'라고 얘기하면서 5명한테 충성하라고 가르치는 거예요. 국영수 공부 잘한다면 다 되는 게 아닌데, 그것 말고는 아는 게 없는 아이들로 만드는 거예요. 아이들이 성장하면서 큰 비전을 갖지 못해요. 끊임없이 남을 이기라는 교육만 받았지, 남을 도와주라는 교육을 안 받아본 거예요. 저는 교육 시스템만 바로잡아도 많은 문제가 풀릴 거라고 봐요.

금융의 가장 핵심은 부자가 되고 싶은 사람이 많아야 되고, 그것을 자연스럽게 말해야 해요. 부자가 되는 원리를 이해하라고 해야 되고, 창업을 하라고 해야 돼요. 자기 것, 하고 싶은 것을 할 수 있어야 합니다.

이제는 남을 위해 일하지 않고 내가 나를 위해서 일한다는 시스템이 무엇보다도 중요한 시기에 왔어요. 진짜 그렇게 될 수 있다면 증권시장, 한국의 자본시장도 저절로 발전이 될 거라고 생각합니다.

강방천 전적으로 동의합니다. 중고등학교 6년의 모범생이 사회를 다스리는 구조는 잘못됐다고 봐요. 사실 미국은 행정부의 재무 쪽은 월스트리트 출신들이 가요. 월스트리트라는 게 산업과 학계의 중간 영역이라 항상 순환이 되거든요. 그런데 한국은 고시에 합격한 사람들이 사법부, 행정부에 갑니다. 저는 6년의 모범생이 기득권이 되는 세상이라면 그 기득권은 와해되는 게 맞다고 봐요.

그리고 규제도 와해해야 된다고 봅니다. 가장 값싼 투자가 규제의 완화거든요. 지금은 '창조적 끼'가 춤을 추는 세상입니다. 이러한 끼가 새로운 가치를 만들고 혁신 기업을 탄생시키죠. 그러려면 규제 완화는 필수거든요. 저는 국정감사 대신 규제 완화 청문회가 필요하다고 생각합니다. 매년 규제 담당 기관과 피규제자가 국민 앞에 모여서 규제의 정당성을 입증하고 필요를 입증하지 못하는 규제는 바로 완화하는 것이죠. 규제 완화로 경제 참여자들이 자유로워지면 이는 대한민국의 경제를 발전시킬 주요 원동력이 될 것입니다.

강방천&존리와 함께하는

나의 첫 주식 교과서

초판 1쇄 발행 2021년 7월 21일
초판 11쇄 발행 2024년 5월 31일

지은이 강방천, 존리
펴낸이 김선준

편집이사 서선행
책임편집 최한솔 **편집3팀** 최구영, 오시정
디자인 김혜림 **일러스트** 정민영
마케팅 권두리, 이진규, 신동빈
홍보 조아란, 장태수, 이은정, 권희, 유준상, 박미정, 박지훈

펴낸곳 페이지2북스 **출판등록** 2019년 4월 25일 제 2019-000129호
주소 서울 영등포구 여의대로 108 파크원타워1. 28층
전화 070) 7730-5880 **팩스** 070) 4170-4865
이메일 page2books@naver.com
종이 ㈜월드페이퍼 **인쇄** 더블비 **제본** 책공감

ISBN 979-11-90977-32-6 (03320)

· 책값은 뒤표지에 있습니다.
· 파본은 구입하신 서점에서 교환해드립니다.